Hilary Mantel

VON GEIST
UND GEISTERN

Hilary Mantel

VON GEIST
UND GEISTERN

Aus dem Englischen von
Werner Löcher-Lawrence

DUMONT

Die englische Originalausgabe erschien 2003 unter dem Titel
›Giving Up the Ghost‹ bei Fourth Estate, London.
© 2003 Hilary Mantel

Erste Auflage 2015
© 2015 für die deutsche Ausgabe: DuMont Buchverlag, Köln
Alle Rechte vorbehalten
Übersetzung: Werner Löcher-Lawrence
Umschlaggestaltung: Lübbeke Naumann Thoben, Köln
Satz: Angelika Kudella, Köln
Gesetzt aus der Albertina und der Avant Garde Gothic
Gedruckt auf säurefreiem und chlorfrei gebleichten Papier
Druck & Verarbeitung: CPI books GmbH, Leck
Printed in Germany
ISBN 978-3-8321-9769-8

www.dumont-buchverlag.de

Für meine Familie

INHALT

Kleine Gruben, geheime Gräber,
ein paar Kinder um den Eisenzaun.
Nicht mal ein verschrammter Stein.

Der Wind frischt auf, Wolken bedecken den Mond,
ein Hundebellen und jene Eulen.
Allein und kein Ende.

Meine Kinder, die nichts hören werden.
Die Nacht voller Schreie, die sie nie ausstoßen werden.

Judy Jordan, *Sharecropper's Grave*

Teil eins

EIN ZWEITES ZUHAUSE

ES IST EIN SAMSTAG, ENDE JULI 2000, wir sind im Owl Cottage in Reepham, Norfolk, und versuchen etwas hinauszuschieben, das fest auf dem Plan steht. Wir müssen nach gegenüber zu Mr Ewing und ihn fragen, wie er den Wert des Cottage und unsere Verkaufschancen einschätzt. Ewing's ist der örtliche Makler, bei dem wir das Haus vor sieben Jahren gekauft haben. Während der Morgen voranschreitet, bewegen wir uns stumm umeinander herum und meiden jedes Gespräch. Die Entscheidung ist gefallen, es gibt nichts mehr zu diskutieren.

Etwa um elf sehe ich ein Flimmern auf der Treppe. Die Luft ist erst ruhig, dann bewegt sie sich. Ich hebe den Kopf, und die Luft ist wieder ruhig. Ich weiß, es ist der Geist meines Stiefvaters, der nach unten kommt. Oder, um es auf eine für die meisten Leute annehmbarere Weise zu sagen: Ich »weiß«, es ist der Geist meines Stiefvaters.

Ich bin nicht beunruhigt. Ich bin es gewohnt, Dinge zu »sehen«, die nicht da sind. Oder, um es auf eine für mich annehmbarere Weise zu sagen: Ich bin es gewohnt, Dinge zu sehen, die »nicht da sind«. Es war hier in diesem Haus, in den ersten Monaten des Jahres 1995, dass ich meinen Stiefvater Jack zum letzten Mal gesehen habe, lebend, in sein menschliches Fleisch gekleidet. Seitdem nehme ich ihn oft auf der Treppe wahr.

Es kann natürlich sein, dass das Flimmern auf dem Geländer nichts anderes als der Vorbote einer Migräne-Attacke ist. Links von meinem Körper habe ich immer wieder Visionen, mein linkes Auge ist offen für sie. Ich weiß nicht, warum ich in so verletzlichen Momenten mehr sehe, als da ist, oder eben Dinge, die ich normalerweise nicht sehe.

Mit den Jahren sind die meinen Migränen vorauseilenden Symptome zu mehr als dem gefährlichen Rätsel geworden, das sie früher waren, sind mehr als die bloße Mahnung, etwas gegen die bevorstehende Attacke einzunehmen. Sie sind eine Art übersinnlicher Schmuck, eine Geste, eine Kunstform, ein geheimes Talent, das ich nie zu Geld habe machen können. Mitunter nehmen sie die Form von Sehstörungen an, die viele unter Migräne Leidende kennen. Kleine Dinge verschwinden aus meinem Gesichtsfeld, und die Welt ist voller dahintreibender Lücken, jede einzelne wie ein Donut geformt, mit einem blendenden Licht, wo das Loch sein sollte. Manchmal sehe ich goldene Blitze vor der Wand: dahinschießende Winkel, den Flügeln kleiner, flinker Engel gleich. Mangelnder Schlaf und zu wenig Essen erhöhen die Wahrscheinlichkeit derartiger Bilder. Hungernde Heilige hatten, unterzuckert und zittrig, während der Fastenzeit Erscheinungen, die ihren Erwartungen entsprachen.

Hin und wieder nimmt die Aura schwierigere Formen an. Ich werde taub. Die Wörter, die ich schreibe, verwandeln sich in andere Wörter. Ich träume seltsame Träume, aus denen ich mit einem halluzinierten Geschmack im Mund aufwache. Einmal, vor dreißig Jahren, träumte ich, ich würde Bienen essen, und seitdem lebe ich mit ihrer Milchschokoladensüße und ihrer an zart gekochte Kalbsleber erinnernden Konsistenz. Mitunter setzt sich eine Melodie in meinem Kopf fest, wie ein Muskelzucken, bringt ihre Texte mit sich mit, und ich bin gezwungen, mit beidem zu leben. Die Klage, eine Melodie nicht aus dem Kopf zu bekommen, ist bekannt, doch für die meisten Menschen ist das kein Präludium zu einem Tag herzhaften Erbrechens. Im Übrigen sagen die Leute, sie schnappen die

Melodien im Radio auf – meine Lieder hört man dieser Tage kaum noch: *Bill Bailey, won't you please come home?* | *Some talk of Alexander, and some of Hercules.* | *My aged father did me deny, and the name he gave me was the Croppy Boy.*

Nachdem ich heute den Geist gesehen habe, besteht das Problem darin, dass die Wörter nicht richtig aus mir herauskommen. Ich muss also vorsichtig sein bei Mr Ewing, aber er versteht mich ohne alle Probleme, und ja, er erinnert sich, uns das Cottage vor sieben Jahren verkauft zu haben. Ist das wirklich schon so lange her? In der Zeit habe ich vielleicht eine halbe Million Wörter formuliert und umformuliert, siebeneinhalbtausend Mahlzeiten eingenommen und zehntausend Schmerztabletten geschluckt (vorsichtig geschätzt) – und Gott allein weiß, wie viele die Leute geschluckt haben, denen ich Schmerzen bereitet habe. Es waren Jahre, in denen ich dicker und dicker geworden bin (*wider still and wider, shall my bounds be set* – weiter noch und weiter sollen sich meine Grenzen dehnen), und während der Nächte in diesen sieben Jahren wurden Träume geträumt, ausgelöscht und neu formatiert: Es waren Jahre, während derer mein Stiefvater am Abend vor dem Erscheinen meines siebten Romans starb. All meine Erinnerungen an ihn sind mit Häusern verbunden, Träumen von Häusern, wirklichen oder geträumten Häusern, deren leere Zimmer auf eine Nutzung warten: mit den Geschichten und den Ansprüchen anderer Leute, mit Angst und meiner erwachsenen Leugnung, dass ich Angst hatte. Aber Zuneigung nimmt nun mal merkwürdige Formen an. Ich kann es kaum ertragen, das Cottage zu verkaufen und ihn auf der Treppe zurückzulassen.

Am späten Nachmittag schleicht sich ein Migräneschlaf an und drückt mir seinen feuchtkalten Ogerkuss auf die Stirn. »Keine Sorge«, sage ich, als mich das Ungeheuer in den Schlaf zieht. »Wenn das Telefon aufwacht, wird es uns rufen.« Mir wurde gestern schon klar, dass eine Migräne im Anmarsch war, als ich in einem Fischgeschäft in Norfolk stand und einen Leckerbissen für die Katzen aussuchte. »Nein«, sagte ich, »Kabeljau ist im Moment zu teuer, um ihn an Fische zu verfüttern. Selbst an Fische wie unsere.«

Ich weiß kaum, wie ich über mich schreiben soll. Welchen Stil ich auch wähle, er scheint sich noch vor Ende des Absatzes wieder aufzulösen. Ich werde einfach drauflosschreiben, denke ich mir, halte die Hände vor mich hin und sage, *c'est moi*, gewöhne dich daran. Ich werde meinen Lesern vertrauen. Das ist es, was ich den Leuten rate, die mich fragen, wie man es zu einer Veröffentlichung bringt: Vertraut euren Lesern, hört auf, sie am Gängelband zu führen, hört auf, sie zu bevormunden, gesteht ihnen zu, wenigstens so klug wie ihr selbst zu sein, und tut, verdammt noch mal, nicht mehr so verlockend: Sie da in der letzten Reihe, stellen Sie bitte Ihren Charme ab! Einfache Wörter auf einfachem Papier. Denkt daran, dass Orwell sagt, gute Prosa sei wie eine Fensterscheibe. Konzentriert euch darauf, eure Erinnerung zu schärfen und eure Sensibilität freizulegen. Kürzt jede Seite, die ihr schreibt, mindestens um ein Drittel. Hört auf, diese unwichtigen kleinen Bilder zu konstruieren. Werdet euch klar darüber, was ihr sagen wollt, und sagt es so direkt und kraftvoll, wie ihr könnt. Esst Fleisch. Trinkt Blut. Zieht euch zurück, vergesst euer Privatleben und denkt nicht, dass ihr Freunde haben könnt. Steht mitten in der Nacht auf, stecht euch in die Fingerspitzen und benutzt das Blut als Tinte, das wird euch von eurer Spottlust heilen!

Aber nehme ich meinen eigenen Rat an? Kein bisschen. Spott ist mein *nom de guerre* (benutzt keine Fremdwörter, das ist elitär). Ich weiche ab vom Pfad der einfachen Wörter und streune über die Wiesen extravaganter Vergleiche und Bilder: mit Engeln, Ogern, donutförmigen Löchern. Und was die Durchsichtigkeit betrifft, nackte Fenster sind ein Zeichen von Armut, oder? Wie wäre es mit ein paar hübschen Netzgardinen, durch die ich hinaussehen kann, aber ihr nicht zu mir herein? Wie wäre es mit Fensterläden oder keuschen Rollos? Wobei Fensterscheiben-Prosa keine Garantie für Wahrhaftigkeit ist. Hinter Glas täuscht einiges, und die besten Lügner lügen mit einfachen Worten.

Jetzt, da ich einen autobiografischen Text schreibe, lege ich jedes Wort auf die Goldwaage. Ist das Geschriebene klar – oder ist es täuschend klar? Ich sage mir, erzähle einfach, wie du dazu kamst, ein Haus mit einem Geist darin zu verkaufen. Aber diese Geschichte lässt sich nur einmal erzählen, und ich muss sie richtig hinbekommen. Warum das Schreiben zu so großen Ängsten führt? Margaret Atwood sagt: »Das geschriebene Wort hat unbedingten Beweischarakter – wie etwas, das gegen dich verwendet werden kann.« Früher habe ich gedacht, eine Autobiografie sei eine Form von Schwäche, und vielleicht denke ich das immer noch. Aber ich glaube auch, wenn du schwach bist, ist es kindisch, so zu tun, als wärst du es nicht.

Owl Cottage verkaufen: Im Freitagabendverkehr über die M25 kriechend, durch die Dunkelheit Brecklands, die Flecken und Ansiedlungen mit ihren verdrehten Kiefern und geschlossenen Fensterläden steuernd, fuhr die Entscheidung mit uns. Wir hatten die Reise schon so oft gemacht, am Rand der Industriegebiete ums Zentrum von Norwich, um an der Kreuzung in West Earlham mit seinen Sozialwohnungen schließlich vom Gas zu gehen: Lichter brennen hinter den zugezogenen Vorhängen, niemand ist auf der Straße. Am Stadtrand hören die Laternen auf, und die Straße wird schmaler. Weiter geht es in die Finsternis, die nur von funkelnden Fuchs- und Katzenaugen erleuchtet wird. Flügelschlag zieht vorbei, und ganz am Rand eilen Schritte dahin. Im Dunkel wird gegessen, etwas wird verspeist.

Im kleinen Ort Reepham biegt man an der Kirchenmauer ab, die schon von etlichen Lastwagen malträtiert wurde, und gelangt auf den autofreien Marktplatz. Im King's Arms brennt noch Licht, aber die großen Türen der Old Brewery sind geschlossen, und ihre Bewohner tapsen hoch zu ihren Betten. Vom Markt aus geht es den Hügel hinauf und auf den matschigen, zerfurchten Hof hinter dem Cottage. Im Dunkeln wird ausgeladen, meist regnet es. Deine Stiefel kennen die Pfützen und glitschigen Stellen, den großen Schritt ins Finstere auf den Rand des Pflasters. Manchmal ist es schon Mitternacht und Winter, die Kälte nimmt dem Taschenlampenstrahl die Kraft und zerstreut das Licht zu einem diffusen Blendwerk. Aber so wie die Füße den Weg kennen, finden die Finger den Schlüssel. Fünfzig Meter vom Markt gibt es keine Lichtverschmutzung, kein städtisches Hintergrundleuchten, das den Himmel bleicht. Keine Flugschneisen, keine Schritte. Nur Sternenlicht, Reif auf dem Weg, Eulenrufe aus drei Pfarreien.

Man schläft gut in diesem Haus, auch wenn einen in der Woche schon bei Sonnenaufgang Lastwagen und Traktoren wecken. Ihre Ausdünstungen verschmieren die Fenster zur Straße mit fettigem, öligem Schmutz. Das Land ist weder sauber noch ruhig, den ganzen Tag über keuchen die hydraulischen Bremsen, wenn die Lastwagenfahrer am Fuß des Hügels, an der Townsend Corner, zum Stehen kommen. Und was hier *town's end* heißt, ist es auch. Hinter der Polizei, hinter dem letzten Bungalow, also keinen halben Kilometer weiter, geht die Stadt in offenes Feld über. Der nächste Flecken heißt Kerdiston. Seine Kirche ist vor mehreren Hundert Jahren eingestürzt, und es gibt weder Straßennamen noch Straßen. Selbst die Leute, die dort wohnen, sind nicht sicher, wo ihr Dorf nun liegt. Sein einziger bekannter Bewohner, Sir William de Kerdeston, zog nach seinem Tod nach Reepham und liegt als Bildnis auf seinem Grab. Er ruht, wenn das denn das Wort dafür ist, in voller Rüstung auf einem Bett aus Kieseln: Und vielleicht zucken seine Schultermuskeln und seine Beine strecken sich einmal im Jahr, wenn wir das Allerheiligenfest feiern und die Toten sich auf einen Spaziergang vorbereiten.

Als wir das Cottage kauften, hatte es weder einen Namen noch eine Geschichte. Es war ein Umbau von etwas, das womöglich einmal ein Haus gewesen war oder auch nicht: wahrscheinlich eher ein landwirtschaftlicher Lagerraum, aus dessen alten, unansehnlich rotbraunen Ziegelmauern ein Bauunternehmer aus Norwich in den 1990ern vier Wohnungen und zwei Cottages entstehen ließ.

Im Winter 1992/93 suchten wir die Gegend nach einer Wochenendbleibe ab. Wir fuhren an die Küste und tief ins Land, immer an die lange Anfahrt aus Berkshire und die Notwendigkeit denkend, wochenends nah bei meinen Eltern zu sein, die sich in Holt zur Ruhe gesetzt hatten. Mit unseren Barbour-Jacken und unserem scharlachroten BMW boten wir einen Anblick, der die Augen jedes Landhausmaklers mit freudiger Erwartung erfüllte. Wir sahen, wie sich ihre Mienen aufhellten, bis wir ihnen unser strikt begrenztes Budget und unsere hohen Anforderungen nannten, worauf sie in ihr gewohntes Grau zurücksanken. Wir wollten nichts Baufälliges, nichts Pittoreskes, nichts mit einem kleinen, aber eindämmbaren Hausschwammproblem. Und nichts zu Abgeschiedenes, da ich womöglich auch einmal allein dort bleiben wollte und selbst zu »abgeschieden«, nervös und reizbar war, um Auto zu fahren. Wir wollten einen Laden und einen Pub, aber die meisten Dörfer in Norfolk sind zerstreute, entvölkerte Weiler mit einer Telefonzelle als Zentrum, wenn man Glück hat. Trotzdem dachten wir, dass es irgendwo im County ein Heim für uns geben müsse. Ich hatte gerade einen Buchpreis gewonnen, sodass wir unerwartet eine zusätzliche Summe zur Verfügung hatten. Norfolk war damals absolut nicht gefragt. Es lag den Leuten zu weit von London entfernt und hatte nichts von dem, was Städter wollten, kein Netz von Gourmet-Restaurants und auch keine hübschen kleinen Delikatessenläden. In den Pubs gab es in der Mikrowelle gebackene Kartoffeln mit so großen wie trostlosen Portionen Fleisch und Soße, kleine Woolworth-Filialen in den kleineren Städten und Spar-Läden in den größeren Dörfern, dazu Wasservögel, große Kiesstrände und Meer, und einen riesigen, weiten Malerhimmel.

Wir kannten Norfolk mittlerweile recht gut. 1980 war ich zum ersten Mal hergekommen, um Freunde zu besuchen, die sich gerade frisch in einem Dorf in den Broadlands niedergelassen hatten. Ich selbst war zu der Zeit eigentlich in Afrika zu Hause, doch meine Ehe stand kurz vor dem Zusammenbruch. Ich war ein blasses Kind mit einem Koffer, ein altes, achtundzwanzigjähriges Kind, das herumfuhr und Freunde besuchte, eine Weile blieb und weiterzog und am Ende immer bei seinen Eltern landete, die damals noch im Norden lebten. Ich schien ständig im Zug zu sitzen, schleppte mein Gepäck die Stockwerke in Crewe hinauf oder suchte auf den windigen Bahnsteigen von Nuneaton nach einem geschützten Platz. Während meiner Fahrten wurde ich dünner und dünner, immer noch zerzauster und schäbiger und immer noch einsamer. Ich sehnte mich nach dem Haus, das ich verlassen hatte, nach meinen Tieren und dem Manuskript des gewaltigen Romans, den ich geschrieben und zurückgelassen hatte. Ich sehnte mich nach meinem Mann; meine Gefühle in Bezug auf meine Vergangenheit waren jedoch zu undurchdringlich und vernebelt, als dass ich sie hätte begreifen können, und damit sich daran nichts änderte, beendete und begann ich jeden Tag mit ein paar Barbiturat-Pillen, die ich mir auf den Handteller schüttete und mit einer Tasse Wasser aus irgendeiner Küche herunterspülte. Nimmt man solche Pillen vor dem Schlafengehen, sind die Träume schwarz und leer, beim Aufwachen fühlt man sich krank und abwesend, und der neue Tag ist wie ein fernes, von einem wild stampfenden Schiff aus sichtbares Ufer. Das liegt aber nur daran, dass man eine weitere Dosis braucht, und nach einer Stunde fühlt man sich wieder gut.

Meine Gastgeberin in Norfolk war eine Frau, die ich aus Afrika kannte. Ihr Mann arbeitete wieder im Ausland, und sie mochte nicht allein auf dem finsteren Land sein. Hätte uns unser verdrehtes Leben im Ausland nicht in Kontakt gebracht, wären wir niemals Freundinnen geworden, und nach einer Weile begriff ich, dass wir auch so keine waren; so setzte ich mich denn in den Zug nach Norwich und sah sie nicht wieder. Aber unsere langen Fahrten durchs County, die auf winterlichen Wegen mitunter zu Irrfahrten wurden, unsere welken Salate in Dorfcafés, die überwucherten Friedhöfe und die Geschichten der alten Leute ließen mich über die Gegend nachsinnen und weckten in mir den Wunsch, einen Roman dort anzusiedeln. Was ich nach einigen Jahren auch tat.

Wir waren nicht länger als zwei Jahre getrennt gewesen, als mein Exmann zurück nach England kam – verändert. Ich denke, dass sich alle Menschen ändern, und es ist ernsthaft nutzlos, das Gegenteil anzunehmen. Ich hatte mich ebenfalls verändert; ich lebte allein, litt unter einer chronischen Krankheit, war aufgeschwemmt von den Steroiden, die ich nehmen musste, und zu einer Zynikerin in Sachen Romantik geworden. Von den beiden freudschen Konstanten Liebe und Arbeit widmete ich mich nur mehr einer, hatte sechs Tage die Woche zwei schlecht bezahlte Jobs, tags in einem Buchladen, abends hinter der Theke einer Kneipe, und stand mit dem ersten Licht auf, um meine Tagebücher zu schreiben und meinen Körper für die Welt draußen zu stabilisieren. Ich machte mir Notizen für zukünftige Bücher und hatte erst eine Kurzgeschichte veröffentlicht. Mit den Barbituraten hatte ich aufgehört. Ich weiß nicht mehr genau, wann es so weit war oder was ich mit der endlosen Menge winziger Pillen machte, die ich in einem Plastikkübel aus Afrika mitgebracht hatte. Habe ich sie langsam abgesetzt? Von heute auf morgen? Ich weiß es nicht mehr. Angesichts der Behauptungen, die ich später in Bezug auf meine Erinnerung aufstellen werde, macht mir das Sorgen. Vielleicht haben sie ihr eigenes Vergessen mit sich gebracht: jede kleine Dosis raschelnder, nadelkopfgroßer Killer. Auch danach war ich stets nach irgendetwas süchtig; gewöhnlich nach Dingen, für die es keine Selbsthilfegruppen gibt. Nach Semikolons zum Beispiel, länger als zweihundert Worte komme ich kaum ohne sie aus.

Ob ich in jenem Sommer fit genug war, eine rationale Entscheidung zu fällen – nun, wer wird das je sagen können? Es schien, dass mir mit meinem Exmann mehr geblieben war, als die meisten Leute als Startkapital hatten. Und so heirateten wir erneut, ganz sparsam, auf dem Standesamt von Maidenhead, mit zwei Zeugen. Es war September, und ich fühlte mich an dem Morgen sehr krank, gereizt und aufgebläht, so als wäre ich schwanger. Es schmerzte unter meinem Zwerchfell, und von Zeit zu Zeit schien sich etwas in mir zu drehen und zu kratzen, als wäre ich die Frau in einem Volksmärchen, die mit dem Teufel schwanger geht. Nichts sonst, nur das Heiratenmüssen vermochte es an diesem Tag, mich aus dem Bett zu bringen, hinein in mein Kleid, auf die hohen Absätze und hinaus auf die Straße. Die Standesbeamtin war nett und wünschte uns diesmal mehr Glück. Einen Ring gab es nicht; da sich die Dicke meiner Finger von Woche zu Woche änderte, sah ich keinen Sinn darin, und womöglich war auch ein Grund, dass ich mich nicht zu schnell wieder mit den Zeichen und Symbolen der Ehe umgeben wollte. Wir aßen in einem Restaurant in Windsor, in einem Hof mit Blick auf den Fluss. Es gab Champagner. Einer der Trauzeugen machte ein Foto, auf dem ich hohläugig wie eine Rübenlaterne aussehe. So heiratete ich – ich muss mich schütteln, um es zu sagen –

zum zweiten Mal denselben Mann. Ich dachte immer, das sei etwas, was sie in Filmen machen oder was blondierte Toto-Gewinner tun, überdrehte Leute, die von ihrem Glück aus der Bahn geworfen wurden. Ich dachte, so etwas machten nur überschäumende Charaktere, nicht aber die klugen, standfesten. Obwohl es vielleicht, wenn man über einen bestimmten Punkt hinaus klug und standfest bleibt, das einzig Vernünftige ist: dass man dieselbe Person wieder und wieder heiratet, immer wieder, so oft es nötig ist, damit es hält.

Mitte Januar 1993 schlugen wir unser Hauptquartier im Blakeney Hotel auf, einem durch die salzigen Marschen segelnden Feuersteinschiff. Wir waren mit Bündeln von Immobilieninformationen ausgestattet, von denen die meisten falsch waren und in die Irre führten. Zwei Tage lang fuhren wir herum und strichen Häuser von der Liste, sobald wir ihre Lage oder ihr Äußeres sahen. Ich erholte mich noch von einem schlimmen Weihnachtsfest mit Bronchitis und Lungenentzündung und hatte keine Stimme. Aber die war auch nicht nötig, es reichte, die Karte im verblassenden Licht zu studieren und verblichenen Wegweisern zu folgen, die unter dem Gewicht der Norfolker Ortsnamen ächzten. An einem Sonntagnachmittag um fünf, es war schon beinahe dunkel, steckten wir irgendwo östlich von East Dereham bis zu den Waden im Matsch, einen Steinwurf von einer uralten, zerfallenen Kirche und einer Reihe baufälliger, zu einem Bauernhof gehörender Wellblechgebäude entfernt, und suchten nach einem einsamen kleinen Cottage am Ende einer einsamen kleinen Häuserreihe. Wir gaben auf, saßen niedergeschlagen in unserem scharlachroten Monster und wandten unsere Gedanken der M25 zu.

Beim nächsten Mal, immer noch in bitterer Kälte, war meine Stimme zurückgekehrt und wir hatten unsere Suche eingegrenzt. Während meines Aufenthalts bei meiner Freundin aus Afrika waren wir oft zum Einkaufen nach Reepham gefahren, und ich hatte die großen georgianischen Fenster der Old Brewery bewundert, eines Pubs mit einem kleinen Hotel. Die lateinische Inschrift über der Sonnenuhr auf der Fassade des eleganten roten Ziegelhauses besagte: »Ich zähle nur die glücklichen Stunden.« Jetzt, zehn Jahre später, besaß Reepham ein Postamt, zwei Metzger, eine Apotheke und einen Telefonkiosk, einen Friseur, einen oder zwei taktvolle Antiquitätenhändler, eine geschäftige Bäckerei, in der es auch Vitamine, Eier von den Bauern aus der Umgebung und Bio-Schokolade gab, sowie einen Gemüse- und Blumenhandel namens Meloncaulie Rose. Der wohlgeordnete Marktplatz war von ruhigen, großfenstrigen Häusern umgeben, und die Station Road hinunter reihte sich ein Wirrwarr von Cottages. Einen Bahnhof gab es nicht mehr, obwohl der Ort in viktorianischer Zeit sogar zwei gehabt hatte, dazu zwölf Bierhäuser und einen Viehmarkt. Drei Kirchen hatte es einmal gegeben, aber eine war 1543 niedergebrannt und nie wieder aufgebaut worden. Die Geschichte der Stadt wurde von einem langsamen Abstieg in Ungläubigkeit und Bescheidenheit begleitet. An einem Januartag, nachdem ich Reephamerin geworden war, winkte mich eine gebeugte alte Dame zur Tür ihres Hauses und sah über den verlassenen Markt zur Kirchentür hinüber. »Was sagen Sie jetzt dazu?«, meinte sie. »Heute sind mehr Leute auf dem Kirchhof als auf der Straße.«

Die Leute aus Reepham und den umliegenden Dörfern treffen sich samstagmorgens im Postamt. Sie reden über die Regenmenge – »nicht genug, um eine Briefmarke anzufeuchten«, habe ich einmal jemanden sagen hören – und darüber, ob sie die Heizung eingeschaltet haben oder nicht, sie schimpfen über neunzigjährige Fahrer, die in ihrem Morris Traveller über die Straßen kriechen. Sie sind durchaus gastfreundlich und machen einen erst zum Fremden, wenn man seit zwanzig Jahren hier lebt; wobei man ihnen im Grunde herzlich egal ist. Die, die ehedem auf dem Land gearbeitet haben, sitzen heute wahrscheinlich am Computer. Sie kennen einen nicht, doch das macht ihnen nichts. Leben und leben lassen ist ihre Devise. Früher einmal haben sie sich mit einem »Alles in Ordnung bei dir?« begrüßt, und das mit einer ganz besonderen Norfolker Färbung, doch das ist zurückgegangen. An Heiligabend verschwinden sie früh in ihren Häusern und verschließen die Türen. Ihr Fallobst und ihr überschüssiges Gemüse stellen sie in Körben vors Haus, damit sich jeder daran bedienen kann, und im Frühling verkaufen sie Narzissensträuße für nicht mehr als ein paar Pennys.

Als wir uns das Haus ansahen, lag es noch voller Bauschutt. Wir traten in die unfertigen Zimmer und versuchten sie uns eingerichtet vorzustellen: als unsere Zimmer. Das Cottage war billig und nur eine Minute vom Markt entfernt. Um Mitternacht gingen wir aus unserem Zimmer in der Old Brewery noch einmal hinüber und stellten uns ans Tor oder dorthin, wo das Tor einmal sein würde. Wir wollten das Haus noch einmal sehen, ganz für uns und in aller Stille; und während wir dort standen und unsere Mäntel gegen die hartnäckige Kälte um uns zogen, rief der Waldkauz aus einem Baum.

Später ließen wir ein Schild anfertigen, auf dem »Owl Cottage« stand, mit einem Bild. Aber der Mann wählte eine Schleiereule, kanariengelb und dünn, mit Krabbelfüßen wie bei einem Nager.

Es ist ein merkwürdiges Phänomen, das zweite »Zuhause«. Wie meine zweite Ehe ist es nichts, was ich je mit mir in Verbindung gebracht hätte. Ich dachte, so ein Zweithaus sei nur etwas für die Reichen, die die Preise in den Cotswolds in die Höhe treiben. Schuldgefühle hatte ich wegen unserem Owl Cottage jedoch nie: Die Leute hatten sich kaum darum gerissen, mit dem winzigen Hof dahinter und dem Verkehrslärm während der Woche. Im Übrigen hofften wir, es zu kaufen sei die erste Stufe eines dauerhaften Umzugs nach Norfolk. Wenn wir in unsere Autos stiegen, den BMW und seine weniger auffälligen Nachfolger, stellte ich mir immer vor, es sei unsere letzte Fahrt dort hinaus, ein Umzugswagen begleite uns und wir ließen den Südosten für immer hinter uns. Dann zog ein Lächeln auf mein Gesicht, und meine Schultern entspannten sich. Aber schon kamen wir zum Stehen, krochen am Ort eines Blutbads oder sonst einer Katastrophe auf der M25 vorbei, und ich musste mir eingestehen, dass es wieder nur ein nervenaufreibender Wochenendausflug war und wir uns unsere Lebensveränderung würden verdienen müssen.

Eine Zeitlang fuhren wir alle zwei, drei Wochen hinaus und nahmen unsere Katzen mit. Befreit stürmten sie aus ihrem Käfig und rasten schreiend durch die Räume; ihre Pfoten trommelten über die hölzernen Stufen, und sie trieben die Teufel aus, die nur Katzen sehen können. Erschöpft legten sie sich schließlich in ihre Körbe, während wir nach oben in ein Zimmer mit einer Tapete vom Blassgelb schwachen Sonnenscheins gingen: bereits bessere Menschen, ruhiger, gütiger. Am Samstagmorgen drehten wir eine entspannte Runde um den Markt, von Laden zu Laden, gaben Pakete auf, füllten meine zahllosen Medikamente auf und kauften Fleisch zum Einfrieren. Nachmittags ging es nach Holt, um meine Eltern zu besuchen; wir hatten Scones oder einen Kuchen dabei, ein paar Blumen und ein, zwei Bücher. Am Sonntag kamen meine Eltern nach Reepham, und wir aßen entweder im King's Arms zu Mittag oder etwas Kaltes bei uns: Cromer-Krabben, Erdbeeren, Stilton. Schon wurde es Zeit, den Wagen zu beladen und zurückzufahren. Üblicherweise verspürte ich einen leichten Schmerz hinter den Rippen, wenn wir aufbrachen. Ich zähle nur die glücklichen Stunden.

Meine Mutter war eine winzige, schicke Person mit wirrem, kurzem platinfarbenen Haar. Für gewöhnlich trug sie Jeans und ein

Sweatshirt in einer verrückten Farbe, aber all ihre Sachen wirkten designt und bewusst ausgesucht. Solange ich sie kannte, schon als ich sie zum ersten Mal bewusst zu betrachten vermocht hatte, besaß sie diese Gabe. Mein Stiefvater war ein paar Jahre jünger als sie, doch seit ihm ein Bypass gelegt worden war, wirkte sein brauner, muskulöser Körper verkümmert. Gebrechlich hätte ich ihn nicht genannt, mir fiel jedoch auf, wie ihm sein weiches, verblichenes Lieblingshemd auf den Rippen hing, und die Beine unter seiner Hose schienen aus Gelenkstöcken zu bestehen. Früher hatte er gezeichnet, mittlerweile versuchte er die beruhigenden, sich verschiebenden Farben der Küste mit Wasserfarben auf Papier zu bannen; in seinen jüngeren Jahren hätte er die Mehrdeutigkeiten und Tricks des Lichts nicht ertragen. Seine Leidenschaft hatte ihn verbraucht; und die Wut. Niemand hatte ihm geholfen, er hatte kein Geld, als er welches benötigt hätte, und war chronisch aufgebracht über die Ausflüchte und Unehrlichkeiten der Welt. Er war ein aufrichtiger Mensch, und die Aufrichtigen dieser Welt machen es einander nicht leicht. Er war Ingenieur, hatte eine kleine, genaue Ingenieurshandschrift, und sein Denken war diszipliniert; aber das Herz in seiner Brust schlug wie eine Wespe in einem umgedrehten Glas.

Ich war sechs oder sieben Jahre alt gewesen, als Jack in mein Leben trat, und in all den Jahren hatten wir uns kein einziges Mal richtig unterhalten. Ich hatte das Gefühl, nichts zu sagen zu haben, was ihn hätte interessieren könnte. Wie er es empfand, weiß ich nicht. Zu einer lockeren, oberflächlichen Unterhaltung waren wir beide unfähig. Ich für meinen Teil verkrampfte gleich, als lauerten versteckte Bedeutungen hinter den Worten, und er … ich kann es nicht sagen. Meine Mutter dachte, wir vertrügen uns nicht, weil wir uns zu sehr ähnelten; ich zog die offensichtliche Erklärung vor, dass wir nicht zusammenpassten, weil wir grundverschieden waren.

Jetzt begann sich die Situation zu ändern. Seit seiner Herzoperation zeigte sich Jack offener und flexibler als je in seinem Leben. Er war geduldiger, gelassener, weniger einsilbig, und so wurde ich in seiner Gegenwart weniger verhalten, erwachsener, gesprächiger. Ich stellte fest, dass ich ihn mit Geschichten über die Schriftsteller-Komitees unterhalten konnte, in denen ich in London saß. Er hatte vor seiner erzwungenen Pensionierung ebenfalls in verschiedenen Komitees gesessen, und wir stimmten darin überein, dass sie, wozu auch immer sie dienten, ähnlich funktionierten und man ihre Aufgaben wahrscheinlich hätte austauschen können. Als wir an jenem letzten Nachmittag, einem hellen, frischen Tag Ende März, den Markt überquerten, ließ ich meinen Mann und meine Mutter vorausgehen, damit ich Jack eine kleine Geschichte erzählen konnte, die nur ihm gefallen würde. Ich dachte, das habe ich noch nie gemacht: Nie habe ich mich zurückfallen lassen und auf ihn gewartet.

Er wirkte müde, als wir nach dem Essen heimkamen. Eine der Katzen, die gestreifte, verlockte ihn immer dazu, auf der Treppe mit ihr zu spielen. Bis vor Kurzem noch hatte er Katzen nicht gemocht und sie wie ein Hexenjäger angeschwärzt: Er behauptete, bei einer Berührung von ihnen zusammenzuschrumpfen. Aber dieses kleine Wesen mit seinen eigenen seltsamen Phobien, voller Ängstlichkeit hinter den Marzipanaugen, lud ihn mit erhobener Pfote dazu ein, es zu berühren, und er folgte seinem Wunsch, wurde von seinem Miauen zehn Minuten lang festgehalten, berührte es und zog die Hand zurück, wurde weggestoßen und wieder herangeholt.

Als die Katze jedoch an jenem Sonntag ihre Position einnahm und ihn einlud, das Spiel zu beginnen, blieb er auf dem Sofa sitzen, lächelte ihr nur zu und nickte. Ich dachte, vielleicht trägt er etwas in sich: eine Erkältung? Aber es war der Tod, den er in sich trug, und er kam plötzlich, der Plünderer, grob und unflätig bahnte er sich in einer Nacht im April zwei, drei Stunden vor Sonnenaufgang den

Weg ins Haus meiner Eltern. Der Arzt kam und der Krankenwagen, aber der Tod war schneller gewesen, hatte seinen Fuß auf den Kaminvorleger gesetzt und seine schmutzigen Fingerabdrücke auf dem Kopfkissen hinterlassen. Sie taten ihr Bestes, hätten sich die Mühe allerdings auch sparen können, es war vergebens. Als alles unterzeichnet und bestätigt war und die Männer das Haus wieder verlassen hatten, wusch meine Mutter sein Gesicht. Sie saß neben seiner Leiche, und weil niemand da war, mit dem sie hätte sprechen können, sang sie mit leiser Stimme: »*Was bedeutet mir diese fade Stadt? / Robin ist nicht in der Nähe. / Er, den ich so gerne hörte, / den ich so gerne sähe* …«

Das Lied hatte sie mir als Kind vorgesungen: Die Melodie trieft nur so vor Verlangen und Sehnsucht nach einer verlorenen Liebe. Gegen sechs Uhr griff sie zum Telefon, aber ihre drei Kinder schliefen noch tief und fest, und sie hörte nichts als höfliche Aufforderungen, die Nachricht zu hinterlassen, die niemand hinterlassen kann. Endlos schliefen wir. »*Wo ist die Freude, wo das Lachen, / um das Leben zum Himmel zu machen? / Oh, alles ist mit dir geflohen, / Robin Adare.*« Gegen sieben nahm endlich einer meiner Brüder den Hörer ab.

Du kommst an diesen Ort, deine mittleren Jahre, du weißt nicht, wie du hergekommen bist, und plötzlich starrst du der Fünfzig ins Gesicht. Wenn du dich umdrehst und auf die Jahre zurückblickst, erkennst du die Geister anderer Leben, die du hättest führen können. Deine Häuser werden von den Personen heimgesucht, die du hättest sein können. Geister und Phantome kriechen unter deine Teppiche und ins Gewebe deiner Vorhänge, sie lauern in Schränken und liegen flach unter dem Schubladenpapier. Du denkst an die Kinder, die du hättest bekommen können, aber nicht bekommen hast. Wenn die Hebamme sagt: »Es ist ein Mädchen«, wohin geht dann der Junge? Wenn du denkst, du bist schwanger, und dann bist du es nicht, was ist dann mit dem Kind, das in deinem Kopf bereits Form angenommen hat? Das alles hast du in einer Schublade deines Unterbewusstseins abgelegt, wie eine Kurzgeschichte, die nach den ersten Sätzen nicht funktionieren wollte.

Im Februar 2002 erkrankte meine Patentante Maggie, und die Besuche im Krankenhaus brachten mich in meinen Geburtsort zurück. Sie starb nach kurzer Krankheit im Alter von fast fünfundneunzig Jahren, und ich fuhr auch zu ihrer Beerdigung. Über die Jahre war ich oft zurückgekommen, dieses Mal jedoch musste ich eine besondere Route nehmen: die kurvenreiche Straße zwischen den Hecken und der Steinmauer hinunter und dann den breiten, unbefestigten Weg hinauf, den die Leute in meiner Kinderzeit den »Kutschweg« nannten. Er führt den Hügel hinauf zu der alten Schule, die längst nicht mehr genutzt wird, und weiter zu dem heute nonnenlosen Kloster und der Kirche. Als Kind war das mein täglicher Schulweg, morgens und dann noch einmal nach dem *dinner*, dem Mittagessen, das die Leute im Süden Englands *lunch* nennen. Als ich als Erwachsene in meinem Beerdigungsschwarz dort entlangging, verspürte ich eine so mächtige wie vertraute Bedrängnis. Kurz bevor die öffentliche Straße auf den Kutschweg stößt, kam ein Punkt, an dem mich Furcht und Bestürzung überwältigten. Voller Angst fuhr mein Blick zur Seite, auf das nasse, wirre Farngestrüpp. Ich wollte sagen: Bleib stehen, geh nicht weiter. Ich erinnerte mich, wie ich als Kind überlegt hatte, ob ich flüchten sollte, davonrennen, zurück in die (vergleichsweise) Sicherheit unseres Hauses. Der Punkt, an dem mich die Angst überkam, war der Punkt, an dem es keine Umkehr gab.

Von meinem siebten bis zu meinem elften Lebensjahr – als ich fortzog – gingen wir jeden Monat in Zweierreihen Hand in Hand von der Schule den Hügel hinauf zur Kirche, um zu beichten und uns unsere Sünden vergeben zu lassen. Wenn ich wieder aus der

Kirche herauskam, fühlte ich mich erwartungsgemäß sauber und leicht, doch dieser Zustand der Anmut währte nicht länger als die fünf Minuten, die es dauerte, zurück in die Schule zu kommen. Schon mit vier Jahren hatte ich angefangen zu glauben, etwas Falsches getan zu haben. Da gab es eine grundlegende Sünde, an die das Beichten nicht rühren konnte. Da war etwas in mir, das sich nicht in Ordnung bringen ließ und für das es keine Erlösung gab. Die Schule bedeutete eine ständige Einschnürung, das systematische Unterdrücken jedweder Spontaneität. Sie arbeitete mit Regeln, die nie artikuliert worden waren und die sich änderten, sobald man glaubte, sie begriffen zu haben. Vom ersten Tag in der ersten Klasse an war mir bewusst, dass ich dem, was ich dort vorfand, widerstehen musste. Wenn ich meine Klassenkameraden sah und sie ihr jodelndes »Guten Morgen, Missis Simpson« rufen hörte, fühlte ich mich wie unter Geistesgestörten, und die Lehrer, bösartig und dumm, waren ihre Wärter. Ich wusste, ich durfte ihnen nicht nachgeben. Ich durfte keine Fragen beantworten, auf die es offensichtlich keine Antwort gab oder die von den Wärtern nur zu ihrem eigenen Amüsement und als Zeitvertreib gestellt wurden. Ich durfte nicht akzeptieren, dass Dinge über meinen Verstand hinausgingen, nur weil sie es mir sagten; ich musste versuchen, diese Dinge zu verstehen. So kam es zu einem inneren Kampf, und es kostete mich Unmengen von Energie, die eigenen Gedanken intakt zu halten. Aber wenn ich diese Anstrengung nicht unternahm, würde ich ausgelöscht werden.

Bevor ich in die Schule kam, gab es eine Zeit, in der ich glücklich war, und ich möchte aufschreiben, an was aus dieser Zeit ich mich erinnere. Die Geschichte meiner Kindheit ist ein komplizierter Satz, den ich ständig zu beenden versuche – zu beenden und hinter mir zu lassen. Aber sie widersteht dem, und das liegt auch daran, dass Worte nicht ausreichen. Meine frühe Welt war synästhetisch, und ich werde von den Geistern meiner eigenen Sinneseindrücke verfolgt; sobald ich zu schreiben beginne, tauchen sie auf und erbeben zwischen den Zeilen.

Uns wird beigebracht, vorsichtig mit unseren frühen Erinnerungen umzugehen. Manchmal fälschen Psychologen Fotos, auf denen ihre Patienten in ihrer Kindheit in einem unbekannten Umfeld erscheinen, an Orten oder mit Menschen, die sie noch nie gesehen haben. Zunächst sind die Betreffenden erstaunt, doch dann schwenken sie im Maß ihres Wunsches zu gefallen ein und produzieren »Erinnerungen« zu Erlebnissen, die sie tatsächlich nie hatten. Ich weiß nicht, was das beweist, außer dass einige Psychologen überzeugende Persönlichkeiten sind, einige Patienten viel Fantasie haben und uns allen immer gesagt wird, wir sollen unseren Sinnen vertrauen – was wir tun: Wir trauen der sichtbaren Tatsache des Fotos, statt unserer subjektiven Verwirrung zu folgen. Es ist ein Trick, keine Wissenschaft, und hat mit unserer Gegenwart, nicht mit unserer Vergangenheit zu tun. Wenn meine frühen Erinnerungen auch bruchstückhaft sind, glaube ich doch nicht, dass sie, zumindest nicht vollständig, Konfabulationen sind, und das glaube ich aufgrund ihrer überwältigenden sinnlichen Kraft. Sie kommen komplett daher, nicht wie die tastenden, allgemeinen Formulierungen von Leuten, die mit einem Foto getäuscht wurden. Wenn ich sage: »Ich schmeckte«, dann schmecke ich es, und wenn ich sage: »Ich hörte«, dann höre ich es: Ich rede nicht von einem proustschen Moment, sondern von einem proustschen Super-8-Film. Jeder kann diese alten Filme in Gang setzen, er braucht nur etwas Vorbereitung und Übung. Vielleicht fällt es Schriftstellern leichter als anderen Menschen, sicher bin ich mir da nicht. Ich würde auch der Aussage nicht zustimmen, dass es unwichtig ist, woran man sich erinnert, sondern dass es nur darum geht, woran man sich zu erinnern *glaubt*. Es geht mir um Genauigkeit, ich würde niemals sagen: »Das ist nicht wichtig, das ist Geschichte.« Andererseits weiß ich, dass ein kleines Kind einen merkwürdigen Zeitsinn hat, der ein Jahr zu einem Jahrzehnt werden und alle, die älter als zehn sind, erwachsen und gleichen Alters erscheinen lässt. Obwohl ich also Gewissheit über die Ereignisse selbst verspüre, bin ich mir nicht so sicher, was Abfolgen und Datierungen angeht. Und ich weiß auch, dass sich die Erinnerung einer Familie zu verzerren beginnt, wenn sie sich zum Verschweigen von etwas entschließt, da ihre Mitglieder die entstehende Lücke konfabulierend schließen: Du musst immer einen gewissen Sinn und eine Schlüssigkeit in dem erkennen, was um dich herum vorgeht, und so stoppelst du, so gut es geht, eine entsprechende Geschichte zusammen. Fügst etwas hinzu, redest darüber, und die Verzerrungen produzieren weitere Verzerrungen.

Trotzdem glaube ich, dass sich die Menschen erinnern können; an ein Gesicht, ein Parfüm, ein oder zwei wahre Dinge. Ärzte sagten früher, Babys würden keine Schmerzen empfinden, und wir wissen, dass das falsch war. Wir wurden mit unserer Empfindsamkeit geboren, vielleicht sogar gezeugt. Die Schwierigkeit, uns selbst zu trauen, liegt zum Teil darin begründet, dass wir im Gespräch über unser Gedächtnis geologische Metaphern benutzen. Wir reden über die verschütteten Teile unserer Vergangenheit und nehmen an, dass die am längsten zurückliegenden am schwersten zu erreichen sind: dass man mit Hilfe eines Hypnotiseurs nach ihnen suchen muss oder mit einem Psychotherapeuten. Ich glaube nicht, dass die Erinnerung so funktioniert, eher, dass sie wie der »weite, grenzenlose Innenraum« des heiligen Augustinus ist oder wie eine große Ebene, eine Steppe, in der alle Erinnerungen Seite an Seite ruhen, in gleicher Tiefe, wie Samen im Humus.

Es gibt eine Farbe, die nicht mehr zu existieren scheint, die aber ein charakteristisches Pigment meiner Kindheit war. Es ist ein verblichenes, regengesättigtes Purpurrot, wie altes, trocknendes Blut.

Man sah es auf den Kassettentüren, den Rahmen von Schiebefenstern, auf Fabriktoren und den hohen Durchgängen zwischen Geschäften, die nach hinten auf die Höfe führten. Heute findet man dieses Rot nur noch auf verrußten, heruntergekommenen alten Gebäuden, wo der Sandstrahler noch nicht war, um den schwarzen Stein zu Honig werden zu lassen: Wenn man den Schmutz wegkratzt, stößt man auf Spuren davon. Die Restaurateure herrschaftlicher Häuser arbeiten sich durch die Schichten, um die Farbgebung alter Salons, Wohnzimmer und Treppenhäuser zu identifizieren. Ich benutze meine Farbprobe – nennen wir sie Ochsenblut –, um die Zimmer meiner Kindheit aufzufrischen, die sonst grün wären, cremefarben und zuletzt von einem vernebelten Gelb, das etwa in Schulterhöhe hing, wie das Nachspiel eines Feuers.

Teil zwei

QUÄL SIE NICHT, GEOFFREY

ZWEI MEINER VERWANDTEN sind durch einen Brand umgekommen. Eine war die Mutter meines Vaters. Sie hieß Alice.

Alice war Witwe und bereitete sich darauf vor, erneut zu heiraten, doch kurz vor dem Termin sah sie ihren toten Mann auf der Straße. Sie nahm das als ein Zeichen, ihre zweite Ehe abzusagen. Bevor ich geboren wurde, noch bevor mein Vater meine Mutter heiratete, kam sie in einem brennenden Haus zu Tode. Ich habe nie ein Bild von ihr gesehen. Sie ist verschwunden.

Das andere Brandopfer stammte aus der Familie meiner Mutter. Es war ein kleines Mädchen namens Olive, dessen Nachthemd Feuer fing. Ich kenne Olive, weil es ein Foto von ihr in einer Brosche gibt. Es ist oval, was die Form von Melancholie, Sehnsucht und verlorener Romantik ist. Olive ist ein kindartiger Fleck, ungeformt, ausdruckslos. Auf der anderen Seite der Brosche ist George Foster zu sehen, mein Großvater mütterlicherseits, als junger Soldat, ernst, gut aussehend, entschlossen. Wer die Brosche trägt, dreht natürlicherweise ihn nach außen. Niemand, nehme ich an, hat je Olive nach vorn gedreht. Sie schaut auf ewig nach innen, den verschwommenen Blick auf das Schlüsselbein der Trägerin gerichtet, in den Körper hineinsehend, wie ein Kind, das nie den Mutterleib verlassen hat.

Das Früheste, woran ich mich erinnere: Ich sitze aufrecht in meinem Kinderwagen. Wir sind draußen in einem Park namens Bankswood. Meine Mutter geht rückwärts. Ich strecke die Arme aus, weil ich nicht will, dass sie mich allein lässt. Sie sagt, sie will nur ein Foto machen. Ich verstehe nicht, warum sie rückwärts geht, schräg nach hinten und zur Seite gelehnt. Die Bäume über uns rauschen in dringender Unterhaltung, zu schnell, um mich etwas von ihrem Gespräch aufschnappen zu lassen. Die Blätter teilen sich, der Himmel bewegt sich, die Sonne linst auf mich herunter. Weiter und weiter geht meine Mutter, bis sie endlich stehen bleibt, den Arm hebt und einen Teil ihres Gesichts versteckt. Himmel und Bäume ziehen über meinen Kopf. Mir ist schwindelig. Die ganze Welt besteht aus Geräuschen und Bewegung. Meine Mutter kommt zurück zu mir, sagt etwas. So endet meine Erinnerung.

Diese Erinnerung existiert heute in Schwarz-Weiß, denn als ich älter war, sah ich Bankswood-Fotos: dieses oder ähnliche, vielleicht sogar an diesem Tag aufgenommen, vielleicht Wochen vorher oder später. In den 1950ern wurden Fotos manchmal nichts, manche waren so verwackelt, dass sie gleich weggeworfen wurden. Was als Erinnerung bleibt, auch wenn die Farbe daraus gewichen ist, sind die schnell dahintreibenden Wolken, das Rauschen über meinem Kopf, der Wind in den Bäumen: als hätten die Wasser des Lebens zu fließen begonnen.

Viele Jahre später, als es einen Verdacht auf ein Problem mit meinem Herzen gab, wurde ich für eine Echokardiografie ins Krankenhaus geschickt. Eine Frau fuhr mich auf einem Rollwagen über den Flur, und ich hörte das gleiche Geräusch, jenes allumfassende, pulsierende, universelle Rauschen: mein eigenes Blut in meinen eigenen Adern. Aber eine Zeitlang wusste ich nicht, ob es aus mir kam oder aus den Tiefen der Maschinen neben meinem Bett.

Ich lerne, ständig lerne ich. Um jemanden zu fotografieren, bewegst du dich von ihm weg und anschließend wieder auf ihn zu. Das Ergebnis meiner Untersuchung, sollte ich noch anfügen, war zufriedenstellend. Mein Herz war nicht größer, als man erwarten würde.

Im Haus lerne ich gehen, doch daran erinnere ich mich nicht. Vor dem Haus wendest du dich nach links: Ich weiß nicht, dass es »links« heißt. Bewegst dich auf das nächste Haus zu: von Großmutter (56 Bankbottom, Hadfield bei Manchester) zu ihrer älteren Schwester in Nr. 58. Links neben der Tür meiner Großmutter ist ein rostiger Eisenring in den Stein eingelassen. Ich stecke immer meinen Finger hinein, obwohl ich es nicht soll. Großvater sagt, da haben sie früher den Affen angebunden, aber ich glaube nicht, dass sie wirklich einen hatten. Trotzdem lauert er in meinen Gedanken, ein kleiner grauer Affe mit rührenden Augen und einem langen, lebhaften Schwanz.

Ich ziehe meinen Finger aus dem Ring und schmecke das Metall daran. Ich betrachte die Pflastersteine unter dem Fenster, an dem ich vorbeimuss, um Nr. 58 zu erreichen. Ich halte meinen Blick auf die schmalen Steine gerichtet, die auf Stoß verlegt sind und eine Kante bilden. Eins, zwei, der dritte ragt hervor und ist bläulich, wie ein blauer Fleck; und über diesen Stein, vielleicht, weil er die Farbe eines blauen Flecks hat, werde ich fallen und zu brüllen beginnen. Weil ich weiß, dass ich nie, nie an ihm vorbeikomme, und weil das Brüllen das Stadium meines Daseins ist; es ist ein Teil von mir. Das geht so, bis sich eines Tages der Gedanke einer sich selbst erfüllenden Prophezeiung in mir formt. Ich beschließe, nicht zu fallen. Ich werde nicht fallen und sehen, was dann passiert. Ich überwinde den blauen Stein, zum ersten Mal, und dieses eine Mal genügt, jetzt kann ich draußen herumlaufen. Ich springe meinem

Großvater George Foster in die Arme und weiß, ich habe nichts zu fürchten.

In Nr. 58 ragt mein Kopf bis zur äußersten Rundung meiner Großtante Annie Connor auf. Sie ist ein wandelnder Vollmond, ihr Lächeln ein einziges Strahlen. Ihr äußerer Rand wird von ihrer Schürze bedeckt, in die winzige Blumen eingewebt sind. Der Stoff ist vom vielen Gewaschenwerden ganz weich, die Hände meiner Großtante dagegen sind hart und aufgesprungen. Es ist kaum zehn Uhr, und sie stellt bereits den Kohl auf den Herd. »Da ist ja unsere Ilary«, sagt sie. Meine Familie hat mir meinen Namen mit Blick auf meinen sozialen Aufstieg gegeben, aber dieser Wunsch schließt das »H« nicht mit ein. Ich schäme mich für meine Großtante, dass sie mich nicht erkannt hat, und verrate ihr meinen Namen des Tages. Ich behaupte, ein indischer Krieger zu sein oder Sir Lancelot. Ich behaupte, ich bin der örtliche Pfarrer, und sie deutet nicht daran herum. Ich segne sie, und sie sagt: Danke, Vater.

Mein Kopf reicht bis über die Tastatur des schwarzen Klaviers. Wenn ich eine Taste anschlage, klingt die Note bronchitisch, beschädigt. Das Klavier in Nr. 56 hat einen weicheren Ton. Ich weiß, wie ich das mittlere C finde, weil die entsprechende Taste des Klaviers in Nr. 58 einen braunen Fleck auf dem Elfenbein hat und ein kleines Stück davon abgesprungen ist, sodass es aussieht, als hätte ein Tier daran genagt. Ich liebe die Klaviere, ihre verschiedenen Stimmen und Gerüche, das intensive, abweisende, ganz eigene Aroma ihres Holzes. Bisher hat mir niemand gesagt, dass ich fürchterlich unmusikalisch bin und die Instrumente besser in Ruhe lassen sollte. Wenn jemand auf ihnen spielt, stehe ich daneben, lege die Finger aufs Holz und spüre die Schwingungen: Ein Klavier atmet und schnurrt wie eine Katze. Tibby ist Mrs Claytons Katze. Ein Kater. Er wohnt in Nr. 60 und flieht an der Mauer entlang. Ich kenne ihn nicht. Er ist ein protestantischer Kater. George Clayton ist morgens als Erster im Hof, lange vor Sonnenaufgang geht er von seinem Haus zum Außenklo, winters wie sommers. Nachmittags sehe ich ihn im hellen Tageslicht nach Hause kommen: eine voluminöse Gestalt in einem blauen Overall, mit einem massigen Sturkopf. Eines Tages stirbt er. Mrs Clayton, sagen die Leute, wird »nach Macclesfield« gebracht, was heißt, dass sie verrückt ist. Als sie zurückkommt, rennt Kater Tibby immer noch an der Mauer entlang. Als Ersatz für George schafft sich Mrs Clayton eine plattköpfige Hündin namens Shula an. Ihr eigentlicher Name, erklärt sie mir, ist Shula Ballerina. Shula schnappt und knurrt und läuft hinten im Garten herum. Was nicht verhindert, dass Mrs Clayton wieder verrückt wird.

In Nr. 58 beginnt Annie Connor ein Spiel. Du gehst in die eine Ecke des Zimmers, sie in die andere, und dann schreit ihr beide sehr laut:

>*Der Wind bläst aus Ost,*
Der Wind bläst aus West,
Der Wind bläst über das Kuckucksnest.
Wo ist er, der
Über ferne Felder gehen muss?
Hi, Ho!«

Und dann rennst du schreiend durchs Zimmer, genau wie sie.

Zwei Dinge, die nicht zu glauben sind: dass es einen Affen gab und wenn Leute sagen: »Ich hab Augen hinten im Kopf.«

Ich sitze auf den Stufen. Sie sind steil, schachtelartig und finster. Ich denke, ich muss sterben. Ich habe eine Fliege eingeatmet, wenigstens glaube ich das. Die Fliege war im Zimmer, und mein Mund war offen, weil ich eine Praline hineingesteckt habe. Dann plötzlich war die Fliege nicht mehr da. Jetzt ist sie nur noch ein Kitzeln und Kratzen in meiner Kehle, auf der Seite zur Küchenwand hin. Ich sitze mit gesenktem Kopf da und habe die Arme auf den Knien. Fliegen werden allgemein verdammt, weil sie voller Schmutz und Bazillen sind, was kann also tödlicher sein, als eine zu verschlucken oder einzuatmen? Es gibt noch ein andere Möglichkeit, die ich in meinem Kopf hin- und herwende: Vielleicht kommt das Kitzeln ja von der Praline, einer grünen aus einer Schachtel gemischter Süßigkeiten namens »Weekend«. Vielleicht hätte ich die Praline nicht nehmen sollen, sondern ein Weingummi oder ein Toffee, was beides passender für ein Kind ist. Aber hätte ich gezögert und gesagt, ich möchte die Marzipanpraline, hätte womöglich jemand gesagt: »Die sind nicht gut für dich«, und so stehe ich jetzt auf der Treppe und weiß nicht, kratzt da die grüne Praline oder die Fliege. Die Todesangst rührt langsam in meinem Brustkorb, wie ein leise vor sich hin köchelnder Eintopf. Ich bin traurig, weil ich meine Großeltern und alle anderen, die ich kenne, vermissen werde, und ich frage mich, ob ich ihnen sagen soll, dass ich sterbe, entweder an einer Fliege oder an der grünen Praline. Ich beschließe, es für mich zu behalten, da es nichts gibt, was jemand tun könnte. Es wird angenehmer für sie, wenn sie es nicht wissen; aber ich fühle mich einsam da auf der Treppe mit meiner kürzer werdenden Zukunft. Ich verfluche den Moment, in dem ich den Mund aufgemacht und die Fliege hereingelassen habe. Dieses kratzende, kitzelnde Gefühl tief in meinem Hals muss die Fliege sein, die sich die Hände reibt. Ich beginne mich zu fragen, wie lange es dauern wird, bis ich sterbe …

Nach einer Weile gehe ich zurück in die Küche. Mein Beschluss, ganz allein zu sterben, ist ins Schwanken geraten. Ich nehme an, es wird eine Stunde oder so dauern, vielleicht lebe ich auch noch bis zum Abend. Mein Kopf hängt immer noch herunter. Was ist denn?, werde ich gefragt. Ich habe das Gefühl, es nicht sagen zu können.

Meine ursprüngliche Absicht war, keinen Alarm auszulösen; im Übrigen habe ich das Gefühl, dass es eine Schande ist, so zu sterben. Ich würde weit lieber einfach umfallen und Schluss aus. Mir ist übel. Etwas zupft an meiner Aufmerksamkeit. Vielleicht ist es die Absurdität des Ganzen. Das trockene Kratzen in meinem Hals ist immer noch da, doch ich weiß nicht mehr, ob es das ursprünglich darin festsitzende Hindernis ist oder nur die Erinnerung daran, sein Eindruck, der mein atmendes Fleisch niemals verlassen wird. Über Jahre hinweg wird mich das Wort »Marzipan« mit einem tödlichen Fauchen erfüllen, dem Summen seiner Silben, einem Grabessprudeln.

Mein Großvater geht ins Red Lamp, um ein kleines Bier zu trinken. Er zieht sein kariertes Sportjackett an, und ich rufe: »Großvater trägt seine Bierjacke!« Er zieht seine Wildlederschuhe an, und ich rufe: »Großvater zieht seine Bierschuhe an!« Er nimmt den Krug vom Küchenregal, und ich rufe: »Großvater nimmt dem Bierkrug mit!« Wie mild und maßvoll seine Gewohnheiten auch sind, ich kann nicht anders, ich muss laut aufzählen, was er tut.

Frauen würden nicht ins Red Lamp gehen.

Mein Großvater kennt sich mit englischen Dingen wie Robin Hood aus. Ich sitze auf seinem Knie, und er summt: »*All things bright and beautiful.*« Meine Großmutter sagt: »George bringt dem Kind protestantische Lieder bei!« Ich tauche meinen Finger in sein Bier, um es zu probieren. Für die hohen Feiertage habe ich ein fingerhutgroßes Glas, aus dem ich Portwein trinke. Meine Großmutter sagt: »George bringt dem Kind das Trinken bei!« Langsam, langsam bewegen wir uns von Haus und Herd in die wirkliche Welt. Mein Großvater ist ein Eisenbahnmann und war schon in Palästina, aber nicht mit dem Zug. Die Wörter, die er mich buchstabieren lehrt, umfassen auch

knifflige, weit entfernt gelegene Städte wie Worcester und Glouces-
ter: Schreiben kann ich noch nicht, aber das macht nichts. Und
Großvater weiß auch um das Warum und Weshalb der Baumwoll-
produktion und nicht nur, was es heißt, in der Fabrik zu arbeiten. Er
kennt sich mit den amerikanischen Sklaven und der Konföderation
tion aus und weiß alles über einen Riesen namens Gazonka, der auf
einem Hügel außerhalb von Glossop lebt. Großvater hat richtige
Vorfahren, im Unterschied zu uns Iren, die nicht mal ihre genauen
Geburtsdaten kennen. Einer von ihnen hat sogar einmal einen Aufstand verhindert, indem er einen Mann namens Murphy ausschal-
tete, einen Strolch an der Spitze einer Meute, der eine Drahtpeitsche
schwenkte. Für diese Tat wurde er mit dem Posten eines Hygiene-
Inspektors belohnt.

Aus Liverpool bringt Großvater Weingummitiere und merkwürdige Ballons mit Gesichtern und Ohren mit, die man auf Pappfüße
binden kann, damit sie stehen bleiben. Da mir niemand den Namen für diese Wesen der göttlichen Schöpfung sagen kann, nenne
ich sie »Flukes«. Wenn Ihnen ein Wort für etwas fehlt, können Sie
mich um eines bitten, aber ich kann keinen Ballon aufblasen. Ich
habe nicht genug Puste. Wenn Großvater nicht auf Schicht ist, ist er
immer zu Hause, immer in seiner Gemeinde. Die Brüder meiner
Großmutter kommen alle aus Hollingsworth oder von noch weiter her. Sie machen auf mich den Eindruck, als zögen sie durchs
Land. Sie tauchen völlig unerwartet auf; es ist die Zeit vor dem Telefon und bevor die Leute davonliefen, um nicht da zu sein, wenn
die Verwandtschaft kam. Die Brüder sind ununterscheidbare, in etliche wollene Schichten gekleidete Alte, die laut schmatzend Pfef-
ferminzbonbons lutschen, sich auf die harten Küchenstühle setzen und ihre Mützen aufbehalten: auf Stühle links und rechts von
der Anrichte, symmetrisch, ganz hinten im Raum, als würde jeden Moment eine Oper vor dem Kamin aufgeführt werden. Meine

Großmutter gibt ihnen einen Teller mit Schinken und etwas Cheshire-Käse. Sie husten heftig und schleimig in ihre zusammengeknüllten Taschentücher, und auch wenn sie nicht weinen, tränen ihnen die Augen.

Wenn meine Großmutter ihre Schwester will, trommelt sie gegen die Wand. In anderen Häusern trommeln Geister, bei uns ist es nur Annie Connor, die auch zurücktrommelt.

Der Haushalt von Nr. 56 Bankbottom kooperiert mit dem Haushalt in Nr. 58. Dort wohnt neben Annie Connor noch ihre verwitwete Tochter Maggie, die meine Patin ist und einen braunen Regenmantel und einen karierten Wollschal hat. Sie macht Besorgungen für Leute und steht auf Abruf bereit. Mit im Haus wohnt auch Beryl, Maggies Tochter, meine Heldin: ein Schulmädchen mit hübschen Grübchen und ziemlich keck. Es gibt nur eine Puppe, die mir wirklich wichtig ist, und die habe ich ihr zu Ehren Beryl getauft. Sie ist aus schmuddeligem, grünem Satin, Hände und Füße sind kleine grüne Stummel, das Gesicht ist auf ein rundes Stück Baumwollstoff gemalt; und natürlich ist der spitze Kopf auch aus schmuddeligem, grünem Satin.

Mein Großvater muss der Ritter und Kommandeur all dieser Frauen sein. Er besitzt ein Feldgeschirr, ein Notizbuch und einen Stift, seine Schaffnermütze und seine Schaffnerlampe. Es ist mein Traum, ebenfalls Schaffner zu werden.

In der Wüste ist mein Großvater auf einem Kamel geritten. Er kommandierte es mit bestimmten ägyptischen Worten, die nur Kamele kennen; jetzt hat er sie an mich weitergegeben.

Ich bin drei, sitze auf dem Schoß meiner Großmutter und esse noch backwarmen Biskuitkuchen. Der Kuchen ist blassgelb und so hoch, dass ich nicht weiß, ob ich unten oder oben hineinbeißen soll. Aus

Erfahrung weiß ich, dass er dort jeweils anders schmeckt. Wir sitzen beim Kamin, aber er brennt nicht. Die Sonne scheint. Auf dem Bürgersteig vor dem Fenster gehen Leute vorbei. Die Tür nach hinten steht offen.

An Haken unter dem Regal hängen zwei Krüge. Beide fassen ein Pint, gut einen halben Liter (sind im Moment jedoch leer). Einer ist satt cremefarben, der andere ganz hellrosa. Sie weiten sich dickbäuchig unter ihren Lippen, und das Licht vergoldet ihre Rundung: eine Milchhaut, eine Muschel. Der Tisch hat dicke grüne, komplizierte Beine. Ich krieche unter den Tisch und fahre mit dem Finger ihre Windungen nach. Die Tischplatte ist aus blank gescheuertem weißen Holz. Die Knoten in ihr sind wie Glas. Es hat etwas Beruhigendes zu wissen, dass nebenan in Nr. 58 unser Hund Rex so unter dem Tisch sitzt wie ich hier. Erbsen fliegen aus ihren Schoten in einen weiß emaillierten Durchschlag mit tiefblauem Rand. Der Geruch aus den Schoten umfängt mich. Ich zähle die Erbsen. Die kleinen Erbsenkeimlinge zupfe ich von ihren Stängeln und zähle sie als halbe oder Viertelerbsen. Meine Großmutter backt einen Erdbeerkuchen. Eine Frage, die die Leute stellen, lautet: »*Kannst du schon bis drei zählen?*«

Ich war einmal Irin, aber heute bin ich mir nicht mehr sicher. Meine Großmutter wurde am Valentinstag geboren oder glaubte es zumindest immer. Meine Mutter sagt, Annie Connor, die Älteste, habe ihren Brüdern und Schwestern die Geburtstage gegeben, die sie nach Annies Meinung mögen würden. Jetzt hat jemand eine offizielle Urkunde gefunden, und Großmutters Geburtstag wurde auf den ersten März verlegt. Alle lachen darüber. Sie lacht mit, ist aber nicht erfreut über das neue Datum. Sie war immer unser Valentine, unser Liebchen, und plötzlich ist sie ein verrückter Märzhase. Sie heißt Kitty, manchmal Kate. Vor ihrer Heirat war sie eine O'Shea. Ihre Mutter hieß vor ihrer Heirat Catherine Ryan. Sie war eine kleine, ungebildete Frau mit einem aufrechten Gang. Eine alte Person, die sich noch an sie erinnert, sagt zu meiner Mutter: »Solange du lebst und durch die Welt gehst, lebt auch Catherine Ryan.« So oder ähnlich hat sie es ausgedrückt.

Viel später, als ich ein Teenager bin, lässt meine Patentante erkennen, dass Catherine Ryan dem Alkohol zugeneigt war. Wir müssen unsere Vorstellung von ihrem berühmten Gang revidieren, und meine Mutter ist jetzt weniger erfreut über den Vergleich mit ihr. Ich verteidige meine Urgroßmutter und sage, es überrascht mich nicht, dass sie getrunken hat: Ihr ging es doch sicher wie der alten Frau in dem Kinderreim, die in einem Schuh lebte und so viele Kinder hatte, dass sie nicht mehr wusste, was sie tun sollte? Wie viele waren es? Zehn, elf, zwölf? Ich verliere immer den Überblick: Da sind Paddy und Martin, Daniel und Joe, dann John und Joanna und Mick. Und warum hat ihr Mann sie mit all den Babys sitzen lassen? Meine Mutter sagt, es sei nicht sein Fehler gewesen, Patrick Ryan wäre zu ihr zurückgekommen, wenn sie ihn gelassen hätte. Meine Mutter steht für gewöhnlich auf der Seite der Männer, ich nicht. Großmutter sagt: Was man über meine Mammy sagen muss: Sie mag ja getrunken haben, aber eine Pfeife hat sie nie geraucht, und oh, wie sie Kohl kochen konnte!

Meine Mutter sagt: »Montagskind ist hübsch anzuschaun, Dienstagskind kann auf seine Anmut vertraun, Mittwochskind ist der Kummer anzusehn, Donnerstagskind muss ganz weit gehn, Freitagskind hat stets viel Arbeit, Samstagskind ist voll der Liebe und Großzügigkeit, doch das Kind, das am Sabbat wird geboren, ist gesund und munter, immer brav und zum Glücklichsein auserkoren.«
Dazu fallen mir verschiedene Dinge ein. Ich denke, meine Mutter muss ein Montagskind sein. Ich weiß, dass ich selbst an einem Sonntag geboren wurde, aber es wäre selbstgefällig, länger dabei zu

verweilen. Im Übrigen denke ich, alle Eltern würden ein Samstags-kind vorziehen. Ich frage, an welchem Tag ist mein Daddy geboren? Sie zögert keine Sekunde. Es kann wohl nur ein Donnerstag gewe-sen sein, sagt sie, weil er jeden Tag in die Stadt muss.

Mein Vater Henry ist groß und dünn und trägt ein Tweedsakko. Das schwarze Haar hat er sich mit Haarwasser zurückgekämmt. Mit sei-ner Brille sieht er meiner Meinung nach sehr intelligent aus, und er bringt die *Manchester Evening News* mit nach Hause.

Wenn er von der Arbeit kommt, hängt ihm der vielfältige Stadt-geruch in den Kleidern, ein Geruch nach Smog, Tinte und Tabak. Er hat ein Reise-Schachspiel mit einem abgegriffenen Ledereinband, das sich zusammengeklappt in eine Tasche stecken lässt. Die roten und weißen Figuren werden mit winzigen Klammern auf die Felder gesteckt. Ich darf mit ihnen spielen, kann aber noch kein Schach. Ich bin noch nicht alt genug, ich soll warten, bis ich sieben werde. (Er könnte ebenso gut sagen, warte, bis du fünfundvierzig bist, so weit entfernt ist die Sieben für mich.) Mit seinem guten Kugelschrei-ber löst Henry das Kreuzworträtsel in der Zeitung. Ich sitze dabei auf seinem Schoß. Um ihm zu helfen, halte ich den Stift und drücke die Mine hinein und heraus, damit sie, während er überlegt, nicht müde und faul wird. Ich bin gern nah bei Leuten, die nachdenken, und tauche in ihre warme, summende, angespannte Konzentration ein. Henry liest die Rennseite. Es sind Pferderennen. Um ihm zu hel-fen, stelle ich mir die Pferde vor. Er sagt ihre Namen, und ich gebe mir große Mühe beim Vorstellen.

Mit meiner Mutter und meinem Vater Henry steige ich in den grünen elektrischen Zug, der die gleiche Farbe wie mein Regenman-tel hat. Den habe ich mir extra ausgesucht, weil er so gut zum Zug passt. Er riecht nach Gummi und Fabrik. Wenn wir in den Zug mit seinen breiten automatischen Türen steigen, nehme ich meine Mutter und meinen Vater bei der Hand und sorge dafür, dass wir gemeinsam mit dem gleichen Fuß hineinsteigen. Ich habe Angst, dass jemand zurückbleibt, und glaube, dass sich die Türen, wenn sie sich erst einmal geschlossen haben, nicht wieder öffnen lassen. Angenommen, einer steigt ein, die Türen schließen sich, und er ist allein im Zug und wird vorausgeschickt – und was, wenn ich es wäre? Wir fahren nach Manchester, zu Mrs Ward, der Großmutter meines Vaters. (Alice, seine Mutter, ist in dem Feuer umgekommen.) Mein Urgroßvater lebt auch noch, er sitzt hinten im Zimmer beim Herd, aber niemand scheint ihm große Beachtung zu schenken. Er hat weißes Haar und trägt einen schwarzen Anzug mit einer vor seinem mageren Bauch hängenden Uhrkette. Ich schreibe ihm den Beruf eines Uhrmachers zu. Meine Urgroßmutter in Manchester ist selbst nach meinen Maßstäben winzig, mit einem Kopf von der Größe einer Orange. Sie nimmt mich mit nach oben und öffnet eine Kommode, aus der sie glänzende, seidene Stoffstücke holt. Damit soll ich meine Puppen einkleiden, erklärt sie mir. Ich bin zu höflich, um zu sagen, dass ich meine Puppen nicht anziehe oder ihnen Puppenkleider nähe.

Als meine Mutter den Stoff sieht, nimmt ihr Gesicht einen verächtlichen, ablehnenden Ausdruck an – Verachtung: *scorn*. Ich mag das Wort. Verächtlich, *in scorn*, schürzt er die bärtige Lippe. *Bastion* (Bollwerk, Bastion) ist ebenfalls ein schönes Wort, genau wie *citadel* (Zitadelle), wie *vaunt* (Lobgesang) und *joust* (Turnier). Jeder in meiner Nähe, der nicht zu wissen scheint, was er tun soll, muss mir ein Kapitel aus *König Artus und seine Tafelrunde* vorlesen. Ich überlege, ob ich neben meiner Arbeit als Schaffner auch noch ein fahrender Ritter werden soll, ein *knight errant*, was, wie ich glaube, auch bedeutet: ein Ritter, der einen Fehler gemacht hat. Ständig werden Fehler gemacht, und es ist nur menschlich für einen Ritter, wenn er hin und wieder danebenhaut.

Ich warte darauf, mich in einen Jungen zu verwandeln. Wenn ich vier werde, ist es so weit.

Die Reisen nach Manchester setzten sich vermutlich über einige Jahre fort. Erst fuhren wir zu dritt, dann waren es nur noch Henry und ich. Ich fürchtete die Straßen und das Dächermeer und fühlte mich wie in einer Falle gefangen. Ich war es gewohnt, den Blick zu heben und die Berge zu sehen. Die roten Ziegelhäuser mit ihren Erkerfenstern kamen mir armselig vor, obwohl sie größer und besser ausgestattet waren als die Arbeiter-Cottages in Hadfield. Mein Cousin Geoffrey, ein mächtiger Kerl, wurde mit mir in den Park geschickt. Es war ein düsterer Weg über endlose Bürgersteige unter dem gebrauchten Himmel her, und wenn man ankam, gab es nur ein wenig interessantes Kaninchen, dessen Nase durch den Draht zuckte. Ich habe keinerlei Erinnerung an Geoffreys Gesicht, ich sehe nur noch seine gewaltigen Beine in den flatternden Flanell-Shorts vor mir, dazu die stumpfe, knochige Masse seiner Knie. Er sei mein adoptierter Cousin, wurde mir gesagt; ich frage mich, warum mir von all den unerklärten Dingen gerade das erklärt wurde. Zurück im Haus, sperrte mich Geoffrey zwischen verschiedenen Möbelstücken ein und streckte eines seiner Beine aus, damit ich nicht tapsen konnte, wohin ich wollte. Wandte ich mich daraufhin in die andere Richtung, versperrte er mir den Weg mit dem Arm, sodass ich mich tränenreich im Kreis drehte und nicht weiterwusste. Er wollte mich necken und meinte es nicht böse. Ich sah mich durch seine Augen, albern herausgeputzt und zu klein, um ihn zu überlisten oder zu schlagen, auch wenn ich verzweifelt die Baby-Fäustchen ballte. Und dieses Bild erschreckte mich, passte es doch so gar nicht zu meinem eigenen Bild von mir. In meinen Augen war ich schon mindestens in den mittleren Jahren. Was Geoffrey anging, so schien allein der Umstand meiner kleinen Größe meine absolute, umfassende Überlegenheit ihm gegenüber zu verbergen. Und so war es doppelt ärgerlich, dass ich in einer Sesselgasse feststeckte und mich um die eigene Achse drehte, bis es endlich jemand bemerkte und sagte: »Aber, Geoffrey, quäl sie doch nicht …«

Am großen Tisch mit der weißen Decke aßen wir Schinken und Zunge. Die weißen Teller fühlten sich eiskalt an. Einmal fragte ich meine Mutter, warum wir immer Schinken und Zunge aßen. Sie fuhr mich an: »Weil du gesagt hast, es schmeckt dir.« Ich bin erstaunt. Ich erwarte nicht, dass meine Vorlieben irgendeinen Einfluss in dieser Welt haben, und sie tut es ganz eindeutig auch nicht.

An die Fahrten zurück nach Hause erinnere ich mich nicht. Ich nehme an, ich war todmüde, erledigt von Geoffrey, dem Kaninchen, dem Uhrmacher und dem angespannten Ausdruck auf dem Gesicht meiner Mutter. Ich ließ uns auf jede mögliche Weise in den Zug steigen.

Ward, Station oder Wache, hat mit Beobachtung zu tun, es kann ein Ort der Überwachung sein, ein verteidigbarer Teil einer Burg: ein Ort für Wachposten.

Ich habe eine Freundin, Evelyn, eine Protestantin. Ich gehe in den Garten, um mit ihr zu spielen. Evelyns Mutter ist in eine große Schürze gehüllt. Sie ist fröhlich und spricht auf schottische Weise. Meine Mutter nennt sie Kath, was für mich ein sanfter, schmelzender Name ist. Kath bringt mir bei, »Kirkcudbrightshire« zu sagen. Wenn sie mir etwas zu essen gibt, salzt sie es gleich: Großvater hat gemerkt, dass ich kein Salz nehme, doch das kann sie nicht wissen. Ihre Beine stecken in dicken, dunklen Strümpfen und haben die Form von Flaschen, sodass ich, wenn ich jemanden »Dunkelbier« sagen höre, immer an Evelyns Mum denken muss.

Evelyns Haus, das Aldous-Haus, ist dunkler als unseres und riecht stärker nach Klößen. Da sie keine Katholiken sind, haben sie kein

Klavier, aber sie wohnen am Ende des Gemeinschaftsgartens, und ihr Gartenteil ist ordentlicher angelegt und hat Blumenbeete. Mein Großvater hat hinter unserem Haus ein Beet mit Kapuzinerkresse angelegt und sie an der Wand hochwachsen lassen. Er sagt, man kann die Samen einlegen und essen, am besten in einem Salat, aber ich denke: Was für eine Verschwendung. Mein gesamtes Blickfeld ist von den Blüten und hellen Blättern ausgefüllt. Wenn ich versuche, ihren herrlichen Farben, dem Scharlachrot und dem gestreiften Bernsteingelb, Namen zu geben, scheint meine Brust gefährlich zu schwellen. Ich stelle sie mir als Musikinstrumente vor, die tief aus ihren Herzen würdevolle, majestätische Melodien erklingen lassen, sind sie doch wie die Grammofontrichter geformt, die ich auf Bildern gesehen habe. Die Blüten vereinigen alle Tugenden: das ahnungsvolle Stöhnen des Blechs, den schwärzlichen Schimmer des Purpurs und für das Auge die nachgiebige Textur von Samt, dabei fühlen sie sich wie gerötete Babyhaut an.

Evelyns Dad Arthur zieht Geranien. Ihre Blüten sind scharlachrote Punkte, ihre Stängel biegsam und knotig. Wenn Arthur in seiner Latzhose nach Hause kommt, die Ärmel bis über die Ellbogen hochgekrempelt, kann ich die Sehnen und knotigen Adern unter der Haut sehen und stelle mir vor, dass seine Arme Pflanzenstängel sind und er gar kein Mensch ist, sondern vielleicht ein Ungeheuer. Sobald ich ihn vorn an der Tür höre, renne ich hinten hinaus und nach Hause.

Mit der Zeit stelle ich fest, dass die Erwachsenen darüber reden und lachen. Wer zuletzt lacht …, denke ich düster. In Evelyns Vater fließt Pflanzensaft, kein Blut. Umso schlimmer für sie, wenn sie nicht wissen, dass er gefährlich ist. Angst ist nichts, dessen man sich schämen muss, und auch das Davonlaufen nicht, wenn der Rückzug taktischer Natur und der Feind ein grüner Mann ist.

Ich werde vier. Schon vier! Ivy Compton Burnett beschreibt ein Kind mit »dem Ziel, in seinem Kleinkindalter zu verharren«; was auch auf mich zutrifft. Ich bin dick und glücklich. Wenn ich gefragt werde, ob ich mein Gitterbett nicht gegen ein richtiges kleines, hübsches Bett eintauschen möchte, ist meine Antwort: »Nein.« Jeden Tag habe ich zu tun: mit Aufpassen, Ritterhändeln und Kameltraining. Warum sollte ich das alles hinter mir lassen?

Mein Großvater hebt mich auf seine verschränkten Arme. Wir lassen den Blick über die Albert Street gleiten, die gepflasterte Straße, die hinter unserem Garten herführt. Mit ernster Miene nickt er zur anderen Straßenseite hinüber, wo sich eine derbe Mauer erhebt, mehr als mannshoch und mit so großen, flachen Steinplatten oben, dass eine ganze Armee darübermarschieren könnte. Die Steine sind rußgeschwärzt, und die Mauer ist so stabil, so eindrucksvoll, dass es den Anschein hat, sie werde auf ewig dort stehen. Und ohne besondere Betonung, fast nebenhin, sagt er: »Dein Urgroßvater hat diese Mauer gebaut.« Ich spüre seinen Stolz, spüre die Kraft seiner Arme und denke: Wir haben alles gebaut!

Hinter dem Grundstück liegt ein Kindergarten; er ist in einem Fertighaus untergebracht, und auf einem Schild steht, dass er von Lady Astor eröffnet wurde. Ich engagiere jemanden, der es mir vorliest. Mein Großvater sagt, dass die Leute vom Kindergarten hinten über die Mauer sehen und fragen: Kann Ilary nicht zu uns kommen? Aber er sagt ihnen, erklärt er mir, dass er meine Gesellschaft brauche und ich mich im Haus nützlich mache. Großvater und ich bekommen beide besonderes Essen, zu verschiedenen Zeiten von verschiedenen Leuten. Wenn er von seiner Schicht kommt, isst er allein: Kutteln, Kaninchen – Essen, das speziell für Männer ist. Ich selbst esse jeden Mittag ein Lammkotelett und dazu eine Scheibe Brot mit Butter.

Winter: Wir gehen ins Weihnachtstheater. Wir sitzen ganz oben in einer Loge, im Dunkel des Nachmittags. Mir gefällt das hier besser als Märchen und Kinderreime. Ein Mann in normalen Männersachen kommt auf die Bühne und hebt die Arme in die Höhe. Er sagt zum Publikum:»Ich bin Anthony Eden.« Das Publikum tobt. Ich weiß, er ist es nicht.

Es kommt zu zwei Problemen. Erst der Spaniel. Von Zeit zu Zeit trottete ein Hund die Stufen zu unserem Garten hinunter, sah sich mit wedelndem Schwanz um und trottete wieder davon. Er war ein klappriger Hund, alt und formlos. Ich kannte ihn seit langer Zeit. Er hatte ein langes, trauriges Gesicht und war braun mit weißen Flecken.»Als ich klein war«, sagte ich zaghaft,»dachte ich immer, der Hund sei eine Kuh.« Ich hoffte, darauf die Antwort zu bekommen:»Nun, insgeheim ist er das auch«, doch was ich hörte, war:»Red keinen Unsinn.«

Ich wusste, es war ein Hund, musste aber trotzdem denken, dass er auf eine Weise auch eine Kuh sei. Schwindel und Betrug schienen in der Luft zu liegen. Die wahre Natur der Dinge blieb oft verborgen. Niemand sagte offen, was was war; nicht, wenn er es nicht musste.

Irgendwie kam ich in Schwierigkeiten. Ich sollte gesagt haben, Evelyn sei eine Lügnerin. Sie hatte sich bei ihrer Mutter darüber beklagt. Das Wort »Lügnerin«, lernte ich jetzt, war ein schreckliches Wort, verboten, kein Wort, das ein Kind benutzen durfte. Und selbst wenn es ein Erwachsener zu einem anderen sagte, war es immer noch ein Grund für einen Skandal.

Mrs Aldous kam durch den Garten, um sich bei meiner Mutter zu beschweren. Entschlossen stand sie da. Sie wurde laut. Meine Mutter nahm mich beiseite und redete leise mit mir. Sie versuchte eine Sprachregelung zu finden, die allen Beteiligten gerecht wurde.

Zu mir sagte sie: »Kann es sein, dass du gesagt hast, Evelyn lügt?«
Ich sagte Nein. Solche Worte waren nicht gefallen. Ich war verblüfft.
Wieder wurde es laut, von Familie zu Familie. Ich hielt Kath auf, als
sie zurück durch den Garten ging. Ich wollte das ausräumen. Ich
hob die Hand, um sie aufzuhalten, und zog an ihrer Schürze. »Das
habe ich nicht gesagt«, erklärte ich ihr. Sie beugte sich über mich,
lächelte schottisch süß und legte sich die Hände auf die Schenkel:
»Doch, Schätzchen, das hast du.«

Irgendwie versandete das Thema, und ich fühlte mich unge-
recht behandelt und verunsichert. Meine Freundin hatte gelogen
mit ihrer Behauptung, ich hätte gesagt, sie hätte gelogen. Warum?
Würde man ihr immer glauben und mir nie? Ich wusste, ich hatte es
nicht gesagt, weil es mich nicht störte, ob sie log. Sie fabulierte ständig Geschichten zusammen, aber was sollte man auch von jemandem erwarten, der eine Pflanze zum Vater hatte? Was ich natürlich
schlecht zu meiner Verteidigung sagen konnte. Das Ganze kam mir
wie einer jener Knoten vor, die umso schwerer zu lösen sind, je mehr
man an ihnen herumzerrt.

Ich spürte Ärger heraufziehen. Bald schon würde ich in die Schule müssen. Meine Mutter, die Schulsekretärin, hatte bereits ein Lese-
buch mit nach Hause gebracht und versuchte es mir aufzuschwat-
zen. Ich hatte es mir heimlich angesehen und war vom »Vorwort für
Lehrer« abgeschreckt worden. Als meine Mutter durch die Seiten
blätterte und mir die kurzen, plumpen Worte zeigte, die ich würde
lernen müssen, war ich schlicht nicht interessiert.

Mein Großvater hatte in der Armee die Rekruten am Maschinen-
gewehr ausgebildet und konnte das Handbuch immer noch auswendig. Ich lernte es von ihm ebenso, wie meine Mutter es als Kind
von ihm gelernt hatte. Ich nehme an, wir dachten, es könne sich als
nützlich erweisen.

Ich verbrachte viel Zeit mit meiner Großmutter und ihrer Schwester Annie. In Nr. 58 saßen sie beim Kamin, auf hohen, hölzernen, unbequemen Stühlen: Sie waren alt, dachte ich, und hatten traurigerweise keine Sessel. Sie redeten und redeten in einem sich verwebenden Muster alter, interessanter Worte, deren Refrain lautete: »Kitty, wir sind zu früh geboren. Oh, Kitty, Kitty, ich wünschte, wir wären zehn Jahre später auf die Welt gekommen.«»Oh, Annie, das stimmt, das wünschte ich mir auch.« Annie Connor sagt, sie hoffe, sie werde nie jemanden hassen, aber die eine Ausnahme, bei der sie nicht anders könne, seien die Black and Tans. Und für die Anhänger der Oranier hat sie nichts übrig. Meine Großmutter sagt nichts zu dem Thema, aber ich denke, wenn ein Black and Tan an unsere Tür klopfte und hungrig aussähe, täte er ihr wahrscheinlich leid, und sie würde ihm einen Erdbeerkuchen backen.

In Nr. 56 saß nur mein Großvater in einem Sessel, mit einer Zigarette zwischen den Fingern und seinem Messingaschenbecher auf der Lehne. Frauen machten es sich nicht bequem: Waren sie jung, rannten sie herum, und wenn sie alt wurden, hockten sie auf harten, aufrechten Stühlen, bis sie starben, hinunter aufs Linoleum sackten, sich die Köpfe am Kamin anschlugen und darauf warteten, vom Totengräber weggebracht zu werden: Mr Worsley, der die Katholiken bestattete. Maggie, Annie Connors Tochter, war weder alt noch jung. Sie setzte sich nie. Auch ihre Mutter oder meine Cousine Beryl nicht. Meine Großmutter war vor Unruhe so faltig, dass ihr Gesicht einem plissierten Rock glich. Ihre Hände waren wie die ihrer älteren Schwester dick, die Handflächen rau und aufgesprungen, und ich dachte, das komme vom Wäschewaschen mit Fairy Soap und vom Kaminputzen mit Vim. Großmutter war ständig auf allen vieren und wischte den Boden, die Knie auf einer dünnen schwarzen Matte, die sie »meine Kniematte« nannte. Wenn jemand an die Tür kam und sie nicht wusste, wer es war, versteckte sie sich auf der

Treppe. Sie ging nie aus dem Haus, offiziell wegen ihres schlimmen Beins, doch ich wusste, dass es noch andere Gründe gab, und sie tat mir leid: Sie war wie ein Kind zu schüchtern, um mit Fremden zu sprechen. Wenn sie etwas zum Lachen brachte, liefen ihr Tränen aus den Augen, und sie wiegte sich auf ihrem harten Stuhl hin und her, so sehr, wie es ihre knarzenden Korsetts erlaubten. Sie und Annie Connor trugen die fürchterlichsten Dinger: lachsrosafarbene Folterinstrumente, eiserne Jungfrauen, aus denen ihre Köpfe herausragten.

Später erzählte mir meine Mutter von der engstirnigen, fantasielosen Art ihrer Eltern. Meine Großmutter hatte mit zwölf in der Weberei angefangen, meine Mutter mit vierzehn. Meine Mutter war sehr klein und von zarter Konstitution; sie war hübsch, klug und talentiert. Ihre Schule hatte es durch einen Schreibfehler versäumt, sie für die Stipendiumsprüfung anzumelden, die ihr, die Erlaubnis der Eltern vorausgesetzt, den Zugang zum Gymnasium ermöglicht hätte. Es hätte nichts geändert, sagte sie später, denn die Erlaubnis hätten sie ihr sowieso nicht gegeben. Es wäre ihr wie ihrem Vater gegangen, George Clement Foster, der eine Generation früher, etwa um 1905, über die gepflasterten Straßen Glossops gestürmt war. »Ich habe bestanden, ich habe die Prüfung bestanden!«, hatte er gerufen. Aber es war kein Geld für eine Schuluniform da, und es war sowieso nicht das, was man tat: aufs Gymnasium gehen. Man akzeptierte seinen Platz im Leben. Meine Mutter hätte gern eine Kunstakademie besucht, aber davon hatte in ihrer Straße noch nie jemand gehört. Sie bewarb sich für einen Bürojob, der ebenfalls über eine Zugangsprüfung vergeben wurde, doch den bekam ein Mädchen namens Muriel. Die arme Muriel, sagte meine Mutter, nicht eine Frage hat sie richtig beantwortet, aber ihre Onkel haben die entsprechenden Strippen gezogen. Betrogen und unglücklich blieb meine Mutter in der Weberei, wo sie, wie sie sagte, so gut wie ein

Mann verdiente. Die Arbeit war schwer und forderte von ihren unreifen Muskeln und Knochen einen schmerzhaften Tribut. Es sollte viele Jahre dauern, bis die Folgen sichtbar wurden; damals nutzte sie ihre überschüssige Energie, um abends tanzen und singen zu gehen, in Laienaufführungen und Märchenspielen. Aschenputtel war ihre liebste Rolle. Ihre liebste Szene: die Verwandlung. Sie fragte sich, ob sie wirklich das Kind ihrer Eltern sein konnte. Oder doch eher eine verwunschene Prinzessin, die zufällig in der Bankbottom gelandet war?

Meine ganze Kindheit über sorgte ich mich wegen des gläsernen Schuhs. Es ist ein so tückisches Objekt: Splitternd schneidet er in die gewölbte, zarte Sohle des tanzenden Fußes. Die Schriftstellerin Emily Prager sagte einmal, sie habe als Kind die zweite Hälfte der Geschichte umgeschrieben: Aschenputtel kommt auf den Ball und bricht sich das Bein. Ich empfand ganz ähnlich; die Situation war viel zu heikel, und du warst viel zu abhängig von verantwortungslosen Helfern wie Kürbissen und Mäusen, und immer war es gleich Mitternacht, tick-tack, die Minuten verstrichen, die Minuten, bis du wieder in Lumpen und Schmutz dastandest. Es war eine Erleichterung, als ich als Erwachsene erfuhr, dass der Schuh tatsächlich nicht aus *verre*, also Glas gewesen war, sondern aus *vair*, Hermelinfell. Der Prinz und seine Helfer durchsuchten das Königreich mit einem kleinen weiblichen Organ in Händen – seine ideale Braut wurde durch ihr Pudendum, ihre Scham, repräsentiert. Was machte schon das Gesicht: So weit hatte er seinen Blick nicht gehoben. Er wusste nur, dass sie eng saß.

Drei, vier, ich bin immer noch vier: Ich glaube, ich werde es immer sein. Ich sitze auf den Stufen nach hinten hinaus und werde fotografiert. Blondes Haar strömt unter meiner Haube hervor. Ich trage eine braune Kordhose und eine rosa Wolljacke mit Reißverschluss, die ich einen »Windjammer« nenne. Ich habe noch eine zweite in Blau. Darüber hinaus besitze ich eine gelbe, zweireihige Strickjacke, meine »Prinz-Charles-Jacke«, wie ich sage. Der Sommer kommt, und ich trage ein frisches weißes Kleid mit Brombeeren darauf, das meine Grübchenknie sehen lässt. Ich besitze auch noch ein rosa-blaues Kleid, das meine Mutter nicht so mag, das ich mir aber ausgesucht habe, weil es länger ist. Sechsjährige, denke ich, tragen längere Röcke, und ich fange an zu begreifen, dass die Jugend nicht ewig währen kann. Jetzt hoffe ich, für älter gehalten zu werden, als ich bin. Der Eintritt ins Jungendasein ist zunächst einmal verschoben, aber Geduld ist eine meiner Tugenden.

Wir fahren nach Blackpool und wohnen in Mr Scott's Boarding-House, nur wir drei: meine Mutter, mein Vater und ich. Ich bestehe darauf, dass wir uns gemeinsam vor den Spiegel stellen, zu dritt. Sie müssen mich hochheben und zwischen sich halten, meine dicken Arme liegen auf ihren Schultern, meine Hände halten sie fest gepackt. Ich nenne dieses Bild »Alle zusammen« und bestehe auf dem Titel. Heute begreife ich, dass ihnen dieses Tableau, diese Scharade, einen dumpfen, tiefen Schmerz bereitet haben muss. Wir stellen uns wieder und wieder so auf, ich beharre darauf, darin bin ich gut. Als Ritter habe ich Erfahrung mit Belagerungskriegen und der Blockade von Festungen, sodass mich der Widerstand und die Verstörtheit zweier Eltern nicht davon abhalten können, das Leben in die Form zu ziehen, in der ich es haben möchte.

Auf dem Pier in Blackpool stehend, sehe ich auf die tintenfarbenen wirbelnden Wellen hinunter. Wieder das Geräusch der Natur, zutiefst gesprächig, zu schnell, um es zu verstehen. Wieder die dahineilende Bewegung, tiefblau und weit unten. Ich sehe meine Mutter und meinen Vater an. Sie stehen eng beisammen und unterhalten sich über meinen Kopf hinweg. Mir kommt ein Gedanke, so unmittelbar und merkwürdig, dass er mir wie mein erster Gedanke überhaupt erscheint, der erste, den ich je hatte. Mit durchdringender Intensität trifft er mich, wie eine Nadel ins Auge. Der Gedanke ist folgender: dass ich ihrem Glück im Weg stehe. Ich und nur ich. Dass mein Vater mich auf die Felsen schleudern wird, hinunter ins Meer. Dass er es vielleicht nicht tun wird, aber dass da ein Impuls in seinem Herzen ist, der sagt, er soll es tun. Denn was bin ich anderes als ein wegwerfbares, ersetzbares Kind? Und ohne mich hätten sie eine Chance im Leben.

Dann liege ich mit rasendem Fieber im Bett. Meine Lunge ist zum Platzen voll. Das Wasser kocht, sprudelt, schäumt. Ich bin der Kraft der Strömung ausgeliefert, die unter den Wellen herzieht. Ich versuche zu sterben und versuche zu leben. Ich öffne die Augen und sehe, wie meine Mutter auf mich herabblickt. Sie sitzt zu mir hingedreht und sieht mich ängstlich und beklommen an. Mit Mrs Scotts Stühlen hat sie einen Zaun errichtet, sie mit den Lehnen entlang des Betts aufgestellt, hinter dieser Barriere sitzt sie und sieht mich an. Ihre Handgelenke liegen übereinander auf einer der Lehnen; ihre Damenhände hängen nach unten. Für ein, zwei Minuten tauche ich aus dem Wasser auf und kralle mich fest. Ich denke, wie schön sie doch ist: das Montagskind. Ihr Gesicht trägt eine Frage in sich. Sie wird nie ausgesprochen. Meine Mutter hat von zu Hause ihre eigene Bettwäsche mitgebracht, und unter meiner heißen Wange, an ihr scheuernd, breitet ein Schmetterling seine prächtigen Flügel aus. Sie hat ihn selbst auf das Kissen gestickt. Ich sehe ihn, erkenne ihn und befühle seine Ränder mit meinen heißen Fingern. Wenn ich mit diesem Schmetterling zusammen bin, bin ich nicht verloren, sondern gefunden. Aber ich kann nicht bleiben. Mir ist zu heiß, ich bin zu krank. Ich spüre, wie mich die Strömung erfasst und davonträgt.

Ich bin jetzt eine andere. Nicht in dem Fieber am Meer, sondern in einem der anderen, die in einer ganzen Serie darauf folgen. Meine Haare sind abgeschnitten. Was geblieben ist, denke ich, ist ein Flaum, federgleich. Ich verliere meinen Babyspeck. Die nächsten fünfundzwanzig Jahre lang werde ich schwach und zerbrechlich sein. Gegen Ende meiner Zwanziger habe ich einen schmalen Brustkorb, eine winzige Taille und dünne, mit weißgoldenem Haar überfusselte Kinderärmchen. Mit neunundzwanzig bekomme ich die Rolle eines Gespenstes in einem Theaterstück: In Noël Cowards *Fröhliche Geister* wandle ich geräuschlos dahin, ein Phantom aus Luft und Rauch. Aber dann ändert sich mein Leben erneut, und ich bin mit einem Mal wie eine von Candia McWilliams Protagonistinnen »mit einem Anzug aus Fett umwickelt«. Ich werde massig, gesetzt, geerdet, grotesk: mir selbst auf ewig fremd, verschlungen, mutiert und jenseits aller Blässe.

Wir alle können uns ändern. Wir alle können uns zum Besseren ändern, an jedem Punkt. Das glaube ich; was jedoch ganz sicher stimmt, ist, dass wir uns plötzlich fremd werden können, durch Krankheit, einen Unfall, einen Unglücksfall oder eine hormonelle Kaprice. Ich bin vier, und meine Mutter erzählt mir diese Geschichte über mich: dass mein Haar bei meiner Geburt schwarz und kräftig war. Mit fünf trauere ich darum und flechte mir in meiner Vorstellung den Geist eines schwarzen Zopfes, der mir über die rechte Schulter hängt. Ich war einmal eine Indianerin, sage ich mir. Ich bekomme einen Federschmuck und ein Tipi, beides in Manchester für mich gekauft: So klar bin ich, was meine neuen Erfordernisse betrifft, meine Abstammung. Das Tipi wird mitten im Haus meiner Großmutter errichtet, und sie stellen mir einen kleinen Stuhl und einen kleinen Tisch hinein. Die Leute gehen um mich herum. Ich nehme mein Essen im Tipi ein und glaube, die Hände, in denen ich den Löffel halte, seien braun. Aber schon fühlt sich das alles wie ein

Spiel an, während ich in einer früheren Zeit, in einem anderen Leben, wie ich glaube, ein Recht an diesen Dingen hatte. Ich weiß, dieser Glaube enthält keine Wahrheit, doch er hat eine komplexe Emotion in mir geschaffen: Zum ersten Mal verspüre ich eine Sehnsucht nach etwas Vergangenem.

Wir haben 1957. Davy Crockett ist der große Renner. Ich bekomme eine Pelzmütze mit einem Schwanz, und wir singen ein dummes Lied mit dem Text: *Davy, Davy Crocket, is the king of the wild frontier.* Ich verspüre den Wunsch zu lachen, bin aber nicht sicher, über wen. Wir singen, dass er mit nur drei Jahren einen Bären getötet hat. Irgendwie bezweifle ich das. Nicht mal ich habe das getan.

Wo sind die Ritter der Tafelrunde? Vorübergehend außer Gebrauch, während ich der Frage zu Leibe rücke, *how the West was won.* Und dann das Nächste. Ich mache einen Riesenwirbel! Es hat mit meiner Rolle im Leben zu tun. Wann genau werde ich ein Junge?

Meine Mutter und mein Vater waren ohne mich in Manchester. Wir haben dir ein Geschenk mitgebracht, sagen sie, als sie sich die Mäntel ausziehen. Was ist es? Nun, ein Cottage-Service. Es wird ausgepackt, aus einem langen Pappkarton mit einem Zellophan-Fenster gezogen, durch das man den Inhalt sehen kann. Es ist ein Puppen-Teeservice, mit Teekanne, Milchkännchen und Zuckerdose, die wie ländliche Cottages aussehen, mit kleinen Türen und Fenstern, wobei nur die Teekanne ein Dach hat, ein Reetdach. Zunächst bin ich verwirrt – wozu taugt das, was soll ich damit anstellen? Dann sagen sie: Deinem Cousin Christopher haben wir einen Schießstand gekauft! Einen Schießstand? Ich öffne den Mund und schreie. Einen Schießstand!

Also! Ich kann sie hören, wie sie es sagen: Sie hat einen solchen Wirbel gemacht! Wir mussten ihn ihr geben!

Der Schießstand, das war eine Metallstange auf einem Ständer, den man auf den Teppich stellte. An der Stange schwangen vier grob gestaltete, in den Grundfarben bemalte Tierfiguren aus Plastik. Ich kann mich nur noch an die Eule erinnern, vielleicht weil sie das einzige Tier war, das ich erkannte; vielleicht wusste ich auch, dass man nicht auf Eulen schoss. Dazu gab es ein winziges Gewehr, aus dem ein kleiner Korken flog. Man musste sich auf den Bauch legen, ganz nah bei den Tieren, wollte man eines von ihnen erwischen. Treffer erkannte man daran, dass die Tiere an der Stange hin- und herschwangen. Das war alles. Ich fand das ziemlich lahm. Ich hatte gedacht, bei einem »Schießstand« gehe es um wirkliche Zerstörung. Ein Blutbad.

Alle sind enttäuscht. Meine Eltern, weil sie gedacht haben, ich sei zu reif für einen Schießstand – und es stimmt ja auch, ich *bin* zu reif dafür. Und ich, weil ich das mit dem Cottage-Service einfach nicht begreife. Sie müssen es für jemand anderen gekauft haben. Eine Art idealisierte Tochter, die es nicht gibt. Es bleibt jedoch im Haus, die Teekanne steht unbenutzt im Geschirrschrank und sieht dumm aus; im Puppen-Cottage, das eine Zuckerdose sein soll, bewahrt meine Mutter Haarspangen auf. Jahre vergehen. Ein Dutzend Teekannen und Zuckerdosen geht zu Bruch, nur die Cottages überleben. In den Ecken der winzigen Fenster sammelt sich Schmutz. Und verbissen steckt meine Mutter Abend für Abend eine der Spangen in mein Haar, um eine Locke zu formen. Bald schon wird mein kurz geschorenes Haar wieder länger: graublond, glatt, bis zu meiner Taille reichend und dünn wie ein Schleier. »Das Gewicht zieht die Locken heraus«, protestiert meine Mutter. Aber es gibt keine Locken und auch kein Gewicht.

Ich spiele in meinem Indianer-Tipi und begreife, dass ich meinen Kriegerkörper verloren habe, den ich vor dem Fieber hatte. Meine kraftvolle, unmittelbare Präsenz und meine Stabilität sind verschwunden. Mehrdeutigkeit hat mir die Knochen ausgedünnt, hat mich ausgeblutet, leicht, sprachlos und blond gemacht. Ich begreife, und die dumpfe Erkenntnis wiegt schwer in meiner Brust, dass ich nie ein Junge sein werde. Warum genau, kann ich nicht sagen. Ich spüre, dass sich die Dinge zu weit von einem idealen Ausgangspunkt entfernt haben.

Später, als ich sechs werde, bekomme ich eine schwarze Puppe. Meine Mutter möchte, dass ich alle Rassen bemuttere. Die Puppe ist riesig, halb so groß wie ich. Bewegt man sie richtig, jammert sie: »Mama.« Wenn man sich die Mühe macht. Ihre kleinen Lippen sind tiefrot und stehen leicht offen, damit man die winzige Spitze ihrer roten Zunge erkennen kann. Das Haar besteht aus kurzgeschnittener Wolle. Die Puppe trägt ein weißes Rüschenkleid. Ich weiß, wenn ich sie mit mir herumschleppe, werde ich es schmutzig machen. Das ist eine Gefahr, die ich nicht einzugehen gedenke. Ich erkenne den wahrscheinlichen Preis der Puppe und dass sie, in gewisser Weise, meiner Mutter gehört, die sie gekauft hat. Ihre tönerne Stirn liegt hart auf meinen Lippen.

Meine Mutter und mein Vater sitzen im vorderen Teil des Wohnzimmers von Nr. 56 Bankbottom. Es ist ein Sommernachmittag, vielleicht etwa vier Uhr. Ich bin fürchterlich schlecht im Schätzen der Uhrzeit. Bestimmte Stunden haben ihr besonderes, unverwechselbares Licht, niedrige Strahlen, die durchs Fenster fallen. Die beiden sitzen mit dem Schachbrett zwischen sich da, nicht mit dem Reiseschach, denn heute fährt niemand weg. Schwarze und weiße Figuren: Keine macht einen Zug. Im Haus ist es still. Wo sind die anderen? Ich weiß es nicht. Ich bin mit den Schachfiguren vertraut, den Springer mag ich immer noch am liebsten: seinen tänzelnden gebogenen Nacken, die sich blähenden Pferdenüstern. Die Stille zieht sich hin, eine lange Note. In der Luft glitzert Staub. Niemand bewegt sich, weder Mann noch Frau; ihre Hände sind ruhig, die Blicke gesenkt. Die Figuren erschaudern und warten darauf, bewegt zu werden: die schwarzen und die weißen, der glattköpfige Läufer, die große, mächtige Königin, die Bauern, kindlich und gesichtslos. Und es gibt so viele von ihnen. Sie tapsen über das Brett, werden so schnell aus der Spur gebracht und aufs Spiel gesetzt, so leicht von Scharfschützen erwischt, fallen zurück in die sargartige Vergessenheit der hölzernen Schachtel mit dem Schiebedeckel. Ich verstehe das Spiel, fast. In die Rille auf dem Kopf des Läufers passt der Nagel meines kleinen Fingers, die weißen Figuren sind aus hellem Holz, dessen Maserung um die Rundungen wirbelt. Ich stelle mir vor, wie die Köpfe der Bauern wie ausgeschotete Erbsen unter meinen Fingerspitzen dahinrollen. Licht, Staub, Stille; vier Uhr.

Lärm schneidet durch die Luft. Meine Eltern heben die Köpfe. Es ist ein Motorrad, das ohne Schalldämpfer den Nachmittag zerreißt und mit fast hundert Stundenkilometern die Straße hinunterfaucht. Die Fenster klirren, es ist laut genug, Babys aufzuwecken und Hunde zu verschrecken. Dann ist es an uns vorbei, der Lärm verblasst zu einem Röhren, verändert sich und erstirbt rasch zu einem langen, melancholischen Brummen, einem Seufzen. Niemand hat etwas gesagt. Aber wir haben zugehört. Jemand räuspert sich: nicht ich. Sie rücken sich auf ihren Stühlen zurecht, die Köpfe senken sich wieder. Der Lärm, das Dröhnen, es waren nur Sekunden, aber das innere Ohr wiederholt sie und kann nicht anders, als davonzutreiben, mit einer Nachbemerkung wie ein Schwaden im Wind, die lange, kurvenreiche Straße hinunter.

Ich denke, ich werde mich daran erinnern. Für immer werde ich mich daran erinnern, an den ersterbenden Ton, das schräg hereinfallende Licht, ihre gebeugten Köpfe. Es ist ein Moment reiner Selbstbewusstheit, ein Vorgeschmack auf das Kommende. Ich weiß im Übrigen, dass sie nicht auf das Schachbrett sehen, insgeheim sehen sie einander an.

Ich ging in die Schule und nahm meine Ritter mit – kleine, graue Plastikfiguren in einer Tüte. Sie waren für Regentage. Meine Mutter sagte, das sei in Ordnung.

Ich hatte noch nie so viele Kinder gesehen. Ich brauchte ein paar Tage, um ihr völliges Unwissen zu erfassen. Evelyn hatte ich bis zu einem gewissen Grad angelernt, hier jedoch verstand niemand etwas vom Kriegshandwerk. Der Riese Gazonka? Sie kannten ihn nicht. Maschinengewehre? Sie sahen mich verständnislos an. Angenommen, ein Kamel käme herein, und sie müssten ihm einen Befehl geben? Die Kinder liefen mit offenen Mündern herum, ihre Nasen trieften, silbern glitzerten die Rinnsale zwischen Nasenlöchern und Oberlippe: Strickjacken hingen schlaff und lose an ihnen, aus ihren Strümpfen lugten die Zehen, ihr Haar war verfilzt, und ihre trüben Augen wandten sich nie dorthin, wohin sie sehen sollten. Wenn sie vom Mittagessen zurückkamen, stellten sie sich an ihre Plätze, neben ihre Kinderstühle, und starrten die Tafel an. Darauf stand das Wort »Schreiben«. Im Chor riefen sie: »Schrei-ei-ei-ben.« Nach ein paar Tagen, dachte ich, es wäre ein Segen, wenn ich die Vorstellung dadurch änderte, dass ich dabei in die Hände klatschte und das Wort sang, in einem synkopierten Rhythmus: »*Schrei-bennn – Schrei-bennn!*« Mrs Simpson sagte: »Willst du, dass ich dir eins mit dem Lineal verpasse?« Darauf antwortete ich nicht. Natürlich wollte ich es nicht, vor allem jedoch wusste ich nicht, warum sie es überhaupt vorschlug.

Ich bewahrte mir meinen Schwung und meine frohgelaunte Vorschultatkraft etwa ein, zwei Wochen lang. Ich war – nach Blackpool – ein kleines, blasses Mädchen, hatte aber den Kopf voller Rittersprüche und das Selbstvertrauen, das von einer genauen Kenntnis der Reit- und Fechtkunst herrührt. Ich kannte so viele Leute, die alt waren, so viele, die tot waren: In ihre Gesellschaft gehörte ich, war ihre Nachfahrin, in diese Schule gehörte ich nicht. Ich wollte zurück zu ihnen, ohne die Unterbrechungen, die mir hier auferlegt wurden. Ich konnte nicht lesen, aber das konnten die anderen Kinder auch nicht, und es war ein mühsamer Weg zusammen mit *Dick* und *Dora*, Dicks und Doras *Hund* und *Katze*, die *Nip* und *Fluff* hießen, Dicks und Doras *Mum-my* und Dicks und Doras *Gar-ten*. Manchmal tauchte auch *Dad-dy* auf, und wenn ich mich recht erinnere, war er kahlköpfig und konservativ. Das alles war so langweilig, und da mein Kopf bereits so voller Worte war, so voller endloser Geschichten, die ich auswendig konnte, war ich nicht überzeugt, dass das alles sein müsse. Bevor man mir Papier anvertraute, bekam ich Kreide und eine Tafel, doch die Tafel war so alt, dick und glatt, dass die Buchstaben davonrutschten, als ich sie aufzuschreiben versuchte. Am Ende des Morgens konnte ich Mrs Simpson nur die Buchstaben bis zum D zeigen, was sie mit Überraschung und Enttäuschung quittierte. Mit Gewalt drohte sie nicht. Ich bekam Knete, um das Alphabet daraus zu formen. Aber statt sie flach auf den Tisch zu legen, wollte ich, dass die Buchstaben aufrecht standen, und so kam ich wieder nur bis zum D. Ich erweckte den deutlichen Eindruck eines Mädchens, das recht langsam und dumm war. Ich war gleichzeitig zu alt und zu jung für diesen Ort; meine besten Tage lagen hinter mir.

Eines meiner Probleme bestand darin, nicht begriffen zu haben, dass man in die Schule *musste*. Ich dachte, man könne es einfach mal probieren, und wenn es einem nicht gefiel, hätte man die Wahl und könnte auch so weitermachen wie früher. Dann wurde mir jedoch eröffnet, dass ich hinzugehen hatte, eine andere Möglichkeit gab es nicht. Nicht zu gehen, sagte meine Mutter, sei gegen das Gesetz. Aber was würde denn passieren, fragte ich, wenn ich nicht ginge? Sie nehme an, sagte meine Mutter, dann werde man vorgeladen. Ich sagte: Ist das wie verklagt werden? Ich hatte das Wort irgendwo aufgeschnappt, *sued*, verklagt werden, das klang für mich wie das lange, stinkende Fauchen, wenn eine Flamme das Gasherds angestellt wurde, bevor man sie anzündete ... *sued, gas* – Die Worte klangen tiefer als *marzipan*, und noch lange, nachdem sie ausgesprochen worden waren, hing ihre Spur in der Luft, unsichtbar und bösartig.

Es blieb mir also nichts, als in die St.-Charles-Borromeo-Schule zu gehen, wobei ich ihren Pflichtcharakter mit Endgültigkeit gleichsetzte. Eines Tages, dachte ich, würde meine Mutter mich nicht abholen. Sie würde es »vergessen«, und taktvollerweise würde niemand sie daran erinnern. Ich würde in der Schule bleiben und dort leben müssen. Mein Großvater würde mich holen wollen, doch Großväter waren dafür nicht zuständig; er kam nie zur Schule. Und selbst wenn meine Mutter bereits unterwegs wäre, um mich abzuholen, würde sie durch einen Unfall, einen Schicksalsschlag davon abgehalten werden. Diese Gedanken ließen mir die Tränen herunterlaufen, und mein Blick verschwamm. Manchmal schrie ich aus Angst, verlassen zu werden, verzweifelt auf, woraufhin Mrs Simpson ihre winzige goldene Uhr vom Arm nahm und sie mir entgegen hielt. Wenn der große Zeiger hier steht, sagte sie, und der kleine hier, holt deine Mutter dich ab. Sie legte die Uhr auf ihr Lehrerpult. Die großen Mädchen und Jungen, die schon fünf waren, durften mich hinbringen und sie mir zeigen. Ich hasste ihre Hände und ihre schwer auf meinem Nacken liegenden Arme so sehr, dass ich versuchte, stumm zu weinen, aber ein Junge namens Harry mit lodernd rotem Haar rief: »Sie heult, sie heult!«, wann immer er Tränen unter meinem geschlossenen Lidern hervortreten sah.

Ich dachte, ich würde für immer im Palast der dummen Fragen sitzen gelassen werden. Willst du, dass ich dir eins mit dem Lineal verpasse?

Das Lieblingsspiel der Kinder hieß »Wasser«. Am Ende jedes Nachmittags wurden Spiele verteilt – Papier, Farben, Buntstifte –, und das beliebteste Kind des Tages wurde ans Waschbecken in der Ecke des Klassenzimmers gerufen. Der Spaß von »Wasser« bestand darin, Plastikenten im gefüllten Waschbecken schwimmen lassen zu dürfen.

Ich kam nach Hause, und mein Taschentuch war nass. »Hast du es in die Toilette fallen lassen?«, sagte meine Mutter. Sie war nicht böse, was eine Erleichterung war. Jene Tage schienen Wut magnetisch anzuziehen. »Nein«, sagte ich mit schwacher Stimme. »Ich durfte am Waschbecken spielen.« Wie konnte sie ahnen, welche peinliche Lächerlichkeit jene zwei gelben Plastikenten bedeuteten? Was für ein Graus es war, eine halbe Stunde mit ihnen verbringen zu müssen? Und dass es auch noch eine Belohnung sein sollte, eine Gunst, eine Ehre, die die anderen Kinder vor Neid platzen ließ, die unsichtbaren Kinder hinter deinem Rücken? Man darf dem Feind niemals den Rücken zukehren, jeder Ritter weiß das. Und schlimmer noch, wie konnte meine Mutter annehmen, wie nur konnte sie sich vorstellen, dass ich das Schulklo benutzen würde? Eine einzige vorsichtige Annäherung hatte mir gereicht, ein Blick auf die stinkenden Kloschüsseln, die düsteren Mauern, den nassen Boden – die Rohre platzten jeden Winter – und das verrottete Holz der Türen, das unten aussah wie von einer riesigen Ratte angenagt. Zu Hause hatten wir ein Außenklo, das wir uns mit Nr. 54 teilten; aber Entschuldigung, *das hier*? Zudem musste ich die »Baby-Toilette« benutzen, die nur halb so groß wie die andere war; und das Problem mit den Babys bestand darin, dass sie in allem so ungefähr waren und den Boden nicht von der Kloschüssel unterscheiden konnten.

Wusste meine Mutter das alles? Ich dachte, so wäre das zwischen Mutter und Kind. Ich kannte einen ziemlichen Teil der Gedanken anderer Leute oder wenigstens derer, mit denen ich verwandt war und in der Bankbottom lebte. Ich verstand auch ferne Onkel, wenn sie bei uns hereingekeucht kamen, und wusste mit ziemlicher Sicherheit, was sie als Nächstes sagen würden. Wobei ich annahm, dass das Verständnis gegenseitig war. Ich ging davon aus, dass meine Mutter mich verstand, und es erschütterte mich, dass sie, bloß weil ich einen guten Kilometer weiter die Straße hinauf war, keine Ahnung davon haben sollte, was in unserem Klassenzimmer vor sich ging.

Ich kann nicht sagen, dass ich in der St. Charles Borromeo nichts gelernt hätte. Ich lernte, meine Blase zu kontrollieren, was für Frauen etwas Gutes ist und sich im späteren Leben als nützlich erweist. Und das Zweite, was ich lernte, war, dass ich so gut wie alles fürchterlich falsch machte.

»Missis Simpson«, rief Harry. »Ilary heult schon wieder!«

Etwas Seltsames geschah. Das Haar meiner Mutter änderte seine Farbe. War es früher aschfarben gewesen, so leuchtete es jetzt in einem Ton, wie es ihn in der Natur nicht gab. Er war schön, wie ein gemütliches, fern im Herbstwald flackerndes Feuer, dem man eines Tages in seinem schmucken Waffenrock entgegenritt, das Schwert an der Seite, die Zügel locker in der Hand, umschmeichelt von milder Luft.

Es mag mich einige Zeit gekostet haben, den Wechsel zu bemerken, vielleicht Monate – auf Tischhöhe agierend, den Blick nach innen gerichtet. So sonderbar war die Erscheinung, so fremdartig – so sehr das, was ich mit einem deutschen Wort als *unheimlich* zu bezeichnen lernte –, dass ich meinen Sinnen misstraute und an meiner Erinnerung zweifelte. Als ich schließlich all meinen Mut zusammennahm, zitterte meine Stimme: »Bist du, hast du … bitte, hatten deine Haare schon immer diese Farbe?« Mit vernichtender Bestimmtheit antwortete meine Mutter, ich solle so etwas niemals sagen. Meine Erinnerung spielte mir einen Streich! Ich hatte meine Mutter nicht ärgern wollen, dort in der Küche von Nr. 56 Bankbottom. Ich wollte sie nicht ärgern, daran hatte ich überhaupt nicht gedacht. Ich musste nur einfach wissen, ob ich mir trauen konnte, meiner Wahrnehmung der Dinge, meinen Sinnen. Die Antwort lautete offensichtlich: Nein.

Ich bekam einen Bruder. Die Schwangerschaft meiner Mutter war mir völlig entgangen, obwohl ich doch ganz berauscht gewesen war vom Pfauenblau ihres weiten Satinkleids, seinem Schillern und dem tiefen eckigen Ausschnitt, der die elfenbeinfarbene Vollkommenheit ihrer Haut zeigte. In einem glänzenden schwarzen Auto, dem Hadfield-Taxi, fuhr ich mit meinem Vater Henry ins Entbindungsheim, um das Baby nach Hause zu holen. »Warte«, sagte Henry, und dann kam meine Mutter und ging auf den Stufen in Positur, als erwartete sie einen Fotografen. Sie trug das umwickelte Wunder, als wäre es eine Tüte Eier, das Gesicht liebend nach unten gewandt. Ich erinnere mich nicht, dass jemand auf dem Weg zurück nach Hause ein Wort gesagt hätte. Ich hielt es für Glückseligkeit, doch vielleicht täuschte ich mich auch.

An einem schönen heißen Sommertag wurde das Baby getauft. Ich hatte für den Anlass ein neues Kleid bekommen, weiß und blassgelb, frisch wie eine Oblate. Wir gingen den Kutschweg hinauf, unter den düsteren, noch nassen Bäumen her, und kamen beim Kloster und der Kirche heraus. »Lauf hinein«, sagte meine Mutter und deutete auf die Klostertür. »Lauf und frag Schwester Joseph, ob sie herauskommen und deinen Bruder Ian sehen möchte.«

Ich ging. Es war das einzige Mal, dass ich das Kloster betrat, jemals seine Schwelle überquerte, und meine Augen müssen so eifrig gewesen sein, dass sie den Lack von den Stühlen abbeizten, die Farbe von den Wänden wuschen, denn später habe ich einen Roman geschrieben, der hauptsächlich in diesem Kloster spielt. Erst fand ich niemanden, nur leere Räume, und so bewegte ich mich weiter fort, tiefer ins Innere des Gebäudes hinein, bis ich in einem hellgrün gestrichenen Raum auf einige an hohen Tischen sitzende Nonnen stieß. Es waren graue, düstere Nonnen mit der Haut von Wesen, die unter Steinen gehalten wurden, und es kam mir vor, als hockten sie auf Stangen. In meinem oblatenfrischen Kleid und mit einem so wichtigen Anliegen musste ich der Höhepunkt ihrer rauen Woche sein, wie ein unverhoffter Strahl der Gnade. Ich sagte, was mir aufgetragen worden war: »Würden Sie kommen und meinen Bruder Ian sehen wollen?«

Die Kirche war rund ums Jahr dunkel, auch an einem so strahlenden Augusttag. Als die Taufgesellschaft sich um das Taufbecken versammelte, leuchteten allein die schimmernde Glatze des Priesters und sein erstaunlich weißes Gewand. Das in mächtige Rüschen gewickelte Baby war gekommen, um dem Teufel abzuschwören, in Großmutters wiegenden Armen war es jedoch nicht zu erkennen.

Meine Mutter trat zum Priester, der ihr eine brennende Kerze gab. Die beiden wechselten, so kam es mir vor, einen wissenden Blick. Es war ein heimlicher Blick, der alles übertraf, was ich zu begreifen vermochte. Meine Mutter gab sich züchtig, lächelte und wirkte doch auch reumütig, hielt die Kerze vor sich hin und wandte sich von der Taufgesellschaft ab: kehrte uns den Rücken zu und ging langsam tiefer ins Innere der Kirche hinein, weg vom Licht. Ich war alarmiert und ratlos. Warum ging sie allein, ohne mich an ihrer Seite, ihren Beschützer und Ritter? Ich wollte ihr hinterherrennen, doch nur meine Augen folgten dem Flackern ihrer Kerze, folgten ihrer aufrechten, von Dunkelheit umhüllten Gestalt, die schließlich auf dem Mittelgang niederkniete, wo sie, fern von mir, ihr eigenes diffuses, besonderes Licht verbreitete.

Mein zweiter und letzter Bruder wurde am Tag der Wintersonnenwende geboren. An seine Taufe habe ich keine Erinnerung. Alles ist weiß überblendet. Seine ersten Tage scheinen vor mir versteckt, seine ersten Lebensmonate eingefroren in tiefstem Frost, in einer russischen Puppe, deren Hände in den Ärmeln versiegelt sind. Ich erinnere mich an den nachfolgenden Sommer, als er sich in seinem Kinderwagen krümmte und sein kleines Gesicht unter dem klaren, stürmischen Augusthimmel blau anlief: wie ich die Hand auf den Griff des Kinderwagens legte und ihn wiegte und wiegte. Er schrie dennoch, schrie und schrie und war nicht zu trösten, während die Fliegen und Bienen summten und die Kresse ihre am Bambusgerüst der Mauer hinaufkletternden Trompeten erschallen ließ. Aber es war eine andere Mauer, ein anderes Haus jetzt, eine andere Bühne, die ausreichte, jeden zum Schreien zu bringen.

Es sei sein Naturell, sagten die Leute und fächelten sich Luft zu, während das Schreien zu einem Wimmern wurde. Allein sein wütendes Naturell lasse ihn so schreien. Ich dachte, es liege daran, dass er der zweite war, der zweite Junge. Oder dass er in unserem neuen Obergeschoss schlief, mit seinen zwielichtigen Bewohnern. Vielleicht wachte er nachts auf und wusste nicht, welche seltsame Gestalt da vor den Vorhängen und der Straßenlaterne vorbeiglitt. Es mochte auch daran liegen, dass er im tiefen Winter auf die Erde geschickt und dick umwickelt in ein fremdes Haus gebracht worden war, das er vor seiner Geburt nicht gekannt hatte. Gott lindert den Wind für das geschorene Schaf; dieses Sprichwort traf nicht ganz zu in Hadfield, Glossop, bei Manchester. Mittlerweile hatte unser Leben eine interessante Wendung genommen.

Teil drei

DER GEHEIME GARTEN

ALS ICH EIN KIND WAR, spielten wir mit etwas, das eine »Zaubertafel« genannt wurde. Die Tafeln hatten einen farbigen Papprahmen,
einem Bilderrahmen gleich, in den ein rechteckiges, von einer klaren Plastikfolie bedecktes Stück Kohlepapier gespannt war. Dazu
gab es ein Schreibgerät, das einer kurzen Stricknadel glich und mit
dem man über die Plastikfolie fuhr. Schon erschien darunter deine
geheime Schrift, und wenn du mit einem Pappreiter über die »Tafel«
wischtest, verschwand sie wieder.

Die Zaubertafel war eines meiner Lieblingsspielzeuge. Ich konnte schreiben, was mir gefiel, und wenn jemand näherkam, ließ es
sich in einer Sekunde löschen. Ich schrieb etliche Gedanken und
Beobachtungen auf, verfasste Briefe von einem imaginären Ich an
einen imaginären Empfänger und fühlte mich ganz und gar sicher.
Aber eines Tages fiel das Licht in einem bestimmten Winkel auf die
Oberfläche, und als ich die Tafel vor mich hielt und sie drehte, sah
ich, dass der Stift Spuren auf dem Plastik hinterließ wie Furchen
im Wasser. Mit einiger Mühe und Sorgfalt wäre es möglich gewesen, die Worte auch nach dem Auslöschen noch zu erkennen. Danach benutzte ich die Zaubertafel nicht mehr. Ich traute mich nicht,
das Risiko einzugehen. Selbst heute noch ist mir der Gedanke ein
Graus, dass jemand hinter mir steht und mir über die Schulter sieht,
während meine Sätze auf dem Bildschirm erscheinen. Es gibt eine
Art Lücke, einen Abstand zwischen meinen schlüpfenden, zucken-

den, rohen Wörtern und denen, die so weit sind, ihren Platz in der Welt einzunehmen, Wörtern, die bereit sind, aufzustehen und zu kämpfen.

Wenn mich Menschen fragen, was für einen Rat ich ihnen zum Schreiben geben kann, sage ich: Zeigen Sie niemandem Ihre Texte, bevor Sie bereit dazu sind. Die Leute verstehen das und sind froh über die Erlaubnis, vorsichtig zu sein. Ich sollte noch hinzufügen: Fangen Sie auch nicht an zu schreiben, bevor Sie bereit dazu sind. Eine Idee für eine Geschichte zu haben heißt noch längst nicht, dass Sie bereit sind, sie zu schreiben. Vielleicht müssen Sie sich erst an sie heranschleichen, Zeit mit ihr verbringen, mit ihr erwachsen werden – vielleicht ein halbes Leben lang. Dieser Rat – es hinauszuschieben, abzuwarten – ist schwerer anzunehmen. Die offensichtliche Frage darauf lautet: Wie kann ich sagen, wann der Augenblick gekommen ist? Ich selbst habe lange gezögert, bevor ich mich an diesen Text hier gesetzt habe. Bis dahin hatte ich das Gefühl, jemand anders schreibe mein Leben. Ich schien in der Lage zu sein, fiktionale Charaktere zu schaffen und auszudeuten, bei mir selbst jedoch haperte es mit dem Schaffen und Ausdeuten. Erst als ich älter wurde, begann ich zu begreifen, warum das so war: Das Buch meines Lebens wurde tatsächlich von anderen Menschen geschrieben: von meinen Eltern, dem Kind, das ich einmal gewesen war, und meinen eigenen ungeborenen Kindern, die ihre Geisterfinger nach einem Stift ausstreckten. Ich habe diesen Text in dem Versuch zu schreiben begonnen, das Urheberrecht für mich zu reklamieren.

Hätte ich geglaubt, der Zaubertafel vertrauen zu können, dann hätte ich vielleicht früher angefangen, doch vom sechsten, siebten Lebensjahr an wurde mir das Verheimlichen zu einer Gewohnheit. Meine Gedanken blieben in meinem Kopf, pflanzten sich in ihm fort und summten wie in einer Schachtel gefangene Schmeißfliegen.

Wenn man vom Ende unseres Gartens hügelaufwärts blickt, sieht man den Ort, an dem sie die Wohnungen errichten. Es sind zweistöckige Gebäude mit einem Kieselrauputz. So etwas gab es hier noch nicht, und alles Neue erregt Verdacht. Nur wenige Leute in Hadfield denken daran, ohne Treppe zu wohnen. Am oberen Ende unserer Siedlung gibt es ein paar von der Gemeinde errichtete Häuser, hauptsächlich für Leute aus Manchester, die während des Krieges herkamen. »Sie kommt aus einer Sozialwohnung, weißt du«, ist der dazugehörige Ausdruck, der grob gesagt bedeutet: Schließ deine Löffel weg. Ich nehme an, sie haben da oben bessere sanitäre Anlagen – Toiletten im Haus, heißes Wasser und vielleicht sogar Bäder –, und die Hadfielder waren schon immer schnell dabei, über Leute zu spotten, die ihrer Meinung nach weichlich werden.

Die Miene meiner Mutter hellt sich empört auf, wenn sie von den neuen Wohnungen spricht, das Haar leuchtet auf ihrem Kopf. »Es ist ein Skandal! Absolut lächerlich! Sie lassen sie einziehen, noch bevor der Strom fertig verlegt ist! Nicht eine Gardinenstange hängt bis jetzt.«

Ich gehe mit Evelyn hinten in den Garten und zeige ihr, wie unser neues Spiel »Über die neuen Wohnungen reden« geht. Wir stemmen die Hände in die Hüften und starren wütend über die Mauer (die Mauer, über die Tibby immer rennt, Tibby, die protestantische Katze). Wir rufen: »Es ist ein Skandal! Absolut lächerlich! Nicht eine Gardinenstange hängt bis jetzt!«

Evelyn ist das Spiel bald leid. Sie will Ballettschule spielen. Ich bleibe, rufe weiter und frage mich, ob meine Mutter gern eine von den Wohnungen hätte. Aber Katholiken kommen da nicht hinein, das ist allgemein bekannt.

Ein paar Wochen später kommt ein kleines Mädchen zu unserem Garten und sagt, sie ist aus den Wohnungen und möchte spielen. Sie heißt Heather, sie ist hübsch und anständig, aber was für ein

Name ist das? Ein kleiner Junge kommt, schmächtig und schmal, und will auch unbedingt mitspielen. Wie können wir da Nein sagen?, fragt Evelyn leidenschaftlich. Er ist sechsdreiviertel! Sein Alter beeindruckt mich nicht, ich gehe davon. Er läuft mir hinterher und sagt, wenn er mit uns spielen darf, macht er, was wir wollen, wir können uns verstecken und er sucht immer. Er gibt uns einen Penny, wenn er mit uns spielen darf, ein Dreipennystück. Je höher er mit der Summe geht, desto abweisender werde ich. Am Ende wende ich mich ab und lasse ihn stehen. Zwei Frauen stehen auf den Stufen zu ihrem Hintereingang und wundern sich über mein hartes Sektiererherz. Über die Schulter gewandt, sage ich zu Evelyn: Spiel du mit ihm, wenn du willst! Ich spiele nicht mit Jungen.

Jungen sind das, wogegen ich in der Schule zu kämpfen habe. Wenn du dich ihnen schon nicht anschließen kannst, dann bekämpfe sie. Ich habe die Babyklasse hinter mir und darf aus dem stinkenden steinernen Pferch neben den Latrinen auf den weiten Spielplatz unter den tropfenden Bäumen. Ich komme nach Hause und sage:»Großvater, ein großer Junge hat mich geschlagen.« Er sagt:»Liebling, jetzt zeige ich dir mal, wie man kämpft.« Er bringt mir faire Taktiken bei, nichts Gemeines. Trotzdem steige ich beim nächsten Kampf mit einem anderen Ergebnis aus dem Ring. Es ist ja so leicht! Ein Schlag auf den Solarplexus, und der große Junge knickt zusammen. Sein Kopf kommt auf meine Höhe.»Jetzt hast du die freie Wahl«, sagt Großvater, »aber übertreib es nicht, deine Faust brauchst du nicht mehr. Klatsch ihm einfach eine.« So mache ich es. Dem großen Jungen laufen Tränen herunter. Er taumelt, sich das Zwerchfell haltend, vom Zaun weg. Oh, Miss, sie hat mich geschlagen, sie hat mich geschlagen!

Ich staune, weniger wegen meiner Vorstellung als wegen seiner. Sein beängstigendes Jammern, sein Heulen. Das mache ich nicht noch mal, es sei denn, es geht nicht anders, beschließe ich. In nur einem Jahr werde ich zur Beichte gehen und lernen müssen, mein Gewissen zu erforschen. Ich bekomme es mit ersten Schuldgefühlen zu tun: Erwacht da ein Gespür für die Sünde, oder ist es meine beginnende Weiblichkeit? Haben Jungen Schuldgefühle? Ich glaube nicht. Fahrende Ritter? Sie sorgen sich nur um die Schwachen und Unterdrückten. Irgendwo in meinen Gefühlen zu diesem Vorfall steckt auch Scham. Allerdings kann ich nicht sagen, wessen Scham es ist: meine oder die des Jungen, den ich geschlagen habe – oder ist es die des geisterhaften, verblassenden Jungen, den ich immer noch in mir trage?

Später, als ich ein großes Mädchen bin, zehn Jahre alt, taucht ein richtiger Schläger in unserer Klasse auf. Er ist untersetzt, hat kurzgeschorenes Haar und heißt Gary – ein Schlägername, wenn es einen gibt. Gary ist breit, weiß, muskulös, kompakt und aus Gummi. Er nimmt meine Mütze und wirft sie in den Graben. Ich erkläre ihm den Krieg. Du kannst keinen wie Gary C. schlagen!, sagen die kleinen Mädchen. Ich gehe auf ihn los, blass vor Zorn und schäumend vor Wut. Er stellt sich mir entgegen. Ich schlage zu. Meine Fäuste prallen von seinem Körper ab. Das hat etwas seltsam Beruhigendes: Bei dem muss ich keine Gewissensbisse haben. Er ist aus etwas gemacht, das fester als Fleisch ist. Wahrscheinlich schlägt er zurück, aber es tut nicht weh. Inzwischen, mit zehn, weiß ich mich von meinem Körper abzukoppeln, der keine besonderen Fähigkeiten oder Eigenschaften hat, nur die, im Weg zu sein, an genau dem Ort, an dem er nicht gebraucht wird. Gary ist wie die Kreatur, auf die der Ritter im Wald trifft: Du schlägst ihm den Kopf ab, und es wächst gleich ein neuer. Er ist ein Ungeheuer. Ich keuche, und mein Herz rast. Ich bin in einem Witz gefangen und habe keinen Raum zwischen Ausgangssituation und Pointe. *Rums, rums, rums.* »Kennst du den schon?« *Rums, rums, rums.* »Zwei Ungeheuer veranstalten einen Boxkampf.«

Eine Zeitlang, mit sechs, klammere ich mich an die Aussicht eines Lebens als Mann. Ich spiele mit dem klügsten Mädchen der Klasse, das Jacqueline heißt. Natürlich will sie Jack genannt werden, und ich bin Bill. Das Spiel heißt »Männer«, und das Gute ist, dass wir unsere geheimen Namen auch außerhalb des Spiels benutzen können. Aber Jacqueline sagt: »Du sprichst nicht wie wir«, und lässt mich stehen. Natürlich spreche ich nicht wie sie: Sie gehören zur Rasse der Halunken, Schurken und Straßenköter. Ich wende mich den italienischen Kindern zu und denen, die zu Hause Flüchtlingssprachen sprechen, einem flachsblonden ukrainischen Kind und einer Gruppe verflixter, verwahrloster Polen. Ich versuche ein anderes Mädchen für das »Männer«-Spiel zu interessieren. Sie ist ein schüchternes, sprachloses Kind namens Margaret, dessen Gesicht aus einer inneren Demütigung heraus ständig puterrot ist. Als Namen wählt sie »Walter«. So heißt ihr Vater. Ich kann nicht erklären, warum der Name nicht gut ist. »Walter«, stellt sich heraus, tut nichts Mannhaftes. Das Aufregendste ist noch: »Walter kommt zum Essen nach Hause.« So gebe ich »Männer« denn auf.

Es wird Zeit für mich, stattdessen mit Seilspringen anzufangen. Ich will es nicht, doch ich muss es versuchen. Wobei ich lieber das Seil herumwirble und den Vers sage, als selbst zu springen. Beim Hinkeln sollte ich im Vorteil sein, weil ich so schöne Steine zum Überspringen habe. An einem Tag, als ich noch nicht geboren war (sagt meine Mutter), wendete sich meine Großmutter gegen den marmornen Waschtisch und beschuldigte ihn, altmodisch zu sein. Sie warf ihn aus dem Haus und sagte zu meinem Großvater: »Zerschlag ihn, George!«, weshalb sich bis heute Marmorstücke in der Gartenerde finden. Ich grabe sie aus, und sie wiegen schwer in der Hand, sind weiß wie Würfelzucker und glatt wie Eis. Was wird aus ihnen, diesen wundervollen Steinen? Ich nehme an, ich gebe sie weg, damit die Leute mich in Ruhe lassen.

Hinkeln gefällt mir besser als Seilhüpfen, aber ich stelle fest, wenn ich auf einem Bein stehe, wirft mich der Druck meiner Gedanken um.

Evelyn und ich bekommen einen Fußball und spielen am Kohlenschuppen damit. Sie wäre gern Manchester United, aber ich erkläre ihr, Protestanten könnten nur Manchester City sein. Sie gewinnt trotzdem. Das tagelange Ballettschulespielen ohne mich hat sie leichtfüßig werden lassen. Und was hat sie davon? Sie muss zu den Brownies, den Pfadfinderinnen, und ihr Stopfabzeichen machen. Sie kann aber nicht stopfen und muss schon heulen, wenn sie nur daran denkt. Zu Evelyns sechstem Geburtstag gibt es eine Party mit zwei Gästen: ihr und mir. Wir sind überdreht und werfen unsere sprudelnden Getränke um – oder sagen wir, ich werfe meins um. Das Getränk heißt Cyd-Apple und ist eine Art Cider für Kinder. Ich muss an das Glas denken, das ich verschüttet habe, und bin betrübt. Später im Leben trinke ich Cider, doch der trockene, flache Geschmack hat etwas Muffiges, als hätte das Glas zwanzig Jahre lang im Schrank gestanden.

Überdrehtsein ist schlecht, Herumzappeln ist schlecht. Gehorchen ist gut. Ich gehe nach unten, um die Kinderserie zu sehen. Es ist *Der geheime Garten*. Die Vorhänge sind zugezogen, damit das Schwarz-Weiß-Bild klarer zu erkennen ist. Wir liegen auf dem Teppich, das Kinn in die Hände gestützt, wie Kinder aus dem Bilderbuch, wie unsere eigenen Illustrationen. Wir zappeln überhaupt nicht herum, aber ich habe größte Angst, dass Mr Aldous noch vor Ende der Episode heimkommt und mit seinen knotigen, faserigen Armen von der Straße hereinwächst. Nach vielen Wochen habe ich die gesamte Geschichte in mir gespeichert. Ich komme nach Hause und verkünde meiner Mutter: *Der geheime Garten*, das ist die Geschichte. Und sie sprudelt mir aus dem Mund, Erzählung, Dialog, Kommentar. Meine Mutter wirkt überwältigt. Wir sitzen in der

Küche, aber nicht in der Küche an der Bankbottom. Jetzt wohnen wir in der Brosscroft, in einem ganz anderen Haus.

Nach der Enttäuschung wegen der Wohnungen sagt meine Mutter: »Ich kaufe uns ein Haus!« Sie geht zur Bank, auf der ihre Ersparnisse liegen, und wir laufen den Hügel hinauf nach Brosscroft. Meine Mutter sagt, das ist das Haus, das ich bekommen habe. Stufen führen zur mächtigen Eingangstür hinauf. Drinnen ist alles dunkelgrün gestrichen. Die Küche ist mit Steinplatten gefliest, an den Wänden hängen ein paar Gaslichter. Das nächste Mal komme ich an dem Tag hin, als wir einziehen. Ich ziehe mit meiner Mutter, meinem Vater und meinem Bruder Ian ein, mein jüngerer Bruder ist noch nicht auf der Welt. Wir brauchen nur fünf Minuten, um hinunter in die Bankbottom zu laufen, trotzdem ist es eine Veränderung, und ich bin mir nicht sicher, ob ich bereit dafür bin. Das Haus ist nicht mehr dunkelgrün. Im Vorderzimmer gibt es eine gestreifte Tapete, grau und weiß mit einem Nadelstreifen in Kastanienbraun. Türen und Fenster sind »französisch beige«, sagt meine Mutter. Vorn steht noch ein riesiger altmodischer Herd, aber meine Mutter sagt, der fliegt bald schon hinaus. Wie in Großmutters Haus werden wir nur ein Zimmer heizen. Wasser wird auf dem Herd heiß gemacht. Aber wir haben ein eigenes Klo, und es ist auch nicht wirklich draußen, sondern neben dem zugigen, mit Steinplatten gefliesten Raum hinter der Küche, der »Glaszimmer« heißt. Darauf folgt ein kleiner privater Hof mit etwas Gras und hohen Mauern, an denen die Kresse hochwachsen wird. An den Hof schließt ein Garten an. Er ist riesig, sagt meine Mutter, und reicht bis an die Felder. Wenn er hergerichtet ist, werden wir seine Ausmaße erkennen. Im Moment ist er mit Gebüsch überwuchert, das einem bis über den Kopf reicht, wenn man meine Größe hat. Ich kann sein Ende nicht sehen.

Am Abend unseres Einzugs ist die große quadratische Küche von gelbem Licht erfüllt, während rundum noch alles im Chaos versinkt. Die Luft ist frostig, während meine Mutter am Tisch unser erstes Essen vorbereitet. Henry, sagt sie, das Messer! Es geht um das Messer mit dem schwarzen Griff, das Brotmesser mit der so dünnen Klinge. Wir haben es bei Großmutter vergessen; und es ist *mein* Messer, sagt sie.

Es stimmt. Es ist das Messer, das ich immer in ihrer Hand sehe. In seiner schwarz-weißen Tweedjacke geht Henry hinaus ins bläuliche Zwielicht. Meine Mutter tritt an den neuen Herd und schaut dann in den dunklen Schrank, in dem der Gaszähler hängt. Das Gas ist abgestellt, sagt sie, ich werde es … Nein!, sage ich und halte ihre Hand fest. Ich flehe sie an. Nein, nein, tu's nicht. Stell das Gas nicht an, bevor mein Daddy zurückkommt. *Gas, sue, sue, gas*, zisch, rums. Ich flehe und bettle. Ich kann ihr meine Gründe nicht nennen. Bitte, nein, warte auf ihn, lass es ihn machen, bitte: Das ist Männersache. Ich befinde mich in der ersten tödlichen Krise meines Lebens und weiß nicht, wie ich die Katastrophe abwenden soll. Sie sieht mich an, lange und nachdenklich: »Also gut«, sagt sie, und ich staune so, wie sie gestaunt hat, als ich ihr in einem Rutsch den *Geheimen Garten* rezitiert habe. Also gut? Ich hole Luft. Ich kann kaum glauben, dass ein Erwachsener mir Aufmerksamkeit schenkt. Ich kann kaum glauben, dass unser Leben gerettet ist.

Irgendwie fürchte ich immer noch, dass unser Haus in die Luft fliegen wird; falls es so ist, erwischt es uns alle gemeinsam. Aber als Henry nach Hause kommt, gut gelaunt und fröstelnd, das Messer unter der Jacke, ist *alles in Ordnung*. Der Mann stellt das Gas an. Niemand wird angeklagt, niemand *sued*. Niemand stirbt. Es gibt keine geheimnisvollen Fluchten, keine unsichtbaren Präsenzen.

Mum hängt ein Bild von Elvis in der Küche auf. Jeden Tag sehe ich seine dicklippige, dunkeläugige Sprachlosigkeit. So was tut man nicht, denke ich, man sollte seinen eigenen Mann am liebsten haben. Ich weiß, es ist alles falsch, alles geht daneben und wird immer noch schlimmer, mit jedem Tag.

Ich bin außer mir vor Interesse an Baby Ian. In einem bestimmten Rhythmus klopfe ich seitlich gegen den Kinderwagen, von Kind zu Kind: *Kurz-kurz-kurz-kurz?* Er wendet mir seine blauen Augen zu und antwortet: *Lang-lang.* Auf dem Rücken liegend, klopft er den Rhythmus mit den Fersen. »Dieses Baby tritt noch durch seinen Kinderwagen«, sagt meine Mutter entsetzt, »mit seinen großen, kräftigen Füßen.« Als er zu gehen versucht, stütze ich ihn wie ein alter Kamerad seinen auf dem Schlachtfeld verwundeten Freund. Ich halte ihn unter den Achseln, wenn er zusammenzusacken droht. Seine Knie deuten nach außen, die Beine biegen sich unter dem Gewicht seines Körpers, und ich bringe ihn zurück auf Kurs, indem ich an den Trägern seines Stramplers ziehe. »Frosch, marschier zur Bratpfanne!«, singe ich, ohne zu wissen, warum. Ich habe das schon mal als Lied gehört, und es erscheint mir passend. Ich empfinde keinerlei Groll auf ihn, im Gegenteil. Er wird zu meiner Aufgabe, meinem Hobby, meinem Anliegen. Ich habe von Kindern gehört, die eifersüchtig sind; ich bin es sicher nicht. Die Leute sagen lachend, wenn er auf mich fällt, wird er mich zerquetschen. Ich bin ein winziges Püppchen mit lächelnden roten Lippen, hellem Haar und dünnen Armen und Beinen: unschuldig, stumm, eine Feder auf dem Atem Gottes.

Mit sechs schlafe ich im Zimmer meiner Eltern in der Brosscroft. Bislang ist erst ein Schlafzimmer im Haus bewohnbar. Die Wiege des Babys steht an der Wand mit dem Fenster, das Doppelbett nimmt die Mitte des Raumes ein, und mein kleines cremefarbenes Bett ist der Tür am nächsten. Ich liege unter einer karierten Decke, und meine Finger drehen und flechten ihre Fransen. Flechten und lösen sie

86

und fangen aufs Neue an zu flechten: Ich zwinge mich ins Träumen, denke an Indianer und an Jesus, weil ich ermahnt werde, an ihn zu denken; und ich versuche es, ich versuche es wirklich. Ich denke an mein Tipi, meinen Tomahawk und mein stämmiges rotbraunes Pferd, das selbst jetzt mit der gestreiften Decke auf dem Rücken bereitsteht, mich im Galopp über die Ebenen in den roten, staubigen Westen zu tragen. Und dann denke ich, dass vielleicht sogar in diesem Moment meine Mutter unten ihren Mantel anzieht und nach ihrer Tasche greift.

Ich glaube, dass sie in der Nacht gehen und mich verlassen wird. Wir hätten niemals in dieses Haus ziehen dürfen, wir hätten bleiben sollen, wo wir waren, bei Großmutter und Großvater unten in der Bankbottom. Alles geht schief, so schief, dass ich nicht weiß, wie ich es ausdrücken oder begreifen soll. Alle, die der Katastrophe entfliehen können, sollten es tun, und die Schwachen, die Alten und die Babys werden in den Trümmern zurückbleiben. Meine Mutter ist klug und gut in Form, und ich glaube, sie wird ihr Glück in einem anderen Leben suchen, einem besseren Leben anderswo: an einem Ort für Prinzessinnen, wo ihre wahre Familie lebt. Mit ihrem stets verfügbaren Lächeln und ihrem leuchtenden Sonnenuntergangsschopf gehört sie nicht hierher in diese alles umschließenden Schatten, in diese Räume, die sich stumm mit unsichtbaren, feindlichen Beobachtern gefüllt haben.

Mein Vater bringt das Baby ins Bett, und das – er mit dem Baby und mir hier oben – erscheint mir als die Gelegenheit für sie, davonzulaufen. Auch wenn es mich fast umbringen wird, glaube ich, es ertragen zu können, solange ich nur den Zeitpunkt weiß, solange ich höre, wie sich die Tür unten hinter ihr schließt. Nicht ertragen würde ich es, morgens einfach in die kalte, leere Küche zu kommen, gewärmt nur von Elvis, dessen dickes Gesicht wie die aufgehende Sonne leuchtet.

Also liege ich im Schimmer des Nachtlichts und lausche, nachdem mein Vater zurück nach unten geschlichen ist, noch lange den Geräuschen des Hauses. Am Morgen bin ich zu müde, um aufzustehen, aber ich muss in die Schule, sonst komme ich vor Gericht. Meine Arme und Beine sind von einem klingenden Schmerz erfüllt. Der Arzt sagt, es sind Wachstumsschmerzen. An einem Tag stelle ich fest, dass ich nicht atmen kann. Der Arzt sagt, wenn ich nicht mehr daran denke, wird es wieder gehen. Er ist es leid, gefragt zu werden, was mit mir nicht stimmt. Er nennt mich die kleine Miss Niemalsgesund. Ich bin wütend. Ich mag es nicht, wenn man mir Namen gibt. Das ist zu sehr wie eine Macht über mich.

Niemand sollte dir einen Namen geben. Rumpelstilzchen.

Jack kommt zu Besuch. Er kommt zum Essen. Diese Essen zur Teezeit scheinen zusätzliche Mahlzeiten zu sein, in der großen Küche, wenn das Licht brennt und der wilde Garten zu dunkler Schönheit erbleicht. Wir kochen seltsame, alberne Sachen: schütten Eier in blubberndes Fett, sodass sie wie ein Meerestier aufschäumen und sich zu Perlen mit durchsichtigen weißlichen Beinen bauschen. Kommt Jack heute?, frage ich. Oh, gut. Ich suche nach jemandem, den ich heiraten kann. Das ist etwas, das ich geklärt haben will. Ich hoffe, Jack könnte einwilligen, obwohl es schade ist, dass er nicht mit mir verwandt ist. Er ist einfach nur jemand, den wir kennen.

Unten in der Bankbottom reden sie über die letzte Neuigkeit aus Rom: Der Papst sagt, man darf Cousins zweiten Grades heiraten! Das heißt, sagen die Leute, Ilary könnte ... natürlich nur, wenn sie will ... Und dann werden die Namen verschiedener Leute aufgezählt, von denen ich noch nie etwas gehört habe. Ich wünschte, ich hätte es; ich will mehr über diese Kandidaten erfahren, bin ich doch, das weiß ich längst, jemand, der in die eigene Familie zurückheiraten würde, um uns alle zusammenzuhalten und mir einen Vorrat vertrauter Menschen zu garantieren: Großonkeln, die Ceshire-Käse brauchen, und Großtanten mit Hüten, die sich mit gesenkten Stimmen besprechen, während sie mit ihren Löffeln über Schüsselchen mit Dosenpfirsichen gestikulieren. Ich habe einen Großonkel, der im Militärgefängnis war, »unser Joe ist Feuer und Flamme für Labour«, sagt meine Großmutter. Ich habe eine Großtante, die ihr langes goldenes Haar verkauft hat. Warum sind das alles Großonkel und Großtanten? Wo ist die nächste Generation? Wo sind ihre Kinder? Nie geboren oder als Babys gestorben. Die Armut, sagt meine Mutter. Lungenentzündung.

Eines Tages kommt Jack zum Tee und geht nicht wieder nach Hause. »Geht er nie wieder nach Hause?«, frage ich. Es wird Nacht mit dieser neuen Situation: Sie bricht über mich herein. In den nachfolgenden Wochen werde ich wütend, und sie werfen mich ins Glaszimmer. Jack und meine Mutter sitzen in der Küche. Ich springe am Fenster hoch und ziehe Grimassen. Sie schließen die Vorhänge und lachen. Ich versuche es durch die Hintertür, doch sie haben den Riegel vorgeschoben.

Ich stampfe und wüte draußen in der Kälte. Rumpelstilzchen ist mein Name.

Man sollte nicht über seine Eltern richten. Meist, so sind Eltern nun mal, haben sie ihr Bestes gegeben. Sie waren durcheinander, hatten kein Geld und konnten sich keinen Anwalt leisten. Sie hatten alle gegen sich und waren – wenn man es nachrechnet – hoffnungslos jung. Sie sahen den Wald vor lauter Bäumen nicht und was die Woche von Montag bis Freitag bringen würde. Sie waren verliebt oder wütend, fühlten sich betrogen oder bitter, bitter enttäuscht, und ebenso wie unsere eigene Generation ergriffen sie jede Gelegenheit, es richtig zu machen, etwas zu ändern, eine zweite Chance zu bekommen: Sie rissen sich die Fesseln der Logik herunter, rafften sich in ihrer Schwäche und Verzweiflung auf und spuckten dem Schicksal ins Gesicht. So machen es Eltern. Sie glauben, die Liebe überwindet alles, warum sonst sollten sie Kinder bekommen, warum sonst hätten sie dich gewollt? Man sollte nicht über seine Eltern richten.

Doch mit sechs, sieben Jahren weißt du das noch nicht. Ich habe das Gefühl, dass über mich selbst gerichtet worden ist: dass ich ein ungenanntes Vergehen begangen habe, verurteilt worden bin und bald schon mit einer unspezifizierten Strafe zu rechnen habe. *Sued, Gas, sued,* zisch, tot.

Es ist die schlimmste Zeit meines Lebens: Tage der Verzweiflung. Ich stehe wieder auf dem Pier in Blackpool, höre die Möwen schreien, höre den Wind und schaue hinunter ins kochende Wasser. Worte wirbeln mir über den Kopf, Worte des Abscheus und der Verachtung. Eine große Hand hebt mich in die Höhe, es ist die Hand des Gesetzes. Ich spüre den Wind in meinem Gesicht, das Gesetz hebt mich in ihn hinein und lässt mich los. Ich falle durch den Raum, und wie ein Ei zerplatzt mein Kopf auf den Felsen. Das Meer trinkt mein gelbes Blut.

An einem Samstagmorgen komme ich früh nach unten, und zu meiner Überraschung ist Großvater da. Er steht im Vorratsraum mit dem steinernen Regal, in dem es selbst im August noch kalt ist. Sein Werkzeug liegt da, weil er hilft, das Haus in Ordnung zu bringen, aber jetzt putzt er es und steckt es zurück in seine Stofffächer. »Was machst du da, Großvater?«, sage ich.

Er sagt: »Ich packe zusammen und gehe nach Hause, mein Schatz.«

Ich wende mich ab, mir sinkt der Mut.

In der Küche hält mich meine Mutter auf. »Was hat er gesagt?«
»Nichts.«

»Was?« Sie brennt, ihre Wangen sind tiefrot, das Haar ist eine Feuersbrunst. »Nichts? Du meinst, er hat nicht mit dir gesprochen?«

Ich sehe einen zornigen neuen Streit entstehen. Ich antworte tonlos und flüchte mich ins Buchstäbliche, wie der dumme Bote, der die schlechte Nachricht zweimal überbringt: »Er hat gesagt, was er tut. Er hat gesagt: ›Ich packe zusammen und gehe nach Hause, mein Schatz.‹«

Großvater geht hinunter in die Bankbottom, aufrecht und mit steifem Nacken. Irgendwo im Haus knallt eine Tür, Glas klirrt in seinem Rahmen. Schränke knarzen, und der neue Spiegel im Zimmer vorn rasselt mit seiner Kette. Der Treppenabsatz oben ist ohne Licht, das tote Zentrum des Hauses. Ich glaube, jemanden um die Ecke gehen zu sehen, den Flur hinunter zu dem Zimmer, in dem mein Vater in einem Einzelbett schläft. Die Wände in dem Zimmer sind gelb und die Vorhänge halb zugezogen.

Was geschieht jetzt? Auf der Straße reden sie über uns. Regeln sind gebrochen worden. Dunkelheit zieht sich um unser Haus zusammen. Die Luft wird bitter und stickig und hängt in Gaswolken in den Räumen. Sie kommen mir so dick vor, dass ich denke, ich stoße mir den Kopf an ihnen.

Jetzt schlafen die beiden Jungen im großen Schlafzimmer, der größere in meinem cremefarbenen Bett, der kleinere in seiner Wiege. Ich bin ins Zimmer meines Vaters umquartiert worden, in das gelbe Zimmer am Ende des Flurs. Im Flur gibt es kein natürliches Licht, nur eine Glühbirne an der Decke, und die Schatten, die sie wirft, scheinen die Düsternis noch zu verstärken, statt sie zu zerstreuen. Ich gehe nie normal nach hinten, sondern renne von der Treppe zu meinem Bett. Unsere beiden kleinen Hunde schreien in der Nacht. Sie haben Angst. Der Mann, der die Treppe oben frisch anstreicht, hat auch Angst, aber das soll ich nicht hören.

Der Hausschlüssel ist nicht da. Das Haus wird auf den Kopf gestellt. Jeder Winkel wird durchsucht und jede Schublade. Wir kriechen auf allen vieren herum und befühlen den Boden mit Händen und Knien. Alle Besucher, aber es kommen nicht viele, werden eingehend befragt und ihre Bewegungen nachvollzogen. Es vergehen zwei Tage, dann taucht der Schlüssel wieder auf. Er lag oben auf dem Geschirrschrank, im toten Winkel.

Meine Mutter geht nicht mehr einkaufen. Nur noch meine Patentante hält die Verbindung zu unserem Haus aufrecht. Die Kinder in der Schule fragen mich, wie wir wohnen und wer in welchem Bett schläft. Ich weiß nicht, warum sie das wissen wollen, und sage ihnen gar nichts. Ich hasse die Schule. Oft bin ich krank wegen meiner Wachstumsschmerzen und dem Atmen, an das ich nicht denken soll. Das hohe Fieber ist das gleiche wie in Blackpool, und die schlimmen Kopfschmerzen lassen mich ganz hohläugig werden. Als ich nach ein paar Tagen zurück in die Schule komme, scheint mich niemand mehr zu kennen, und ich bin hinter meinem eigenen Rücken eine Klasse aufgerückt. Die neue Lehrerin heißt Mrs Porter, und ich verstehe nicht, wie sie die Rechenaufgaben aufschreibt. Ich habe einiges verpasst. Ich zeige auf und sage, dass ich es nicht verstehe. Sie sieht mich ungläubig an. Das verstehe ich nicht? Verstehe ich nicht? Was für ein Aufruhr oder eine Meuterei ist das denn? Warum schreibe ich es nicht von dem Kind neben mir ab, wie die anderen kleinen Dummerchen auch? »Du verstehst es nicht?«, wiederholt sie, und ihre Augen treten entrüstet hervor. Kreischendes Kichern und näselndes Schnauben sind um mich herum zu hören. Miss Porter ist bald nicht mehr da. Mein Unverständnis bleibt.

Der Sommer kommt: Meine Großeltern nehmen mich mit auf einen Tagesausflug nach Blackpool. Entlang der Promenade stehen gläserne Schutzhäuschen mit Bänken, auf denen die Besucher den

Großteil ihres Sommers verbringen, um sich vor Wind und Regen zu schützen. Kaum habe ich meinen Fuß auf das Pflaster der Stadt gestellt, fange ich an zu zittern und zu brennen. Meine Augen verschließen sich vor dem Licht, und es fühlt sich an, als würden sie mit Sand ausgerieben. Ich verbringe den langen Nachmittag eines seltenen Sonnentages der Länge nach auf einer der Bänke ausgestreckt, den Kopf auf Großmutters Schoß. Mein neuer Korb mit dem leuchtenden Gänseblümchenmuster steht nutzlos an meiner Seite. Als ich nach Hause komme, wird festgestellt, dass ich die Masern ausbrüte. Ein, zwei Jahre später fahren wir *en famille* nach Blackpool, in Jacks Auto. Abends kehre ich halb bewusstlos in unser Haus in der Brosscroft zurück, die Sterne drehen sich über mir, als sie mich schlaff vom Rücksitz heben und die Stufen zum Haus hinauftragen.

Später verbringen wir ein paar Tage in Southport. Das Auto tief in den Dünen geparkt, kochen wir missmutig Pommes frites auf einem Gaskocher.

Nach Miss Porters Weggang übernahm eine neu an die Schule gekommene Lehrkraft die Klasse. Nennen wir sie Mrs Stevens. Sie war eine fuchsrote Kreatur mit hochstehendem Haar und markanten Schienbeinen. Und sie war Protestantin. Das war etwas Sonderbares, eine protestantische Lehrerin. Jemand anderes musste uns den Katechismus beibringen, was jeweils in der ersten Stunde des Tages geschah. Es war ein einfaches, nettes Fach. Wir malten ein M auf die Tafel, obenauf ein W, was den Flügeln eines Engels glich und uns daran erinnern sollte, dass ein Engel Verstand und Wille war: *Mind and Will.*

Anschließend wurde es grob: Um zehn Uhr kam Mrs Stevens hereingestürmt, überschäumend. In der Hand trug sie eine große karierte Einkaufstasche, wobei das Muster, wie ich annehme, nicht das eines Clans war. Am ersten Tag waren wir nicht im Geringsten auf den Wirbelwind vorbereitet, der uns da durcheinanderblasen sollte. Mrs Stevens kannte unsere Namen nicht. Sie wusste nichts über unsere Herkunft. Sie wusste nicht, was wir in Ehrfurcht hielten und was »Wohin wir wollen« hieß. Wie gewöhnlich wurden unsere karierten Hefte ausgegeben, in denen unsere Additionen sorgfältig die Seiten hinunterliefen: Die schwachblauen Linien trennten die Hunderter, die Zehner und die übrigen Stellen voneinander ab. Aber Mrs Stevens mochte keine Spalten. Wir mussten die Summen waagerecht errechnen, so wie sie in unserem Schulbuch abgedruckt waren. Sobald sie sah, dass jemand, wie heimlich auch immer, senkrecht arbeitete, schoss sie zwischen den Tischen hindurch auf ihn zu und schlug ihn.

Mrs Stevens schrieb »Aufgaben« an die Tafel und darunter eine Geschichte ohne Höhepunkt oder Moral. Ein Mann geht in einen Laden und kauft Obst; ein Mann füllt einen Eimer; ein Mann fährt mit dem Zug zu einem fünfundzwanzig Kilometer entfernten Bahnhof. Eine Frau tat nie etwas, man sah es gleich; und es war keine Geschichte, es war kein Witz: Es war, huch!, eine Addition. Die Erklärung breitete sich mit einem leisen, verzweifelten Zischen in der Klasse aus, von den armen Würmern hinten bis zu dem, der ganz vorn saß. »Ohne zu reden!«, rief Mrs Stevens. Einige begannen zu weinen. Sie rieben sich die kleinen Köpfe. Mrs Stevens schrieb nicht mal in Druckbuchstaben, sondern bediente sich »richtigen Schreibens«, wie wir es nannten, wenn man die Buchstaben zusammenschrieb: Und so weit waren wir noch nicht! Wenn der Teil des Tages mit dem Thema Lesen kam, erwartete sie von uns, einem laut vorlesenden Kind zu folgen und dort weiterzumachen, wo es aufgehört hatte. Bis dahin hatten wir gedacht, Lesen sei eine persönliche Tätigkeit, vielleicht noch zusammen mit dem Lehrer, sonst allein im Schweiße unseres Angesichts. Jetzt wurde es etwas Gemeinsames.

Was nicht wirklich funktionierte, waren einige doch schon bei Buch vier von *Far & Wide Reader Green*, während andere im Alphabet erst bis zum Buchstaben D vorgedrungen waren.

Zunächst glaubte ich, Mrs Stevens sei wahnsinnig. Mein Großvater hatte mir einmal erzählt, dass einer seiner Vorfahren eine ganze Nacht lang durch die Moore von Derbyshire gewandert sei, und das mit einem Mann, der, wie sich später herausstellte, ein entflohener Verrückter gewesen war. Als ich herausfand, dass Mrs Stevens, die wie ich zum Mittagessen nach Hause ging, für gewöhnlich um zehn nach eins die Woolley Bridge Road hinunterkam, schloss ich mich ihr an und sagte:»Miss, darf ich Ihre Tasche tragen?« Es interessierte mich zu sehen, wie sie sich zu einem Lächeln zwingen musste. Anatomische Operationen waren für mich nicht nur etwas rein Mechanisches. Mich interessierte, wie ihre Schienbeine stets dem Rest ihrer Beine voraus waren, gefolgt vom wabbelnden Wadenmuskel.

Hätte uns jemand gesehen, wäre es ihm, wie ich annehme, unterwürfig erschienen, dass ich ihr die Tasche trug. In meinen Augen war es eine diagnostische List. Zudem hatte es keinerlei Einfluss auf die Art, wie sie mich behandelte, sobald wir wieder in der Schule waren: Sie schrie und schlug. Unterwegs sagte sie nichts; ich redete. »Ach ja?«, warf sie ein und:»Oh, hast du das?« Diese Miminalantworten aus ihren schmalen Lippen schienen angemessen. Ich kann nicht sagen, was ich ihr alles erzählt habe. Was ich über Gott dachte? Wie man Worcester buchstabierte? Gott und seltsame Schreibweisen beherrschten zu der Zeit meine Gedanken.

Es gibt viele Lehrer, da bin ich sicher, die bloß so tun, als würden sie Kinder mögen. Mrs Stevens gab sich gar nicht erst die Mühe. Meine Mutter, die an meinen Fortschritten interessiert war, las eine Zeitschrift mit dem Titel *Kindererziehung*. Manchmal hängte sie für mich langweilige kleine Bilder daraus an die Küchenwand, schwarzweiß neben der schamlosen Bronze von Elvis. Mrs Stevens hatte ebenfalls Zugang zu dieser Zeitschrift, und während wir sprachlos dasaßen, las sie uns einzelne Artikel daraus vor, über Kaulquappen und Raupen. Das hieß Naturkunde. Für Larven wie uns war das gut genug. Draußen rauschte der Regen auf Moor und Straße, und kleine durchnässte Wesen, ob auf zwei oder vier Beinen, suchten nach Schutz.

In jenen Tagen, die für nach den Fünfzigern geborene Menschen schrecklich arm, benachteiligt und furchtbar erscheinen müssen, wie die Zeit der heiligen Inquisition, war den Kindern das Sprechen während der meisten Schulstunden verboten, es sei denn, ihnen wurde eine Frage gestellt und sie waren gefordert, ja ihnen war befohlen, zu antworten. Mrs Stevens führte eine weitere Einschränkung ein: Wenn unsere Hände nicht mit einer spezifischen, autorisierten Tätigkeit befasst waren, hatten wir mit den Armen auf dem Rücken dazusitzen. Diese Haltung – näher kann man einer Zwangsjacke kaum kommen – trieb mich in einen Abgrund tränenreicher Frustration; sie fesselte meine Gedanken und meine Hände und trennte meinen Verstand von meinem Willen. Ich kam nach Hause und sagte: *Sie sollte das nicht tun dürfen.* Aber es kann mir niemand zugehört haben, alle lauschten damals etwas anderem.

Bald schon trug ich ihre Tasche nicht mehr und begleitete sie nicht auf dem Weg zur Schule. Stattdessen folgte ich ihr, ein Schatten, und sah, wie das verblichene rote Haar über dem falschen Pelzkragen ihres Mantels wippte: wie ein Kopf auf einem Tablett. Erst hatten wir Kinder noch in verwundertem, kläglichem Ton über sie geredet, dann waren wir verstummt. Wir wurden als Gruppe, als Klasse, in eine beschämte Heimlichkeit gedrängt und sahen zu, wie sie die kurzen Hosen der Jungen und die Röcke der Mädchen hochzog und ihnen oben auf die Schenkel schlug. Es lag ein Rausch in der Luft, der ganz und gar nicht unschuldig war. Sie drohte uns mit einem *twankey*, was, wie ich dachte, ein protestantisches Wort sein musste. Aber ich verstand, was sie meinte. Einmal schrie sie einen Jungen an, sich vor der Klasse vornüberzubeugen, und ich sah, wie sich sein Rückgrat versteifte. Er war unfähig zu gehorchen oder nicht zu gehorchen. Sie schrie ihren Befehl ein weiteres Mal und schlug ihn dann so oder so.

Auch im Dorf wurden Kinder geschlagen, manchmal auf groteske Weise. Ich war kaum aus der Babyklasse heraus, als mir eines Morgens ein kleines Mädchen mit einem papierfarbenen Gesicht zuflüsterte: »Am Samstag hat unser Dad unsere Ann geschlagen, bis sie blutete.« Ich kannte »unsere Ann«, die wie ihre jüngere Schwester so blass und zerbrechlich war, dass man kaum glauben konnte, dass überhaupt Blut in ihr floss. Ich spürte, wie sich meine Männergeister regten und die Wut sich in meiner Brust wie eine Faust in einem gepanzerten Handschuh ballte. Sattle mein Streitross, ich galoppiere die Straße hinauf und enthaupte ihn. Mein Schwertarm zuckte, und ich stellte mir einen ruhigen, mähenden Schlag vor, der mich kaum ins Schwitzen brachte, und dann den Kopf, wie er das Pflaster hinunterrollte. Zitternd, die Augen geschlossen, saß ich hinter meinem Tisch. Ich war sechs, wir hatten Rechnen, und draußen schien die Sonne. In Hadfield, wie überall in der Geschichte der Welt, wurde den Kleinen von den Großen ohne Rechtfertigung oder Entschuldigung Gewalt angetan. Aber es gab Regeln. Fremde schlugen dich nicht, nur deine eigene Familie. Protestanten schlugen dich nicht, sie waren nicht dazu befugt. Das war (in meinem Denken) eine festgeschriebene Tatsache des Lebens. Ich sah, dass die Situation unmöglich war und Mrs Stevens, wenn nötig, getötet werden musste.

Sobald ich das dachte, wurde meine Angst extrem. Ich zitterte, wenn sie mich ansprach. Was mir jedoch noch mehr Übelkeit bereitete als meine eigene Angst, war die Angst, die sie in anderen hervorrief. Ich weiß nicht, ob es einen Fall gibt, in dem ein siebenjähriges Kind einen Lehrer umgebracht hat, doch ich denke, es sollte einen geben – und in gewisser Weise würde ich mich selbst weit mehr respektieren, wenn ich diejenige welche gewesen wäre. Ich war längst entschlossen, mich vom Rest meiner Generation zu unterscheiden. Aber stellen Sie sich meine Situation vor. Ich bin sieben und werde realistisch. Ich weiß, ich schaffe es nicht alleine. Vor einem Jahr schon habe ich die Möglichkeit aufgegeben, eine Horde edler Ritter oder auch nur eine Horde bewaffneter Männer zusammenzubringen, hinter Hecken zu lauern und zwischen den schwarzen Bäumen hinter der Kirche hervorzubrechen. Ich bin sieben, erst sieben. Das Fieber packt mich wieder und wirft mich aus dem Sattel. Jeden Morgen stehe ich bleicher aus dem Bett auf, mit blasseren Augen. Mein Haar wächst wieder, aber ich weiß, es wird immer bedroht sein, sobald der Streifen im Thermometer aufzusteigen beginnt. Um mich über mein Invalidentum hinwegzutrösten, bekomme ich *Alice* zu lesen. Ich lese beide Abenteuer, mag *Alice hinter den Spiegeln* aber lieber als den ersten Band. Wie leicht vermag ich mir vorzustellen, durch einen Spiegel zu treten; jede Zelle in meinem Körper wird dünner, dehnt sich, wird durchsichtig und bildet sich in einer anderen Dimension neu aus.

Die drei Haushalte sind immer noch voneinander geschieden, Nr. 56 und 58 Bankbottom stehen gegen Nr. 20 Brosscroft. Ich komme und gehe, esse meinen Frühstückstoast zu Hause in der Brosscroft, gehe zum Mittagessen zu Großmutter in die Bankbottom und steige nach Schulende schwankend und müde den Hügel hinauf, um in der Küche zu Hause meinen Tee zu bekommen. Ich lausche auf die Haustüre, um zu hören, wie mein Vater Henry hereinschleicht oder draußen die Handbremse von Jacks Auto angezogen wird. Niemand streitet, niemand weint – nur ich. Keine Worte werden gewechselt, die Situation bleibt unausgesprochen, unbestimmt. Meine Patentante bringt Fleisch und Brot, weil meine Mutter nicht länger zum Metzger oder Bäcker geht. Sie beschränkt sich auf den Eckladen in unserer Nähe, dessen Besitzer ein liebenswürdiger Mann ist. Sie geht am Sonntag auch nicht länger in die Kirche, oder sonst irgendwohin. Abends nehmen Jack und sie die Küche in Beschlag, und mein Vater sitzt im Wohnzimmer; und meist scheinen die Männer ihr Kommen und Gehen so zu legen, dass sie sich verpassen. Am Wochenende geht Jack hinaus und hackt wild auf das Gebüsch im Garten ein, bis er ihn ganz davon befreit hat und der Blick unverstellt bis ans Ende geht, vom Glaszimmer hinter der Küche bis zum verfallenden Zaun mit den angrenzenden Feldern und dem dahinter aufsteigenden Moor. Wenn es draußen zu nass ist, zieht er Tapeten herunter und brennt Farbschichten weg. Er arbeitet wie ein Wilder, und von seinem bleichen, muskulösen Körper tropft der Schweiß.

Aber die Geister versammeln sich dicht an dicht im halbfertigen Haus, fallen von ihren Plätzen in den Glasschränken rechts neben den Kamin und strecken sich nach einem rußigen Schlummer hinter dem abgebauten Herd. Sie platzen schnaufend aus den abgeflämmten Wänden, werden mit den alten Tapeten in Streifen gerissen, liegen eingerollt auf dem Boden und machen sich über den Borstenpinsel lustig. Unser tägliches Leben ist gedämpft, in die Ecken getrieben. Wir bewegen uns eilig zwischen den sicheren und weniger sicheren Bereichen des Hauses hin und her, wo du, wenn du einen Raum betrittst, den Eindruck hast, dass jemand auf dich wartet. Die nicht länger kleinen Hunde jaulen nachts vor Angst. Meine Mutter kommt bibbernd im Nachthemd nach unten und sieht, wie sich ihnen das Fell im Nacken sträubt, während ihre dünnen Gestalten im Licht der Morgendämmerung in sich zusammensinken. Eines Abends höre ich meine Mutter und Jack diskutieren. Ich lauere in der Kälte des Glaszimmers, auf dem Weg vom Klo. »Nun«, sagt sie. »Was glaubst du also, was es ist?« Ihre Stimme hebt sich mit einer Mischung aus Herausforderung, Angst und Hohn. »Was glaubst du, was es ist? Sind es *Geister*?«

Sie spricht meine Gedanken aus, die, wie ich dachte, unaussprechlich wären. Die Haare stellen sich mir auf. Ich kenne das Wort »Gänsehaut« noch nicht, aber wie hätte ich mich gefreut, es zu kennen.

Draußen vor dem Haus setzt sich fort, was als das Leben gilt. Ich bin sieben und habe damit das Alter der Vernunft erreicht. Wie jedes andere kleine katholische Wesen muss ich die Sakramente empfangen, die Beichte, die heilige Kommunion. Kein Problem! In Religion bin ich gut.

Schon mit fünf Jahren hatte ich angefangen, mich als Gemeindepriester zu üben. Gemessenen Schritts ging ich hinten durch den Garten, den Blick gesenkt, die Hände vor dem Herzen gefaltet, klopfte schließlich traurig an Annie Connors Hintertür und sagte: Nun, Mrs Connor, ich komme, um Ihnen die Beichte abzunehmen. Ich glaube, es gibt da etwas, das Ihnen sehr leidtut, und ich bin gekommen, es Ihnen zu vergeben.

»Oh, kommen Sie herein, Vater«, sagte sie darauf. »Möchten Sie einen Schokoladenkeks?« Und dann verdrehte sie reuig die Augen. »Oh, Vater, ich habe geflucht!«

»Nun, das ist ja sehr schön, Mrs Connor«, sagte ich, »aber haben Sie das nicht auch schon letzten Monat gesagt?«

»Das habe ich, das habe ich«, gestand sie. »Aber, Vater, seien Sie nicht zu böse mit mir, denn ich habe viel, was mich zum Fluchen bringt.«

Die Lehre von der heiligen Wandlung bereitete mir keine Kopfschmerzen. Es überraschte mich nicht, dass eine runde Oblate der Körper Jesu Christi war. Seit Jahren sagte ich, dass solche Dinge geschahen, und niemand hatte Notiz von mir genommen. Spaniel und Kuh hatten ihre Natur verbunden und so auch Mensch und

Pflanze: Seht euch nur Mr Aldous und die milchigen Stängel an, die er als Arme am Leib trägt. Und aus einem Mädchen konnte ein Junge werden, obwohl es bei mir nicht geklappt hatte und ich mittlerweile wusste, dass es nie dazu kommen würde.

Als der Tag der ersten heiligen Kommunion kam, staunte ich, wie der Körper Christi an meinen Schneidezähnen kleben blieb und den Gaumen pelzig machte. Es war, als äße ich Smog. Die heilige Katharina von Siena sagt, als sie die Hostie in ihren Mund nahm, konnte sie die Knochen von Jesus zwischen ihren Zähnen knacken hören. Sie muss eine sehr fantasievolle Nonne gewesen sein.

Es war gut, dass ich das Priestersein geübt hatte. Sonst wäre es ziemlich viel auf einmal gewesen: das Wissen, dass die schwarze Seele beim Beichten gesäubert wurde, sich aber gleich wieder durch einen zufälligen Gedanken beschmutzte, kaum, dass man fünf Minuten von der Kirche entfernt war. »Mrs Connor«, sagte ich, »fällt Ihnen keine andere Sünde ein?«

Aber da streckte meine Großtante die Arme aus, fasste mich bei den Händen, und wir hüpften im Kreis und sangen:

»Oh I met with Napper Tandy and he took me by the hand,
He said how is Old Ireland, and how does Old Ireland stand?
It's the most distressful countree, that ever yet was seen.
They're hanging men and women for the wearing of the green.«

Lange Zeit dachte ich, Napper Tandy sei so etwas wie ein Großonkel. Ich dachte, vielleicht käme er eines Tages zu Besuch, ächzte von der Bushaltestelle heran und wollte ein Sandwich.

Als ich die Sakramente erst einmal empfangen hatte, stellte ich fest, dass mich der Versuch, gut zu sein, auslaugte und mir an die Nerven ging. Er verlangte höchste Konzentration auf meine Gedanken und mein Verhalten, zu jeder wachen Stunde des Tages; und wachte ich nachts auf, ging es gleich weiter. Ich war spirituell anspruchsvoll: auf dem sicheren Weg zum Versagen, doch das wusste ich da noch nicht. Ich wollte eine Seele ohne Flecken, von Licht umgeben wie ein sauberes, offenes Fenster. Das musste, so dachte ich, besonnen und still erreicht werden: als öffnete sich das Fenster auf einen blauen See hinaus, über dem weiße Möwen segelten. Es musste unter ruhigen Menschen erreicht werden, die alles mit Bedacht taten. Ich vermisste die methodische Art meines Großvaters und wünschte, er könnte sie in unser Haus an der Brosscroft bringen, in dem die Geister herumflatterten und die Luft umrührten. Für jede Aufgabe – die Matratzen umdrehen, Gurken einlegen, einen Schuh reparieren – band er die passende Schürze aus schwarzem oder weißem Stoff um. Er summte bei der Arbeit, mit einem leisen, zurückhaltenden Zischen. Er war ein pensionierter Eisenbahner und hatte seine goldene Uhr bekommen. Es war ein ehrenhafter Ruhestand, und jetzt schürte er den Gemeindekessel. Ich besuchte ihn in der finsteren Höhle, in der das Ding stand. Dort unten stank es wie im Vorzimmer zur Hölle. Hinein gelangte man von der Straße aus, und es ging nur überraschend wenige Stufen hinunter, allerdings musste man genau wissen, wo der Keller lag, und nur seine bevollmächtigten Helfer fanden die Tür. Ich nahm das Feuer der Hölle nicht ernst, sondern überlegte mir, wie hoch wohl die Kohlerechnung des Teufels sein müsse.

Manchmal ging er abends die Straße hinunter, um sich mit dem Kessel des Conservative Club zu amüsieren und ein Auge auf seinen Zustand zu werfen. Er war ein Mann von ausgezeichnetem Ruf, und wenn er die Straße hinunterspazierte – was er im Unterschied zum Rest der Familie für sich allein tat –, traf er andere ältere Männer, die in ihrem gemessenen Schritt innehielten, sich an die Mütze tippten und sagten: »Wie geht's, Judd?« Dann kamen sie womöglich über die Straße und sprachen über Kessel, die sie angefacht, und

Maschinen, die nur so geschnurrt hatten: über Maschinengewehre, die dank Sergeant Foster und seiner regelmäßigen Pflege niemals eine Ladehemmung gehabt hatten. Ihre Stimmen erinnerten an das nachgiebige Knarzen von Leder, an das Einrasten eines Metallbolzen in seine eingefettete Nut und an den intensiven Geruch fremder Erde.

In einer Kneipe irgendwo im Nahen Osten saß Judd Foster mit einem Mann namens Kemal Atatürk zusammen, der ihm erklärte, was er für sein Heimatland tun wolle. In Jerusalem wurde er gebeten, sich der uralten Loge der Freimaurer anzuschließen, was er ziemlich fassungslos ablehnte. An einem Sonntagmorgen segelte er nach St. Paul's Bay, Geläut perlte übers Wasser, und als er den Blick hob, sah er die Gläubigen zur Messe eilen, die steilen Pfade zwischen den weißen Häusern herunter. Das war ein Anblick, sagte er, den ich nie vergessen werde. Im Zoo von Kairo sah er ein Nashorn.

Heute kümmerte er sich um das Haus an der Bankbottom, zurückgenommen, friedlich, und sang beim Arbeiten katholische Lieder: *»Mother of Christ, star of the Sea, / Pray for the wanderer, pray for me.«* Als ich jünger gewesen war, hatte ich ihm (da er ein Konvertit war) geholfen, indem ich ein großes hölzernes Kruzifix herumtrug, das ich in einem Schlafzimmerschrank gefunden hatte. »Ich übe nur, Großvater«, sagte ich. »Denn wenn ich Messdiener werde, muss ich das zu Fronleichnam tragen.«

In seiner Religion gab es das Erntedankfest. Jemand hatte mir erklärt, das sei ein heidnisches Fest. Heiden und Ungläubige waren etwas äußerst Zweifelhaftes, und wenn sie starben, kamen sie an einen Ort, den man Vorhölle nannte, gemeinsam mit den Babys, die noch vor ihrer Taufe an Lungenentzündung und anderen Krankheiten gestorben waren: Der kalte Wind, der bläst, er bläst die Erlösung davon. Es war nicht fair, aber das ganze Leben war nicht fair. Das Leben ist verdammt unfair, sagt Jack. Jack schreit: Er fühlt sich vom

Schicksal benachteiligt. Bei seinen ersten Besuchen stand er in der Küche an der Brosscroft, spielte auf seiner Mundorgel und klopfte mit dem Fuß den Takt auf den Boden. Dem hinter ihm an der Wand grinsenden Elvis schenkte er keine Beachtung. Jack ist Protestant oder wenigstens kein Katholik, was meiner Mutter jedoch nichts auszumachen scheint. In der Armee, sagt er, musstest du deine Religion angeben. »Keine« konnte man nicht sagen: Dann schlugen sie dich der *Church of England* zu.

Er erzählt mir eine Geschichte, während meine Mutter mir die Nester aus dem Haar kämmt. Seine Stimme zittert, er ist nervös. Wie ich, wie die Hunde, lauscht er ständig auf Geräusche, einen Schritt über uns, jemanden an der Tür. Das Weiß seiner Augen um den milden Karamellton der Pupillen hat einen Gelbstich. Er hatte mal Gelbsucht, sagt meine Mutter. Eines Tages, als ich an einem der Kirchenfeste in meinem weißen Kleid vor der Tür stehe, um fotografiert zu werden, zeigt ein protestantischer Junge von der anderen Straßenseite zu mir herüber und verspottet mich. Jack fliegt wie durch ein Sprungbrett katapultiert über die Straße. Fauchend reckt er den Arm hinter sich, die breite Handkante sieht aus wie ein Beil. Der Junge weicht zurück und hebt die Arme, rennt davon. Jack kommt zurück über die Straße, mit finsterem, entschlossenem Blick. Ich versäume es, ihm zu danken. So ginge es also, denke ich, wenn ich Jacks kleines Mädchen wäre.

Einmal im Jahr, in der Schule und in der Kirche, hatten wir Missions-Sonntag, und dann sangen wir über Afrikaner und Inder. Wir nannten sie »schwarze Babys« und sammelten Geld für sie. Wenn du gut warst beim Geldsammeln, durftest du eines besitzen und konntest ihm einen Namen geben: Ich nannte meines »Corinne«, was sie für pervers gehalten haben müssen, nehme ich an, und sicher gleich vom Formular löschten, als ich ihnen den Rücken kehrte. Clare Boylan hat einen Roman über ein schwarzes Baby geschrieben, das in seinem späteren Leben nach seinem Besitzer sucht. Ich werde also nicht noch einen schreiben, sondern sage nur, dass wir in der Woche vorm Missions-Sonntag spezielle Lieder sangen, deren Melodien nichts Besonderes waren, aber die Texte waren aufregend. »Für die Kindfrauen und Witwen, eilten Babys in ihr Grab ...« Wie alt musste man sein, um als Kindfrau zu gelten? Wie folgte darauf die Witwenschaft? Und waren die in ihr Grab geeilten Babys die Frauen selbst oder ihre Kinder?

Aber vielleicht habe ich den Text auch falsch verstanden. Vielleicht produziere ich hier ein Zerrbild dessen, was auf dem Gesangsblatt stand. Mit acht gebe ich das Zuhören auf. Wann immer jemand etwas zu mir sagt, frage ich: »Was?«, und während mein Gegenüber seine Worte genervt wiederholt, sammle ich mich und versuche die zersplitterten Teile meiner Aufmerksamkeit in eine Ordnung zu bringen. Worte verwischen, sind wie Mottenflügel, die um das Licht der Bedeutung flirren. Meine eigenen Gedanken bewegen sich mit einer anderen Geschwindigkeit als die einer menschlichen Unterhaltung, sind etwa zweieinhalbmal schneller, sodass ich mich ständig rückwärts durch das von den Leuten Gesagte kämpfen muss, um herauszufinden, welchen Teil welcher Frage ich nun beantworten soll. Ich fahre damit fort, verdeckt zu beobachten, aus dem Augenwinkel, und lerne die Kunst, mit den Fingerspitzen zu fühlen. Die Schachfiguren folgen meinen Befehlen. Henry und ich sitzen im Lampenlicht im Wohnzimmer an der Brosscroft, die Babys schnauben oben im Schlaf, und meine Mutter und Jack sind wo? Tanzen gegangen? Ich weiß es nicht. Mein großer Vater sitzt gebeugt in seinem Sessel und schiebt müde einen Bauern vor; doch an einem inspirierten Abend überrasche ich ihn plötzlich mit einer Rochade. Ich schiebe meinen König über zwei Felder, bringe meinen Turm in eine machtvolle, bedrohliche Position und gehe in die Offensive. Mein Vater lehnt sich fasziniert vor und fragt, wusstest du, dass du das *durftest*? Die Wahrheit liegt zwischen Ja und Nein. Ich bin mit meinen acht Jahren nicht so dumm, wie es den Anschein hat. Ich bin nicht unfähig, das Spiel zu studieren, es heimlich zu studieren, um meinen Daddy zu verblüffen. Allerdings gefiele es mir besser, wenn er dächte, der Zug sei nur so ein Einfall gewesen, aus dem Nichts, und ich lächle überrascht, als sich mein aus der Ecke gesprungener Turm wie ein Panzer über Land bewegt und seine besten Verteidiger abräumt. Es ist wichtig, nicht gewinnen zu wollen. Locker zu bleiben, lässig. Genauso achtlos, wie er seine Bücher aus der Bibliothek herumliegen lässt, damit ich sie lese: das Gollancz-Buch mit dem gelben Umschlag. Ich lese Arthur Koestler, *Überlegungen über das Aufhängen*. Ich lerne daraus, nehme es in meine Träume auf. Ich träume, ich habe jemanden ermordet. Es ist besser, die Strafe zu kennen, als es nicht zu tun.

Alle lachen über mich, weil ich nicht zuhören kann, weil ich »Was?« sage. Meine Mutter setzt Geld auf ein Pferd, das Mr What heißt. Es gewinnt das Grand National.

In den Tagen, als ich noch sieben war, nach der ersten Beichte und der ersten Kommunion, ging ich die Woolley Bridge Road zur Schule hinunter, die verrußte Hecke zu meiner Linken, die Mauer rechts, und hinter der Mauer lag die Konservenfabrik, wo der Schlamm unvorstellbaren Fleisches in Dosen gefüllt wurde. Mein Schutzengel folgte mir, einen halben Schritt hinter mir, immer unsichtbar bei meiner linken Schulter. Und Gott ging ebenfalls mit, jedenfalls dachte ich das. Man sollte annehmen, dass ich Ihn gebeten hätte, Sich zu zeigen und den Geschehnissen an der Brosscroft ein Ende zu setzen: dem Knallen der Türen in der Nacht und den Windböen, die durch die Zimmer brausten. Aber meine Vorstellung von Gott war anders. Er war kein Zauberer und sollte auch nicht so behandelt werden, sollte nicht gebeten werden, Dinge zu ändern oder sie wie ein Klempner oder Schreiner in Ordnung zu bringen; wie mein Großvater mit seinem in Stoff-Futterale gewickelten Werkzeug. Ich hatte mein eigenes Verständnis von Gnade, dieser sickernden Verbindung zwischen den Menschen und Gott: dem langsamen, grünen, versandeten Kanal zwischen einem Menschen und dem Gott in ihm. Jeder Sinn birgt Gnade, ist ihr Vermittler: Tastsinn, Geruch, Geschmack. Die Gnade der Musik ist nichts für ein Kind, das immer nur »Was?« sagt. Meine Mutter spielt kein Klavier mehr, mein Vater nur selten. Jack hat sich noch nie vor die Tasten gesetzt, zweifellos weil er zur Church of England gehört. Und ich kann keine Melodie halten, was man mir schonungslos sagt; kann nicht *fa, so, la, si, do* singen, ohne in Moll abzurutschen. Man kann um Gnade beten, doch das ist etwas, was sich unerwartet heranschleicht, wie ein Luftzug. Es ist nichts, was sich einplanen ließe. Indem du nicht darum bittest, wird sie dir zuteil. Ein Jahr lang trug ich dieses Wissen und einen einfachen Raum für Gott in mir: einen zerklüfteten, von Licht umgebenen Raum, einen wartenden Raum in meinem Solarplexus, eine Bereitschaft. Aber was kam, war ganz und gar nicht Gott.

Manchmal gelangst du zu etwas, das sich nicht niederschreiben lässt. Du hast alles aufgeschrieben, was dir einfallen wollte, um die Geschichte davon abzuhalten, dieses Etwas zu erreichen, und du weißt, dass deine Prosa nicht ausreicht, es zu beschreiben. Du sagst dir, also gut, wenigstens kenne ich meine Grenzen; doch dann wird dir bewusst, dass sich deine Leser – alle lieben Leser, die dir bis hierher gefolgt sind – auf die Enthüllung eines sexuellen Missbrauchs vorbereiten. Das ist der gewohnte Schrecken. Meiner ist diffuser. Er schloss eine würgende Hand um mein Leben, und ich weiß nicht, wie oder was es war.

Ich bin sieben und stehe im Garten an der Brosscroft. Ich spiele beim Haus, nahe bei der Hintertür. Etwas lässt mich den Blick heben:

eine Veränderung des Lichts. Mein Blick wird von einer Stelle hinter dem Hof, hinter dem Tor, hinten im langen Garten angezogen. Es ist, sagen wir, etwa fünfzig Meter entfernt, im wilden Gras, zwischen Unkraut und Gestrüpp. Ich kann nichts sehen, nicht wirklich etwas erkennen, nur eine ungeheuer schwache Bewegung, ein Kräuseln, eine Unruhe in der Luft. Ich spüre eine Spirale, einen träge summenden Wirbel, wie Fliegen; aber es sind keine Fliegen. Es ist nichts zu sehen. Nichts zu riechen. Nichts zu hören. Aber da ist eine Bewegung, ihre unverschämte Verlagerung dreht mir den Magen um. An der Peripherie, der Grenze all meiner Sinne, kann ich die Dimensionen der Kreatur spüren. Groß wie ein Kind von zwei Jahren. Zwei Handbreit tief, zwanzig, dreißig Zentimeter. Die Luft bewegt sich darum herum, unsichtbar. Mir ist kalt, und ich werde von Übelkeit durchspült. Ich kann mich nicht bewegen. Ich zittere; wie in diesem Augenblick festgeheftet, kann ich meinen Blick nicht davon abwenden. Ich betrachte einen Ort, der von nichts eingenommen wird. Es hat keine Ränder, keine Masse, keine Dimension und bis auf seine Formlosigkeit keine Gestalt. Es bewegt sich. Ich flehe es an, bleib weg, bleib weg. Innerhalb der Spanne eines Gedankens ist es in mir und hat meine Knochen und alle Hohlräume meines Körpers mit einem kranken Klingen erfüllt.

Ich reiße meine Augen davon los. Es ist, als risse ich sie mir aus dem Kopf. Die Gnade läuft vor mir davon, läuft aus meinem Körper wie Flüssigkeit aus einer Leiche. Ich bewege mich voran. Mein Körper wiegt schwer, meine Füße müssen von der Erde gelöst werden, als klebten sie in geronnenem Blut. Ich trete aus dem Sonnenlicht und gehe durch das Glaszimmer hinein in die umschlossene Düsternis der kalten Küche. Ich sage, Mum, ich möchte jetzt hereinkommen, darf ich etwas malen?

Ich sehe mich selbst mit ihren Augen: Schweiß läuft an mir herunter, meine Wangen sind hohl, und meine Brust hebt sich, um den schweren Geschmack von Blut und Erbrochenem zu kontrollieren, der mir den Mund füllt.

Ich bete, lass sie mich nicht ansehen.

»Ja«, sagt sie lieb, mir den Rücken zugewandt. »Natürlich darfst du das.«

Es ist das beste Ja, das ich je gehört habe. Es ist das beste Ja, das ich in meinem ganzen Leben gehört habe. Wäre ich zurück in den geheimen Garten geschickt worden, denke ich, wäre ich gestorben: Ich glaube, mein Herz wäre stehengeblieben.

Als ich älter werde, lache ich darüber. Ich sage, ich bin wie Tante Ada Doom und habe etwas Böses im Holzschuppen gesehen. Ich sage, wie Tante Ada hat es mich für immer verändert, seitdem bin ich *doomy*, schicksalsschwer: Und was war es überhaupt? Etwas Unfassbares war gekommen, um bei mir sein Glück zu versuchen: ein formloses, grenzenloses Übel, das mich verzweifeln lassen wollte. Wenn ich allein für mich bin und daran denke, kann ich kaum darüber lachen.

Annie Connor stirbt. Nicht so plötzlich: Ihre Brust hebt sich und pfeift, und sie muss ins Bett. Obwohl ich sie zum Mittagessen sehe, meinen Großvater, meine Großmutter und Tante Annie, fiele mir nicht im Traum ein, nach der Schule nicht noch einmal zu ihnen zu gehen und meinen Tee zu trinken, zu dem es etwas Gebäck gibt. Eines Nachmittags werde ich in den ersten Stock von Nr. 58 geführt, und als ich Annie und die bleiernen dicken Adern in ihrem Gesicht sehe, ist mir gleich klar, dass sie sterben wird.

Ich laufe in die Brosscroft hinauf. Meine Mutter hält manchmal Ausschau nach mir. So wie ich keinen geraden Satz hören kann, kann ich auch nicht geradeaus gehen: Schon im kleinsten Punkt in der Ferne erkennt sie mich, wenn der Punkt Schlangenlinien auf den Bürgersteig malt.

Meine Mutter studiert mein Gesicht. Sie will nicht hinunter in die Bankbottom gelockt werden, wenn es nur falscher Alarm ist. Alte Tanten husten und keuchen nun mal. »Glaubst du, sie stirbt?«, sagt meine Mutter.

Sie sieht mir in die Augen: so wie an dem Abend, als ich ihr gesagt habe, sie soll das Gas nicht anstellen. Zum zweiten Mal spricht sie mir Vernunft zu. Sie schießt die Straße hinunter. Ich bin nicht bei ihr, also kann ich nicht sagen, was geschieht. Aber ich weiß, dass eine Art Frieden zwischen den Haushalten geschlossen wird – oder wenigstens der Krieg weniger wird.

Es ist Samstagmorgen. Meine Mutter kommt in mein Zimmer. Ich habe jetzt mein eigenes Zimmer, nach hinten hinaus. Jack hat es weiß-rosa tapeziert. Meine Mutter sagt: »Tante Annie ist zu Jesus gezogen.«

Ich wende mein Gesicht ab und weine. Sie meint es gut, doch ich denke, es war unnötig, es so auszudrücken, als wäre ich gerade mal sechs. Die Erwachsenen wollen, dass du Dinge erfährst und sie dann nicht mehr weißt. Aber Wissen lässt sich nicht zurücknehmen. Ein einfaches »tot« hätte ich auch verstanden, und ich bekomme das Bild ihres bleiern fahlen, fleckigen Gesichts nicht aus dem Kopf. In gewisser Weise, sage ich mir, ist es gut, einen sterbenden Menschen gesehen und seinen Zustand erkannt zu haben.

Ich blättere in meinem Katechismus nach ganz hinten und finde ein Gebet, von dem behauptet wird, dass es immer wirkt. Ich bete es. Ich will meine Tante Annie, und ich bete, dass sie zurückkommt.

Ich weiß, dass Gott dem nicht folgen wird. Er erhört diese Art Gebet nicht, und wenn ich es bete, ist das Gotteslästerung: Ich trete ihm damit vor seine göttlichen, gottverdammten Schienbeine. Er hat mir im geheimen Garten nicht geholfen, und ich glaube, er konnte es auch nicht. Ich glaube, was immer ich an dem Tag gesehen habe, war mächtiger als ein bärtiger, säuselnd lächelnder Gebetbuchsgott in weißem Gewand, die heiligen Hände ausgebreitet, als nähme Er an einem Brett Maß. Aber warum hatte Er es nicht versucht? Etwas hätte Er schon tun können. Den Willen dazu hätte Er zumindest zeigen können. Ich wollte, dass Er sich manifestierte, mich besaß, das Kommando übernahm. Aber Er zeigte sich nicht; der alte Knabe kam nicht aus dem Bett. Jetzt, ohne Gnade, verlassen, bete ich dummes Zeug, um Ihn zu ärgern. Es gibt diese sogenannten Gebete, die immer funktionieren, andererseits weißt du, dass sich die Vergangenheit nicht ändern lässt. Die Zeit fließt nicht rückwärts, alle Wissenschaftler sagen das.

Wenig später, als ich um zwölf aus der Schule komme, sause ich den Kutschweg hinunter und über die Straße. Es ist eine Hauptstraße, und der Kutschweg mündet auf ein gerades Stück zwischen zwei Kurven. Aber es gibt nur wenig Verkehr, und keiner fährt schnell: Wer muss schon eilig nach Hadfield hinein?

Ich entkomme um Zentimeter und drehe mich zu dem langen schwarzen Wagen um, der kreischend zum Stehen gekommen ist. Ich erschaudere und renne in Richtung Bankbottom.

Aber einige größere Mädchen haben sich umgedreht, sie schreien und stürzen sich auf mich, als ich mich an ihnen vorbeiwinden will. Ich will die Straße hinauf in die Bankbottom, doch sie lassen mich nicht. Ich versteife mich, und halb tragen sie mich zurück zum Ort des Geschehens. Meine Fersen kratzen über die Erde. Der Fahrer hat seine Scheibe heruntergedreht und lehnt sich heraus. Er hat einen kahlen Schädel und links und rechts gepflegte Koteletten. Mein Kopf wird von einem der großen Mädchen heruntergedrückt, sie stoßen mich vor ihn hin; er will mich sehen, sie wollen mich ihm vorführen. Er zittert. Hast du mich nicht gesehen?, fragt er. Er ist nicht böse, sondern entsetzt: Er ist ein Fremder und fühlt sich schuldig. Seine Finger umklammern des Steuerrad, um ihr Zittern zu kontrollieren. Hast du mich nicht gesehen? Ich habe Mitleid mit ihm. Auf seiner Stirn steht kalter Schweiß, wie der Schweiß des Todes.

Ich zerre, um fortzukommen. Meine Mitschüler sammeln sich um mich – nun, so etwas lassen sie sich nicht entgehen! Immer mehr von ihnen kommen den Kutschweg herunter, dazu Lehrer und Nonnen. Zwei große Mädchen halten mich an den Handgelenken gefasst und versuchen mich zurück zur Schule zu befördern. Stumm, die Zähne zusammengebissen, ziehe ich in die andere Richtung. Ich ziehe, sie ziehen, bis ich Gefahr laufe, zerrissen zu werden, wie das Kind vor den Augen Salomos. Die beiden Mädchen sind fünfzehn, sie haben große, starke Arme, und mich umfängt ein holziger, aus ihren Poren dringender Muttergeruch. Ich entwickle einen Plan, überlege mir einen Trick und lasse mich folgsam ein Stück von ihnen mitziehen; springe unversehens in die Luft und stürze von ihnen weg. Die Arme strecken sich mit einem Ruck, ihr Griff gibt nach: Ich renne davon. Ich will nur rennen, zur Nr. 56 Bankbottom, zu meiner Großmutter. Innerlich schreie ich vor Wut. Ich lebe, was ist das Problem? Was ist neu daran? Leben und Sterben sind Zentimeter voneinander entfernt.

Meine Großmutter gibt mir Bohnen auf Toast. Sie lässt sich auf ein Knie sinken, um das Brot vor dem Feuer zu toasten. Ich liebe Toast mit Bohnen, aber heute trocknet mir die Kehle aus. Ich kann nicht schlucken. Ihr verblüffter Blick schwimmt mir hinterher, als ich zum Nachmittagsunterricht zurück zur Schule schleiche.

Am nächsten Tag – es dauert etwas, bis die Geschichte zu ihr durchdringt – kommt die Schimpfkanonade von Mrs Stevens. Ich werde angeschrien und als Beispiel eines fast toten Menschen bezeichnet, eines Menschen, der sich durch sein dummes, dickköpfiges Gerenne fast umgebracht hätte. Und was sagen sie bei dir zu Hause dazu, was haben sie dazu zu sagen, hmm, hmm? Ich sitze düster schweigend und innerlich knurrend da. Meine »beste Freundin« Bernadette hebt die Hand und sagt:»Miss, sie hat es ihnen nicht gesagt.«

Nicht gesagt? Was? Ich habe meiner Großmutter nicht die Neuigkeit überbracht, dass ich kaum um eine halbe Armeslänge dem Los entgangen bin, in den Straßenteer gerieben zu werden, mit flatternden Armen, den Hals weggeknickt wie den einer Taube? Ein langes »Ooooh« der Klasse wird von Mrs Stevens niedergebrüllt. Nun bin ich nicht nur halb tot, sondern auch noch eine Betrügerin. Meine »beste Freundin« flüstert, dass ich das beichten muss: Das ist noch schlimmer als eine Lüge, sagt sie. Und bevor die Woche um ist, erscheint eine ferne, selten gesehene Verwandte mit einem grell ausgemalten Bericht über den Vorfall im Haus Nr. 56 Bankbottom, erzählt von kreischenden Bremsen, von verbranntem Gummi auf dem Asphalt, von schreienden Nonnen und dem vorauseilenden Läuten der Kirchenglocken.

Das ist das Leben eines Kindes. Du hast keine Rechte, ob es um dein Leben oder deinen Tod geht. Alles, was dir zustößt, machen sich andere zu eigen, die denken, sie wissen besser als du selbst, was in deinem Kopf vorgeht. Sag also nichts, selbst wenn man dir droht; ganz besonders nicht, wenn man dir droht. Gib ihnen keine Informationen, die gegen dich verwendet werden könnten. Die öffentliche Meinung hat dich längst verurteilt: Läutet die Totenglocke.

Ich habe mein eigenes Gericht, meinen eigenen Prozess. Eine Schlinge für Mrs Stevens. Eine Schlinge für meine ferne Verwandte. Eine Schlinge für meine »beste Freundin«. Eine Schlinge für Mutter Malachy, die Rektorin meiner Schule, die am Tor stand, sich an dem Vorfall geweidet und die großen Mädchen den Weg hinuntergejagt hat, um mich zu zerreißen. Aber Gnade für den Fahrer. Gnade für die großen Mädchen. Gnade für mich, die ich gerannt bin. Gnade für meine verschlossenen Lippen und meine vor dem Feuer kniende

Großmutter. Nur dass es nutzlos ist, um Gnade zu beten oder zu bitten, denn Gott sieht ganz offenbar nicht in meine Richtung.

Jetzt, da Großvater pensioniert war, hatte er mehr Zeit, mit mir die Rechtschreibung zu üben. Zuerst beaufsichtigte er mich täglich beim Mittagessen und redete mir zu – nimm ruhig die Scheibe Brot da, wenn du sie lieber magst. Und iss diesen Kuchen, diese Art nennen wir »Savoy«. Meine traurigen, von Übelkeit gekennzeichneten Tage ließen ihn immer noch einfallsreicher werden. Er schnitt einen Apfel in feine Scheiben und breitete sie auf einem Teller aus, verlockend und gezuckert.

Aber eines Tages spürte er sein Alter und auch meines, und er führte mich die steile Treppe auf den Dachboden hinauf, einen Raum, durch den die Kälte pfiff. Der Boden bestand aus weißen Dielen, und in der Mitte des Raums, unter dem Dachfenster, stand ein Kaninchenstall. Und in dem lagen Bücher.

Ihre Seiten waren spröde und fahl, und an den Rändern hatte die Zeit genagt, vielleicht waren es auch Kaninchen gewesen. Die Umschläge, die einmal grün, burgunderrot und meerblau gewesen waren, neigten mittlerweile eher einem Zustand der Schwärze zu. Sie waren so alt und teerig, dass ich dachte, sie würden mir die Finger verschmieren: nicht dass mir das nicht am Arsch vorbeigegangen wäre – entschuldige, Vater, die Ausdrucksweise. Ich lechzte nach Büchern wie ein Vampir nach Blut. Henry, mein Daddy, ging mit mir in die Hadfielder Bibliothek, in der es ein Regal mit Kinderbüchern gab, und die hatte ich von oben nach unten und von unten nach oben gelesen. So intensiv hatte ich sie gelesen, dass die Buchstaben bei der Rückgabe vor Erschöpfung ganz schwach und grau waren. Eines Tages, dachte ich, würde der Bibliothekar bemerken, wie hart ich sie herangenommen hatte, und meinen Benutzerausweis zerreißen.

In mein Zimmer an der Brosscroft schien die Sonne. Es war das einzige Zimmer im ganzen Haus, in dem man alles abstellen und sicher sein konnte, nicht ins Geisterland gezogen zu werden. All unsere Bücher landeten am Ende hier. Über einige war Jack im Laufe seines Lebens gestolpert: eine Reihe von Bänden mit dem Titel *Draußen mit Romany*, Geschichten vom Land und dem Leben in der Natur. Wenn ich sie betrachtete, fragte ich mich, ob Hadfield nun das Land oder eine Stadt war. Es schien in einer Art Zwischenreich zu liegen, an einem Ort, der in keinem Buch wirklich auftauchte. Es gab nur wenige Straßen, aber auch nur wenige Bäume. Es gab ein Moor, das im April schneegescheckt war; und es gab kaum Vögel, abgesehen von ein paar Spatzen und Staren, die die Frauen mit Brotkrumen fütterten.

Ich las Romany, ich lernte den Igel und die Tricks des hinterlistigen Fuchses lieben. Ich las den schrecklich stockfleckigen, angeschimmelten Tennyson-Band, den jemand in der Sonntagsschule gewonnen hatte: *Mariana in the Moated Grange*. Ich las *Schritte zur Literatur, Band 5*: ein schmales Buch mit vergilbten, zerfallenden Seiten, und auf den fettigen Umschlag hatte jemand *Musterexemplar* gestempelt. Ein Blick hinein, der Untertitel lautete: *Texte über Europa*. Es war eine Sammlung von Auszügen. Ich las sie alle.

»Der Held unserer Geschichte wohnte vor gar nicht langer Zeit in einem Dorfe der Mancha, auf dessen Namen ich mich nicht besinnen mag ...«

»Es ist jetzt 16 oder 17 Jahre, als ich die Königin von Frankreich, damals noch als des Dauphins Gemahlin, zu Versailles sah ...«

»Einst war des Ostens Schönheit ihr zu eigen ...«

»Ich saß stundenlang an meinem Fenster, trank die Süße des Gartens in mich und dachte über das launenvolle Los derer nach, deren Geschichte in den zierlichen Denkmälern rundum sich trüb abzeichnet …«

Ich bin verrückt nach diesem Buch. Wie Washington Irving in der Alhambra stehe ich um Mitternacht auf, um es zu holen. Ich erwache vor Anbruch der Dämmerung und lese die darin abgedruckte Szene aus *Julius Cäsar*, in der Antonius den Mob gegen Brutus aufbringt. Als Vortext gibt es einen Auszug aus Plutarch, sodass ich die Situation kenne. Ich mag die Geschichte, mag alles an ihr: die Gewalt, die Polemik. Ich wünschte, ich hätte sie selbst geschrieben. Brutus war natürlich im Recht, aber Antonius konnte besser mit Worten umgehen. Vorsicht vor den Worten, Vorsicht vor ihrer Raffinesse. »Wofern ihr Tränen habt …« Vorsicht vor der sentimentalen Menge.

Das sind sie also, denke ich, die »Gesammelten Werke« Shakespeares, von denen ich die Leute habe reden hören. Meiner Meinung nach verdienen sie den Applaus, mit dem sie überhäuft werden. Ich lerne den Tod Cäsars auswendig. Bin ich angespannt, murmle ich ihn vor mich hin, wie es die Frommen mit dem Rosenkranz tun. Eines Tages gehe ich mit angehaltenem Atem und in aller Eile hinunter in das gelbe Zimmer, das ich mir früher mit meinem Vater geteilt habe. Ich sehe in die Schublade der kleinen Kommode neben seinem Bett und finde dort mein Buch mit den Erzählungen über König Artus, das ich vermisse, solange ich denken kann. Ich bin überglücklich, falle gleich wieder hinein in die Geschichten und mag diesmal die, die ich früher ausgelassen habe. Ich mag den Gral. Ich stelle mir vor, wie der Ritter starr in seinem Bett liegt, während der Kelch, halb verborgen in seinen Schleiern und luftigen Umhüllungen, langsam durch sein Blickfeld gleitet. Im hinteren Zimmer des Hauses meiner Großmutter an der Bankbottom, dem alten Schlafzimmer meiner Mutter, einem leeren Raum, in dem ich spielen darf, habe ich ähnliche Schatten gesehen, unbenennbare Dinge, die schweben, keinen festen Körper haben und durch die man die Wand dahinter sehen kann. Es scheinen häusliche Gegenstände zu sein, Teller und Tassen, Schüsseln: als wären es Echos oder Schatten der alltäglich benutzten Dinge in der Küche darunter. Bald schon begreife ich, dass alles in diesem Raum durchsichtig werden kann. Ich verbringe viel Zeit dort, meist allein, ohne ein besonderes Spiel zu spielen, sondern einfach nur, um zu *sein*. Manchmal kommt meine Freundin Evelyn zum Spielen. Mit einem alten Kinderrad, das an der Wand lehnt, fahren wir rückwärts durchs Zimmer. Meine Großmutter keucht die Treppe herauf und bringt uns unsere geliebten Bananen-Sandwiches. Ist Evelyn mit da, ist das Zimmer völlig normal.

Winter: Um halb vier ist es dunkel, und die Vorhänge im Wohnzimmer an der Brosscroft sind zugezogen. Das Haus ist ruhig. Jack ist in der Abendschule, mein Vater Henry irgendwo anders, im Jazz-Club oder in der Bibliothek. Im Licht des dahindösenden Feuers werden die Brüder ausgezogen und nach oben ins Bett gebracht. Von den Schuhen, dann von den Strümpfen aufwärts wird dreimal kräftig an ihnen gezogen, und sie sind so weit. Meine Aufgabe ist es, ihre Sachen aufzusammeln, die Unterhemden aus den T-Shirts zu holen und die Ärmel der Pullover wieder auf rechts zu ziehen: Dann schüttle ich alles aus, streiche es glatt und lege es hin, als wollte ich kleine Wolljungen schaffen. Ich zupfe die winzigen Strümpfe aus den herumliegenden Schühchen und reihe sie ordentlich auf. Anschließend packe ich alles ordentlich in eine tiefe Schublade beim Kamin. Wenn sie oben sind, setze ich mich manchmal vorsichtig auf ihr Schaukelpferd, das eigentlich eher ein Springpferd ist und auf einem Metallrahmen federt. Ich bin zu alt dafür, und der Gedanke, dass mich jemand darauf reiten sehen könnte, lässt mich rot werden.

Ich bin neun, kein fahrender Ritter mehr, mein Fortschritt ist vollkommen: vom Helden zur Null. Ich werde eine Frau werden, auch wenn ich nicht sagen kann, von welcher Sorte. Ein kleines, flachbrüstiges Mädchen kann sich nicht vorstellen, dass sich sein Körper je verändern wird. Doch eines Tages wird der Kleinen bewusst, wie ihr die Bluse über die Haut reibt. Sie legt ihre Finger auf die Stelle – ich lege sie dorthin –, und der Gedanke an das, was kommen wird, macht sie wütend. Sie hat keinerlei Einfluss darauf. Ich habe keine Wahl. Mein Körper überwältigt mich, auch wenn die Leute das Gefühl zu haben scheinen, dass ich dafür verantwortlich bin. Meine kleinen Blutadern sind instabil; ich werde rot, sobald jemand das Wort an mich richtet oder mich ansieht. Ich kann nichts daran ändern, aber es scheint meine Mutter und Jack wahnsinnig zu machen.

Ich lausche, höre schwere Schritte über mir und weiß, die Jungen sind noch nicht im Bett. Vorsichtig lasse ich die Luft aus der Lunge entweichen und das Pferd unter mir hüpfen. Ich reite ungefähr einen halben Kilometer. Meine Hände gleiten über Zügel und Halfter, die aus wenig überzeugend bemaltem Metall sind. Ich hebe den Blick, und er bleibt auf den zugezogenen Vorhängen unseres Wohnzimmers in der Nr. 20 Brosscroft haften. Auf dem silbergrauen Untergrund des Stoffes wiederholt sich ein Muster aus Fenstern.

Es sind mediterrane Fenster mit hübschen Läden, überfließenden Blumenkästen und schmiedeeisernen Balkonen. Ich mustere sie, und die kalte nordische Seele hüpft mir in der Brust. Hinter diesen Fenstern möchte ich leben, und warm soll mir sein. Es gibt zwei Arten von Fenstern, rechteckige und oben runde, und ich kann mich nicht zwischen ihnen entscheiden; die rechteckigen Fenster sind eleganter, die mit den Bögen verlockender. Im Haus

Nr. 20 Brosscroft flackert das Feuer; der Wind saugt an den Flammen, das Glaszimmer klirrt, der Garten enthüllt seine toten Geheimnisse. Aber in der Alhambra, versichern mir die *Schritte zur Literatur*, »ist der Garten unter meinem Fenster sanft erleuchtet, Orangen- und Zitronenbäume sind in Silber getaucht, die Springbrunnen funkeln im Mondschein, und selbst das Erröten der Rose ist schwach zu erkennen«. Ich stelle mir mein Leben hinter diesen Fenstern vor, die Textur meines Lebens: Ich wandere durch die schattigen, in Düfte getauchten Räume und trage die Sonne in mir.

Viele Jahre später fragte ich meine Mutter, ob sie sich an die Brosscroft-Vorhänge erinnere, die Vorhänge mit den Fenstern. Ich habe mir immer vorgestellt, sagte ich, in ihrem Gewebe zu verschwinden und hinter den Fensterläden und Balkonen zu leben: dass die Blumenkästen und -töpfe mit ihren überbordenden hochroten Blüten mir gehörten. Meine Mutter wandte sich ab, sodass ich ihr Gesicht nicht mehr sehen konnte. Ich auch, flüsterte sie, oh, ich auch.

Es waren kalte Jahre für sie. Liebe facht das magere Feuer im Kamin nicht an und füllt auch keine Kinderbäuche. Für mich war die Kindheit eine Art Gulag; ich fühlte mich abgeschnitten, verlassen. Die Umstände änderten sich von Jahr zu Jahr; manchmal zog ich in ein anderes Lager, wo ich abwartete, ob das Regime besser oder schlechter war, es schwieriger oder leichter war zu überleben, und wo ich mich mühte, die Regeln zu lernen. Es war nicht unbedingt der Fehler einer einzelnen Person. Kaum jemand behandelte mich bösartig. Ich war einfach nur nicht zum Kindsein geschaffen.

Mit zehn bekam ich einen schrecklichen Heuschnupfen. Ich nieste und bebte einen ganzen Sommer lang; meine tränenden Augen waren blind und zu Schlitzen verschwollen. Zwischen meinen Augenlidern sah ich rote Blitze. Blütenblätter, Geranien.

Als der Tag der Eleven-Plus-Ergebnisse kam, war ich wie gewohnt krank zu Hause. Ich erwartete nicht, aufs Gymnasium zu kommen, und war ohne große Hoffnung. Es schien nicht in meinen Händen zu liegen, da ging es mir wie Großvater, dessen Eltern sich die Uniform nicht hatten leisten können; bei meiner Mutter hatten die Lehrer ganz einfach vergessen, sie zur Prüfung anzumelden.

Kurz nach vier kam Bernadette an die Tür. Ich machte auf. Sie stand vor mir auf der Stufe und musterte mich von oben bis unten. »Du hast bestanden«, sagte sie ohne ein Lächeln.

Ich fiel zurück ins Haus, die Hände auf dem Herzen. Und du?

Sie nickte ernst. Vielleicht stand sie unter Schock.

»Gib Bernadette einen Orangensaft«, sagte meine Mutter.

Ich ging in die düstere Speisekammer mit den tiefen Steinregalen. Die Geister rollten sich unter ihnen und saugten neidisch und boshaft die Luft zwischen den Zähnen ein. Meine Hand zitterte, der Flaschenhals schlug auf den Rand des Glases. Bestanden. Wer hätte das gedacht? Bestanden. Aus mir kann also etwas werden, dachte ich.

In ein paar Wochen würden wir umziehen: ich, nicht mein Vater, meine Mutter, Jack, die beiden kleinen Brüder und der Hund, der noch übrig war. Zum Ende des Sommers würden wir nicht mehr hier sein. Wir zogen in eine andere Stadt, in ein Doppelhaus mit Rasen. Ich bekam einen Steingarten mit einem Apfelbaum, und »selbst das Erröten der Rosen ist schwach erkennbar«. Wir bekamen Teppiche und einen neuen Namen. So schnell verschwanden wir, dass im September, zu Beginn des neuen Schuljahrs, nur noch eine verbrannte Spur von uns in der Luft lag.

So endete meine Kindheit im Herbst 1963, und Vergangenheit und Zukunft wurden gleichermaßen vom Staub der hinter uns abgebrochenen Brücken vernebelt.

Teil vier

LÄCHELN

DIE NÄCHSTEN SIEBEN JAHRE lebte ich mit meiner Mutter und Jack, zwei Brüdern und einem Hund in einer Kleinstadt in Cheshire. Anfangs, als Jack begonnen hatte, uns zu besuchen, hatte er mir manchmal seinen Füllfederhalter geliehen. Der Name stand auf dem Gehäuse: Swann. Wenn ich Swann über das Papier führte, sah meine Schrift geheimnisvollerweise wie seine aus: eine Männerschrift. Als Teenager dann wurde mir dieses Privileg entzogen, und ich musste meine Worte mit den unzulänglichen Instrumenten zu Papier bringen, die mir von wo und wem auch immer in die Hände fielen. Meine Handschrift änderte sich ständig. Praktische Fähigkeiten besaß ich kaum, und was ich konnte, ließ sich nicht gewinnbringend einsetzen. Als ich meine Teenagerjahre halb hinter mir hatte, vermochte mein Bruder – der, der den Boden aus seinem Kinderwagen getreten hatte – bereits den Motor aus einem Auto auszubauen oder, mehr oder weniger, ein Haus zu errichten. Ich dagegen konnte noch nicht einmal einen Stecker verkabeln und wartete entsetzt darauf, dass Jack es mir eines Tages würde beibringen wollen. Er schien jedoch nicht zu glauben, dass Frauen in Sachen Elektrizität zu trauen sei. Zu meinem Glück waren wir in ein Haus ohne Gas gezogen.

Wenn du in ein neues Land kommst oder einem neuen Stamm beitrittst, musst du als Erstes die Begrüßungs- und Abschiedsrituale lernen. In unserer neuen Stadt – oder dem »Dorf«, wie es sich mit unerschütterlichem Blick auf seine vornehme Vergangenheit selbst bezeichnete – war nichts von der ungezwungenen Vertraulichkeit Hadfields zu finden. Niemand trug irgendwelchen Klatsch von Haus zu Haus oder stürmte in deine Diele und rief: »Ich bin's!« Die Leute hatten Türklingeln, und die waren auch zu benutzen; und wenn sie sagten: »Wie geht's dir?«, war das keine Frage, die nach einer Antwort verlangte. Gingst du aus einem Laden, ertönte nicht das düstere Hadfielder »t'rah« – tschüs –, sondern die Leute sangen: »Bye now!« Selbst die Männer sangen es, obwohl es nicht sehr männlich klang. In Hadfield verfügten die Männer über keine Abschiedsformel, an die ich mich erinnern könnte. Wenn sie schon gingen, warum sollten sie es dann auch noch sagen? Was störte es dich? Sie rissen einfach nur die Tür auf und stürzten sich mit zusammengebissenen Zähnen hinaus in den Moorwind.

Unser neues Haus lag nicht an einer Straße, sondern an einer *avenue*. Es hatte eine verglaste Veranda, einen Erker, eine Diele, zwei Zimmer und eine winzige Küche: Oben gab es zwei Schlafzimmer, eine Kammer – meine Kammer – und ein Bad. Ein Bad! Vor unserem Umzug fuhren wir öfter hin, um ein paar Dinge zu reparieren. Die leeren Zimmer rochen nach den Bodendielen. Die kleinen Jungs spielten im Garten, zwischen den Spätsommergeistern der Teerosen. Heimlich, allein oben im ersten Stock, kletterte ich angezogen und mit Schuhen in die leere Badewanne, um zu sehen, was für eine Art Gehäuse es war: wohin der Kopf kam und wohin man seine Füße streckte. »Es klingt seltsam«, sagte ich versonnen zu meiner Mutter, »wenn man sagt, dass man noch nie gebadet hat.« Sie zuckte entsetzt zusammen und sah mich an, als hätte sie Angst, ich könnte das anderen Leuten gegenüber sagen.

Es war ein altmodisches Bad, und Jack flieste als Erstes die Badewanne ein, damit man ihre Füße nicht sah. Später sorgte er dafür, dass die Kassettentüren richtig schlossen. Alles wurde begradigt und modernisiert. Meine Mutter klebte eine schwarze, gesteppte Plastikfüllung auf die Rückseite der Wohnzimmertür und trieb glänzende Messingnägel ringsherum in den Rand. Das war *le dernier cri*. Niemand von den Nachbarn hatte solche Ausstattungsideen. In ihren Häusern, in die man meist allenfalls einen Blick erhaschen konnte und die man kaum betrat, lagen gemusterte Teppiche, an den Fenstern hing Chintz. Die hellen Tapeten waren mit Blumen bedruckt, und auf den Anrichten lagen Spitzendeckchen. Meine Mutter war zu progressiv für Anrichten.

Allerdings gab es einige Insignien der Mittelklasse, ohne die es nicht ging. Wir kauften eine dreiteilige Sofagarnitur. Sie war kastenförmig, eckig, moosgrün, mit flotten, frech karierten Sitzkissen, und glich denen der Nachbarn in keiner Weise; und diese Vorhänge, die nur bis auf die Fensterbank reichten, sagte meine Mutter, die hasse sie aus ganzem Herzen. Die Vorhänge mit den Fenstern hatten wir in der Brosscroft gelassen, unsere neuen Vorhänge hatten dramatische Seidenstreifen und reichten bis auf den Teppich. Wenn sie zugezogen waren und den herbstlichen Garten verbargen, den struppigen, mit Fallobst bedeckten Rasen und den quietschenden, von Kletterrosen überwucherten fauligen Laubenbogen, flüsterte ich meiner Mutter zu: »Das sieht aus wie im Theater«, worauf sie befriedigt lächelte. Hinter den Vorhängen senkte sich die Nacht friedvoll über Ziermauern, Zwerggehölz und Gartenteiche. Das Drama wurde von uns selbst aufgeführt, dem Publikum. Unser Haus glich einer Million anderer Häuser in einer Million anderer Straßen, doch unsere Ratlosigkeit und unser Zögern gehörten ganz allein uns. Wir hatten Geheimnisse und glaubten nicht, dass es anderen Familien ebenso ging.

In dieser Zeit muss mir gedämmert haben, dass alle Häuser verschieden waren und ein eigenes, geheimes Leben hatten, denn gegen Ende des Sommers 63, nachdem wir in die *avenue* gezogen waren, gewöhnte ich es mir an, spazieren zu gehen und die Fassaden unserer Nachbarn zu studieren: wie alles gestrichen war und was für Büsche sie angepflanzt hatten. Weiter ging ich die *avenues* hinauf, schaute in Zufahrten und Sackgassen und folgte den Windungen der Straßen; stellte fest, dass einige Häuser quadratische Erkerfenster und andere Bullaugen in den Veranden hatten; manche besaßen Buntglasfenster und manche Tore aus verschnörkeltem Metall statt aus einfachem Holz. Einige Häuser trugen Namen. Unseres hieß »Arcadia«, doch der Schriftzug war vor langer Zeit heruntergefallen, und so war es nur mehr eine schlichte Nr. 4.

Eines Tages, etwa eine Woche vor unserem Einzug, trat ich in eines der leeren Zimmer und sah Jacks Tweedjacke am Türknauf hängen. Es überraschte mich, leere Kleider hatten mich schon immer beunruhigt; mir war, als hätte Jack seine Jacke *in loco parentis* zurückgelassen, ausgestattet mit seiner Autorität und Macht. Die Jungs waren draußen, meine Mutter und Jack oben; ich war allein. Sonnenschein strömte durchs vorhanglose Fenster. Es war Nachmittag: jene Zeit gegen drei Uhr, wenn der Tag gähnend eine Pause einzulegen scheint, bevor er sich reckt und langsam zum Tee voranschreitet. Wir hatten August, die Luft war ruhig, und weder aus dem Garten noch von der Straße drang ein Geräusch herein, kein Motorenlärm und kein Vogelgesang. Ich ging zur Jacke hinüber, betrachtete sie einen Moment lang und berührte den rauen Tweed. So stand ich eine Weile da, meine Fingerspitzen rieben sanft über den Stoff. Ich grub mein Gesicht in ihn und atmete die vielfältigen Gerüche ein, die sich in jenen Tagen in Jacketts sammelten: nach Eisen und Gummi, Mist und Holzfeuer und dem Zigarettenrauch anderer Leute; und darunter lag noch der typische Ceshire-Geruch frisch geschnittenen Grases und der durchdringende Torfgeruch Derby-shires. Trauer erfasste mich, als wenn Jack gestorben und seine Seele ins Gewebe der Jacke eingegangen wäre. Meine Trauer mag eigennützig gewesen sein. Muss es gewesen sein. Er war alles, was wir als Ehemann und Vater noch hatten, auch wenn er beides nicht war, und meine Mutter wurde nicht müde, mich daran zu erinnern, dass nicht viele Männer getan hätten, was er getan habe: eine Familie zu übernehmen. Warum sagte sie das? Es ergab für mich keinen Sinn. Ich war entschlossen, nicht für das Unvermeidbare dankbar zu sein; das wäre so gewesen, als dankte man jemandem dafür, dass Freitag war, oder machte ihm ein Kompliment, weil er eine Nase im Gesicht hatte. Wie hätte Jack meine Mutter ohne uns bekommen können? Es wäre unmöglich gewesen. Es hätte nicht funktioniert. Meine Mutter war ein Edelstein, und ihre Söhne waren ihre Fassung. Ich dagegen war nicht mehr als ihr Verpackungsmaterial, das man aufgeregt zerriss und wegwarf. So empfand ich es. Die Jungen konnten aufwachsen und Jacks Jungen sein oder so gut wie: Männer wollen Söhne. Niemand will ein mageres zehnjähriges Mädchen mit vorstehenden Zähnen, das zusammenzuckt, wenn man es anspricht: ein Mädchen, das bald schon monatlich das Bad vollbluten wird, ein Mädchen mit Strümpfen voller Laufmaschen und Fingern voller Tinte, kein Kind, keine Frau, sich ständig erinnernd, ständig alles wissend.

Als ich in die Klosterschule kam, wusste ich zunächst nicht viel. Meine letzten Jahre in der Grundschule hatte ich unter den sich bei meinem Anblick verdrehenden Augen von Mutter Malachy verbracht.

Viele trostlose Nachmittage hatte ich sie studiert, wie sie mit ihrer gestärkten Haube vor der Klasse stand und sich über dieses und jenes erging. Ganz genau betrachtete ich sie, um sie später zeichnen und auf Papier bannen zu können: Mein Blick fuhr über die Knolle ihrer Nase und das unschön hängende Kinn. Sie waren lang, jene Tage, jene Schultage, und Malachy war ein fester Bestandteil von ihnen, ihr Profil unnachgiebig im kalten, regnerischen Licht. Wenn du mit elf durch die Stipendiumsprüfung fielst, kamst du, das wusste ich, auf die neue Schule für katholische Versager, die in Glossop gebaut worden war. Bis kürzlich noch waren die Durchfaller an der St. Charles geblieben und unter Malachys Regentschaft dahingerottet, bis sie das Ende ihrer Schulpflicht erreichten. Ich erwartete nicht, jemals so weit zu kommen: Die Tage dehnten sich, morgens mit Arithmetik aus dem braunen Buch, dann folgte ein Fach mit dem Titel »Intelligenz«, dann Englisch aus dem grünen Buch. General Progress Papers hießen die Bücher, und sie waren voller Lücken, die es auszufüllen galt. Mit einem stumpfen, keine Farbe abgeben wollenden Bleistift versuchtest du deine Version über die falschen Antworten der Leute vor dir zu schreiben und kämpftest gegen all die Jahre der Verrücktheit und des Irrtums an, die du, wenn du die Seite anhobst und ihre Rückseite befühltest, wie in Blindenschrift lesen konntest. Ich dachte, die Zeit sei für mich stehengeblieben. Ich glaubte, mich niemals von Malachy befreien zu können, niemals elf Jahre alt zu werden. Ich hatte das Gefühl, von ihr absorbiert, in ihre Wolljacke gesogen zu werden, durch statische Aufladung; in die muffige Tiefe ihrer Tracht und von dort in ihren dicken Körper zu sickern, als wäre sie meine Mutter und ich schlüge gegen die Wände ihres Nonnen-Uterus. Im Winter brannten die Lichter in Hadfield den ganzen Tag, die mächtigen Heizkörper schnauften, dampften und stanken, und der Geruch von Gummistiefeln, Nissenwasser und Nonnen wurde so dicht, dass du das Gefühl hattest, mit den Knöcheln darüberschrammen zu können. Und ganz oft suchtest du Streit.

Malachys Vorstellung von Erziehung bestand darin, eine ganze halbe Stunde durch die Klasse zu gehen und wieder und wieder dieselbe dumme Frage zu stellen. In der Fastenzeit, sagte sie, werden die Statuen in der Kirche mit Stoff verhangen, mit einem violettschwarzen Samt: Wussten wir das alle? Ja, Mutter Malachy, riefen wir im Chor; nun, *sie* riefen es, ich machte nie dabei mit. So, sagte sie dann zu jedem Kind, und *woher* weißt du es? Nach einem längeren, nervösen Zögern – Mutter Malachy war äußerst gewalttätig – hatte das erste Kind eine glückliche Eingebung: »Meine Mutter hat es mir gesagt, Mutter Malachy.« Das nächste Kind: »Meine Mutter hat es mir gesagt, Mutter Malachy.« Nach etwa der Hälfte – wir müssen, denke ich, fünfunddreißig gewesen sein – brach es aus einer verzweifelten Heldin hervor: »Ich erinnere mich aus dem letzten Jahr daran, Mutter Malachy.« Entsetzen wehte durch den Raum. Der Rhythmus war unterbrochen. Aber nach einem weiteren qualvollen Zögern sagte das nächste Kind: »Meine Mutter hat es mir gesagt, Mutter Malachy.«

Als ich an die Reihe kam, sagte ich nichts. Kein Wort würde ich hervorbringen. Ich hatte mir einen Grundsatz zurechtgelegt: vernünftige Fragen zu beantworten, aber keine, die ich für sinnlos hielt. Schriftlich wollte ich alle Fragen beantworten, auch die sinnlosen, aber nicht mündlich. Den Schülern war während des Unterrichts das Sprechen verboten. Wenn uns eine solche Schweigeregel auferlegt wurde, konnte auch ich das Schweigen nutzen. Warum sollte ich etwas sagen, nur weil jemand die willkürliche Entscheidung getroffen hatte, es sei plötzlich Zeit zu reden?

»Unnachgiebigkeit« war kein mir bekanntes Wort. Aber ich lernte von meiner Mutter; ich lernte, meine Meinung von mir intakt zu halten. Allerdings lernte ich es zu früh, angesichts meiner Situation. Meine erwachsene Argumentation und mein niedriger Status passten nicht zusammen. Eines Tages schlug mich Mutter Malachy so heftig seitlich gegen den Kopf, dass ich quer durch den Raum flog und mein Kopf auf dem Stängel meines Halses rotierte. Ho, da werden wir aber handgreiflich, Madam!, sagte ich mir, setzte ein Lächeln auf und drehte den Kopf wieder in die richtige Stellung. Da war ich acht. Mit zehn war meine Verachtung für sie so groß, dass ich sie wie eine Rüstung getragen haben muss, denn Mutter Malachy legte nie mehr auch nur einen Finger an mich. Aber natürlich staunte ich, als Bernadette an jenem Frühlingsnachmittag um vier an unsere Tür kam, um mir zu sagen, dass wir nicht nach Glossop in die Schule für katholische Versager gehen würden, sondern unsere Prüfung bestanden hatten und stattdessen in den *Convent of the Nativity* kamen. Und noch mehr staunte ich, als ich dann dort war und feststellte, dass die Nonnen nicht schlugen; nicht einmal die weltlichen Lehrer schienen gegen eine achtunddreißig Kilogramm schwere Gegnerin über zehn Runden gehen zu wollen.

Meine Klosterschule war eine kleine, freundliche Institution und auch ein wenig snobistisch. Weil sie als die »gute« Schule der Gegend galt, zahlten die protestantischen Bürger dafür, ihre Töchter mit der Gewissheit dorthin schicken zu können, dass sie wortgewandt, höflich und aufs Leben vorbereitet daraus hervorgehen würden. Die schiere Anzahl protestantischer Schüler in jeder Klasse schützte uns vor den schlimmsten Auswüchsen religiösen Eifers. Klosterschülerinnen betrachten sich natürlich gern als eingeschränkt und unterdrückt, und so konnten auch die tatsächlich herrschenden Zustände, die ich für ziemlich liberal hielt, nicht verhindern, dass die Mädchen einander im Ton entsetzter Fröhlichkeit all die Geschichten erzählten, die nun mal in Klosterschulen erzählt werden: dass Schwester Soundso gesagt habe – »zu meiner älteren Schwester« oder »vor zehn Jahren« –, die heilige Jungfrau würde sich niemals auf das Knie eines Jungen gesetzt haben, ohne ein Telefonbuch unter ihre Schenkel zu legen, oder »unsere Mutter Maria« würde niemals Lackschuhe getragen haben, weil sich ihre Unterhose darin hätte spiegeln können. Mutter Maria hätte sich um unser Schuhwerk keine Sorgen machen müssen: Selbst wenn wir über Spiegel gelaufen wären, hätte man nichts gesehen, weil unsere dunkelblaue Unterwäsche so dick und dicht unseren jungfräulichen Schritt bedeckte, dass sie auch erfolgreich von Männern auf einer Expedition in die Antarktis hätte getragen werden können. Mein erster Satz Unterhosen zerstörte sich mit der Zeit jedoch selbst. Wie konnte das sein? Waren sie von riesigen Krähen davongetragen worden oder hatte jemand Säure über sie geschüttet, als sie an der Wäscheleine hingen? Ich bekam nie neue, sodass ich unseren Trockenschrank nach irgendwelchen eingelaufenen Nylon-Höschen durchforsten musste, und viele Jahre lang, selbst als ich im Laufe der Zeit zur Schülersprecherin gewählt wurde, schlich ich mit einem regelwidrig gekleideten Hintern herum.

Der *Convent of the Nativity* war für Mädchen aus Hadfield zunächst nicht zugänglich gewesen, ganz allgemein für Mädchen aus Derbyshire nicht. Von den Mädchen, die unter dem Draht durchschlüpften und keine katholischen Versagerinnen waren, wurde erwartet, dass sie den Zug nach Manchester nahmen und in eine der kargen, rußigen Heiligkeitsfabriken eintraten, in denen die Mädchen aus dem Nordwesten zu jener frommen Paste katholischer Weiblichkeit verarbeitet wurden, aus der sich katholische Mütter, katholische Krankenschwestern und katholische Lehrerinnen formen ließen; junge katholische Frauen, die nach einem jungen katholischen Mann Ausschau hielten, mit dem sie sich zusammentun konnten, um eine neue Generation Katholiken zu produzieren, die sich in gleicher Weise verarbeiten ließ. Aber das interessierte meine Mutter nicht. Sie wollte eine gewisse Klasse.

Das Schulamt sagte, da gebe es keine Diskussion: Man werde nicht dafür zahlen, dass ein Mädchen aus Derbyshire auf eine Schule in Cheshire ging. Man habe Arrangements mit den Schulen in Manchester, dass sie die Linksfüßer, Papisten und Unbeholfenen aufnahmen; daran werde jetzt nichts geändert. Aber meine Mutter hatte diese Schule für mich auserkoren, und so zogen Jack und sie – die sowieso aus Hadfield wegmussten – über die Grenze in die kleine Stadt, in der die Schule lag. Damit war unser Problem gelöst; aber meine Mutter focht die Auseinandersetzung mit dem Schulamt für die in Hadfield zurückgebliebenen kleinen Mädchen mit Mut und Elan weiter. Sie mochte die Klosterschulen in Manchester nicht; es waren untaugliche Einrichtungen. Die Mädchen dort bestählen sich gegenseitig, sagte sie, und ihr Benehmen und ihre Ausdrucksweise seien schockierend. Meine Cousine Beryl hatten sie bereits verarbeitet und zu einer guten katholischen Stenotypistin werden lassen. Meine Mutter stellte sich Größeres für mich vor, und warum sollten Mädchen aus Hadfield keine Chance bekommen? Meiner Mutter war sie verwehrt worden, aber sie würde sich einen Namen machen, würde diesen Fall durchfechten und beweisen, dass sie eine Kraft war, mit der man rechnen musste. Am Ende wurde ein Kompromiss zusammengestoppelt, und am ersten Schultag im September 1963 stand eine kleine bedrückte Gruppe Mädchen aus Hadfield auf der Schwelle zu ihrer schicken neuen Welt. Im Nachhinein betrachtet, war das nicht unbedingt ein Glück für mich. Ich hatte Jacks Nachnamen übernommen und musste so tun, als wäre er mit meiner Mutter verheiratet und ich seine Tochter. Nicht nachlassen durfte ich da, aber die Mädchen wussten es besser. Sie mochten ja erst elf sein, waren aber keine kompletten Idiotinnen. Dann wären sie katholische Versagerinnen geworden, oder? Es sprach sich herum.

Eine Zeitlang lachten die feinen Klosterschülerinnen über mich, wegen meiner Aussprache und dem, was sie über meine Familienverhältnisse hörten. Es gab den ziemlich schwächlichen Versuch, mich unter Druck zu setzen: Mir wurden Sachen gestohlen, und unsichtbare Hände rissen Seiten aus meinen Büchern. Die Leute sagen, Mädchen können grausam sein, doch das ist nichts, was ein kleiner Kinnhaken nicht beheben könnte. Seltsamerweise musste ich aber gar nicht rabiat werden. Eines Tages in der Mittagspause, in der die ganze Schule, egal bei welchem Wetter, zum Luftschnappen ins Freie geschickt wurde, sah ich unsere Obernonne allein über die kleine Anhöhe des Schulgeländes spazieren. Sie war eine winzige, grimmige Person, von Eltern wie Schülern gleichermaßen schrecklich gefürchtet – was ich nicht wusste. Nach Malachy kam sie mir wie ein Kätzchen vor. Am Sprechtag für die neuen Eltern waren wir, Mutter und Kind, heftig mit Schulregeln und Bekleidungsvorschriften bombardiert worden: Alle Uniformen waren in einem anerkannten Fachgeschäft zu kaufen, selbstgestrickte oder zusammengebastelte Dinge waren nicht erlaubt, kein Schmuck, nur Kreuze und heilige Medaillons, die Verwendung von Nagellack und Kosmetika wurde mit Folter und Tod geahndet. Nach dieser Maßregelung hatte meine Mutter die Obernonne angesprochen, angespannt und etwas kleinlaut. Sie sorgte sich, weil ich körperlich nicht so robust war und bei sportlichen Aktivitäten kaum würde mithalten können. Sie fürchtete, ich sähe nicht schlicht genug aus mit meinem aschblonden Haar, das mir wieder bis zur Taille reichte, sie hatte Angst, es könne gegen die Regeln klösterlicher Einfachheit verstoßen. Als sie sah, dass sich eine Mutter in ihr Blickfeld schob, ein Elternteil, der unverfroren genug war, sich ihr persönlich zu nähern – der gemaßregelt worden war, aber wohl nicht heftig genug –, setzte die Schwester ein gequältes, ironisches Lächeln auf.

Meine Mutter deutete auf mich. »Sie kann nicht an Spielen teilnehmen«, sagte sie. »Oder am Turnen. Der Arzt …«

Die Schwester musterte mich, die ich am Arm meiner Mutter in mich zusammenschrumpfte. »Turnen?«, sagte sie milde. »Nun, wir haben die Erfahrung gemacht, dass die meisten Mädchen sehr unglücklich sind, wenn sie nicht mitturnen dürfen.«

Meine Mutter nickte und nickte und opferte mich innerhalb von Sekunden auf dem Altar der »meisten Mädchen«: meine Koliken und Krämpfe, meine Schmerzen und Panikattacken. Und dann kam sie mit ihrer eigentlichen, erwartungsvollen Eifererfrage heraus: »Das lange Haar, ist das in Ordnung? Soll ich ihr die Haare abschneiden?«

Schwester Mary Francis starrte sie einen Moment lang an und ließ dann ein süßes Kichern hören, wie ein kleines Mädchen. Viele Jahre lang musste ich darauf warten, dieses Geräusch wieder zu hören. Lieber Himmel, sagte sie. Nein, tun Sie das nicht. Das ist schon ganz in Ordnung. Zurückgebunden, wissen Sie. Mit einem dunkelblauen Band, wenn nötig. Lieber Himmel … schneiden Sie ihr das Haar nicht ab.

Wir durchlebten einen Moment errötender Verlegenheit, meine Mutter und ich. Aber vielleicht wurde auch nur ich rot; meine Mutter war eine Frau und als solche geschminkt. Ich stellte mir vor, wie die Schwester am Abend in Gesellschaft der anderen Nonnen die Füße hochlegte, die Augen verdrehte und rief: »Neue Eltern! Was *haben* die nur?«

Und jetzt, an diesem nebligen Novembermittag, tat sie mir leid, wie sie da so allein dahinspazierte, und ich ging zu ihr und begann eine Unterhaltung. Der Wechsel in die Klosterschule hatte mich wieder zu einem sehr kleinen Mädchen gemacht, einer Anfängerin mit einfachen, unbefangenen Manieren. Hierarchien waren noch nie etwas Offensichtliches für mich gewesen, und ich fühlte mich zu dieser winzigen Obernonne hingezogen, deren Nase und Lippen von der Kälte ganz blau waren. Hatte sie nicht mein Haar verteidigt? Mir nichts, dir nichts hätte meine Mutter es mir gestutzt und mich wie einen Sträfling aus dem Haus geschickt; und die anderen Mädchen hätten gesagt, ich hätte Läuse – wenn sie denn im *Convent of the Nativity* überhaupt wussten, was Läuse waren. Auf jeden Fall hätte mir der Verlust meines Haares mein einziges besonderes Merkmal genommen. Vielleicht habe ich sogar, obwohl ich mich nicht genau daran erinnere, die winzige giftige Hand der Obernonne in meine genommen.

»Hilary«, sagte sie. (Die Obernonne wusste das »H« auszusprechen.)

»Ja«, sagte ich, und wir unterhielten uns eine Weile. Kam ich mit dem Turnen zurecht? Nicht so ganz, sagte ich, ich sei nun mal nicht gut, wenn es ums Springen und Froschhüpfen gehe, doch damit hätte ich mich abgefunden. »Aber auch wenn ich mich allgemein sehr glücklich fühle, habe ich doch einen Kummer. Neben anderen Dingen ist jetzt auch mein Schuhbeutel verschwunden. Mit meinen Schuhen darin.«

»Hast du gut danach gesucht?«, fragte die Obernonne.

»Nun«, sagte ich, »so gut ich konnte. Schuhe laufen ja nicht von allein davon.«

Die Obernonne schien ihre dünnen Lippen zu inhalieren. Sie hob den Blick und ließ ihn über ihr kleines Reich gleiten. Wir standen nebeneinander, während sie durch die Reihen der ihr Anbefohlenen sah, etwa vierhundert Mädchen, die auf der Stelle traten, sich in die Hände bliesen und die blauen Schenkel massierten, um den Blutfluss anzuregen, Mädchen, die lachten und in Banden umherrannten, spottend und singend, Mädchen, die sich heimlich unerlaubte Bilder von Popstars zeigten, die schwatzten und sich drängten, schrien und sich schlecht benahmen; Mädchen, und es waren nicht wenige von ihnen, die innehielten, starr dastanden und in unsere Richtung sahen. Die Obernonne überlegte. »Weißt du«, sagte sie schließlich. »Ich denke, wenn du noch einmal hingingest und nach deinem Schuhbeutel sähest, sagen wir, nach dem Unterricht, so gegen vier … Ich glaube, dann würdest du ihn finden, Hilary, dann sollte er unbedingt wieder da sein.«

Ganz für mich empfand ich größten Kummer. Ich dachte, dass meine Eltern es sich nicht leisten könnten, mir meine Schuhe zu ersetzen oder irgendetwas anderes, das verschwunden war; schlimmer noch als dieser Gedanke aber war der, meiner Mutter eröffnen zu müssen, dass die Mädchen auch an dieser Schule stahlen, dass Schuhe davonliefen, Bücher sich selbst zerrissen und du machtlos warst gegen die weitere Gesellschaft und das, was Geister hinter deinem Rücken taten. Dass wir in eine neue Stadt gezogen waren, in ein neues Haus und immer noch nicht unbelästigt waren. Sie sollte nicht erfahren müssen, dass *dieser* Ort wie *jener* Ort war; sie hoffte so verzweifelt, dass es nicht überall gleich war: Alles hatte sie darauf gesetzt, hatte uns genommen und war mit uns an diesen Ort geflüchtet, an dem es jetzt nicht sicherer aussah als an dem, von dem wir gekommen waren. Danke, Schwester, sagte ich höflich. Ich werde nachsehen. Weißt du, Hilary, sagte sie, wenn dann nicht alles wieder gut ist – erneut glitt ihr Blick über ihre Schutzbefohlenen, die sich über den beißenden, eisigen Nieselregen beschwerten, die Pullover über die Köpfe zogen und sich in Reihen aufstellten, um zurück in die Schule gelassen zu werden –, wenn dann nicht alles gut ist, würde mich das sehr überraschen. Sie sprach mit einem Akzent wie die Königin, auch wenn sie eine tiefe Oberlippe hatte, im irischen Stil. Sie hob sie, blau, wie sie war, zu einem kleinen sadistischen Grinsen.

Es war wieder gut, natürlich war es das. Mein Schuhbeutel hing nach dem Unterricht an seinem Haken, und nie wieder wurden Seiten aus meinen Büchern gerissen. Ich brauchte Jahre, um zu verstehen, wie die Sache funktioniert hatte: dass die Mädchen, die darauf aus waren, andere zu terrorisieren, so große Angst vor der sarkastischen kleinen Schwester hatten, dass sie in kindliches Wohlverhalten verfielen, sobald sie glaubten, sie sähe womöglich in ihre Richtung. Ich lernte, lernte ständig dazu: Macht wird auf subtilere Weise verhandelt, erlangt und abgegeben, als ich zu der Zeit gedacht hatte, in der das Gesetz von Gewehr und Schwert meine Welt beherrscht hatte. Wir müssen die Mauern der Ehrerbietung einreißen, wie Tom

Paine es uns erklärt. Das lässt sich ziemlich höflich tun, sodass die Leute nicht sehen, dass du die Dinge zerlegst und heimlich beiseiteschaffst. Meine Klosterjahre haben mir ein Vermächtnis hinterlassen: eine nervöse Höflichkeit und den Anschein weiblicher Zaghaftigkeit, und beides wird mir wahrscheinlich helfen, sollte ich je wegen Mordes vor Gericht kommen.

Was die Obernonne betrifft: Ich habe von ihr gelernt und sie von mir. In meinem letzten Jahr in der Schule wählten mich Schüler und Belegschaft auf demokratische Weise, ohne Abmachungen und ohne Bestechungen, zu ihrer Vertreterin. Damit hatte ich Anspruch auf einen scharlachroten Umhang mit einem goldenen Streifen, den ich mit sarkastischer Miene trug. Jeden Morgen, das war das Ritual im *Convent of the Nativity*, trat ich auf die Bühne unserer riesigen Versammlungshalle – die so groß war, dass sie für den Bürgermeisterball und andere zivile Lustbarkeiten an die Protestanten vermietet wurde –, und um neun Uhr, wenn die Obernonne auf die Bühne kam, sagte ich, stellvertretend für alle: »Guten Morgen, Schwester Mary Francis.«

Manchmal war ich wegen der Dinge, die zu Hause geschahen, verängstigt, manchmal außer Atem, weil ich erst in letzter Minute hereingerannt gekommen war, meine Arme in die Ärmel gestopft hatte, die mir von einer Untergebenen hingehalten wurden, und auf die Bühne gestürzt war. Mitunter war mein Ton herzlich: wenn ich ein schönes Wochenende gehabt hatte. In meinem Gesangbuch steckten hin und wieder Liebesbriefe, natürlich von katholischen Jungen. Trotzdem versuchte ich die Obernonne immer so zu begrüßen, als meinte ich es so.

Und sie sagte, mir im Plural antwortend, den Blick auf die Schule und in den Raum gerichtet: »Guten Morgen, Mädchen.« Sie sprach ins Leere, neutral, undeutlich: als kaute sie an einem randlosen, metaphysischen Glas. Scham und Befangenheit hatte sie hinter sich gelassen. Nach dem zweiten vatikanischen Konzil, bei dem der heilig gesprochene Johannes XXIII. die Nonnen aufforderte, moderner zu werden und sich die Säume zu kürzen, konnte die ganze Schule ihre Spatzenbeine sehen, in dicke Strümpfe gehüllt, für unsere Augen aber doch irgendwie nackt. Wir machten nicht einmal Witze darüber. Die Nonnen wurden auch angehalten, sich aus dem Kloster hinauszubewegen, und so machte die Obernonne den Führerschein. Eigentlich hätte sie ihre Lehrer und ihre Prüfer mit der schieren Kraft ihres Willens zerquetschen müssen, und wir konnten – als das Wort die Runde machte – nicht glauben, dass sie die Prüfung mehrfach wiederholen musste. Als sie es endlich geschafft hatte, überraschte ich sie nach der Morgenversammlung mit einem großen, ziemlich vulgären Blumenstrauß. Ihr Mädchen hättet das nicht wissen sollen, fauchte sie, bevor sie den Strauß mit einem verletzten, undankbaren Lächeln annahm.

Eines Tages, als ich siebzehn war, fast geschlüpft, fast bereit zu fliegen, stand ich im Dämmerlicht einer unserer Toiletten und bürstete mir die Haare. In einer Viertelstunde sollten wir mit dem Bus in eine Schule nach Manchester fahren – ich erinnere mich nicht, in welche, und es tut auch wenig zur Sache. Dort sollte, welche Qual, ein Debattier-Turnier stattfinden. Ich war unsere Haupt-Debattiererin und musste deshalb in meiner Uniform erscheinen, während meine Freundinnen – oh, schluchz, schnief – nach Hause gegangen waren, um ihre Miniröcke anzuziehen und sich die Wimpern zu tuschen. Ich tat mir selbst leid und flüchtete mich in das Einzige, was ich tun konnte: so narzisstisch, dass ich fast in den Spiegel kroch, bürstete ich meine Haare. Ich wollte sie offen tragen; wer sagte, dass ich das nicht durfte? Ich seufzte mir zu: Wer ist wie ich? Niemand hat solches Haar. Oh, was sie dafür geben würden! Bürste es, bürste es. Ich bürstete jede Strähne in ihrer vollen Länge aus und ließ sie ins verblassende Licht gleiten. Dann sah ich hinter mir im

Spiegel einen schwarz-weißen Zwerg. Es war SMF, Schwester Mary Francis, die Obernonne, die sich wie ein Hofnarr oben in den Rahmen duckte, als hätte Velázquez uns gemalt. Sie sah mir in die Augen. »Bist du so weit?«, fragte sie in einem unangenehmen Ton.

»Ich habe nur …« Meine Stimme versiegte. Ein äußerst kaltes Zucken ihrer Lippe sagte mir, dass sie wusste, was ich *nur* getan hatte: mich einfach nur bewundert, die gute, alte Magdalena gegeben. Ich fühlte mich ertappt, herabgesetzt, aber auch in die Wirklichkeit geholt, fleischig, schäbig.

Aber die Schwester hatte viel in den Debattier-Wettbewerb investiert. Zum ersten Mal war unsere kleine Schule auf dem Weg zu einem Gewinn. Man wählte sein Thema nicht und auch die Seite nicht, die man vertrat. Ich bereitete mich darauf vor, die Behauptung zu vertreten, die wir aus einem Hut gezogen hatten: »Karl Marx hat mehr für die Menschheit getan als Jesus Christus.« Ein Spaziergang. Das Finale, dachten alle, sei nur mehr eine Formalität. Die stärkste gegnerische Mannschaft hatten wir bereits in den Staub getreten.

Zurück vor der Schule, wo uns der Bus absetzte, zerrten mich meine Freundinnen zur Klostertür. Durch drei Wodka & Lime ermutigt, drückte eine Genossin die Klingel. Die Tür öffnete sich, Nonnen wehten heran, einige von ihnen jung und mit erwartungsvollen Mienen. »Habt ihr gewonnen?«

O ja, sagten meine Freundinnen. Kommunisten gegen Christen: eins zu null. Schwester Mary Francis kam um die Ecke geflitzt wie ein fieser Kobold. Sie sah mich an, und noch einmal hörte ich dieses Kichern, süß und klar wie ein dahinrauschender Bach.

Dinge, die Jack nicht mochte: Frühstück, Sport und Krankheit.

Er selbst ging morgens mit nicht mehr als einer halben Tasse Tee im Bauch aus dem Haus, die er, wie meine Mutter sagte, kaum herunterbrachte.

Schwächeren Leuten, also mir, war Tee mit Toast erlaubt. Sport war Unsinn, abgesehen von professionellem Ringen, das er sich im Fernsehen ansah. Geschichte war Quatsch. Krankheit war Quatsch. Während seiner gesamten Schullaufbahn hatte er »nie gefehlt«, war »nie zu spät gekommen«. Aber jetzt war Mr Niemalskrank der Stiefvater von Miss Niemalsgesund geworden, was für beide misslich war. Seine Koliken, seine chronischen Koliken hatte er vergessen. Vor langer Zeit hatte ich ihn fast geliebt, als er meiner Mutter sagte, sie solle mich zu Hause bleiben lassen. Sie war ganz nah dran an Liebe, diese aufflammende Zärtlichkeit, als ich neun war und mein Kinderkörper unten am Hang des Frauseins eine Pause einlegte. Doch als ich jetzt eines Montagmorgens nach unten kam, grau und mit klappernden Zähnen: Fühlst dich wohl *krank*, wie? Du hast leicht reden! Ich fühle mich montags auch immer krank! Aber ich muss verdammt noch mal *arbeiten*, richtig? Ich muss!

Ich setzte mich an den Tisch. Meine Mutter würde doch sehen, wie es mir ging? Es war der Krieg zwischen Männern und Frauen, und sie musste sich auf eine Seite schlagen; an ihrem Gesicht sah ich, dass es nicht die meine sein würde. Es war bereits eine Schwäche, dass ich hier unten herumlungerte, dass ich hier saß und etwas Toast wollte. Jack war perfekt, mitsamt seiner morgendlichen Übelkeit und seiner Einstellung, der ich nacheifern sollte. Entsprechend rutschte sie mit ihrem Stuhl zurück und musterte mich mit gerunzelter Stirn. Ihr Blick fuhr an mir herauf und herunter, und ihr gefiel meine ganze Erscheinung nicht, mein dünnes Haar nicht, dem die Schleife fehlte, und auch die Laufmasche in meinem Strumpf nicht, die ich mir nach innen gedreht hatte, um sie zu verbergen. Könnte es tatsächlich wahr sein, sagte sie, dass die Schule gesagt hat, du sollst Nylonstrümpfe tragen? Hmmm, sagte ich, ja doch, und vielleicht suchte ich nach den Regeln, die ich immer unten in meiner Schultasche dabei hatte, nach dem zusammengefalteten, zerknitterten, abgegriffenen Stück Papier, das dort, wo die Farbe des Leders hineingeblutet hatte, rosa getönt war. Sie glaube eher nicht, dass es wahr sein könne, sagte sie, während ich zwischen den Büchern herumsuchte. Sie könne sich nicht vorstellen, dass die Schwester das erlaube. Sollte ich in meinem Alter nicht die zur Uniform gehörenden wollenen Kniestrümpfe tragen, für die sie im vorgeschriebenen Laden so teuer bezahlt hatte, als ich in die Schule gekommen war? Es war eine demütigende Frage. Die Antwort lautete Nein. Ich war, nach den Regeln, über die Kniestrümpfe hinaus, und es gab keinen Weg zurück, genauso wenig wie man sein Alter zurückdrehen und die Pubertät ungeschehen machen konnte. Die Schwierigkeit in meinem Leben war, dass Nylonstrümpfe eine fortdauernde, unvorhergesehene Ausgabe bildeten, und ich hatte kein eigenes Einkommen. Ich hatte etwas Geld in meiner Spardose, das meine Großeltern mir geschenkt hatten. Aber das Geld war nicht für meinen eigenen Gebrauch bestimmt; meine Mutter plünderte die Spardose, wenn Jack zu schlechte Laune hatte, als dass sie ihn nach Bargeld hätte fragen können. Nylonstrümpfe oder Strumpfhosen sollten wenigstens dreißig den haben, stand in den Schulregeln, sowie die genehmigte Tönung. Meine Mutter war jedoch nicht gewillt, in so haltbare Strümpfe zu investieren. Sie überließ mir nur ihre abgelegten Nylons, bei denen sich an den Zehen bereits die Fäden lösten, und jetzt saßen wir da, an diesem Montagmorgen, und blicken uns mit gegenseitigem Hass an. Der Tee wurde kalt, die Jungs lärmten oben, plumpsten aus dem Bett, und Jack schob murmelnd seinen Stuhl vom Tisch zurück, den Blick gesenkt, und fragte sich vielleicht: Wie bin ich, wie sind wir in diese Situation geraten? Auch ich schob meinen Stuhl etwas zurück, um mehr Platz zu haben, so als wollte ich aufstehen und in einen Kampf eintreten. Ich überdachte den Ausdruck »*for two pins*« – für so gut wie nichts. *For two pins* würde ich einen Schlag austeilen.

Zwei Sicherheitsnadeln brauchte ich manchmal, um mein wegsackendes Hygiene-Arrangement zu sichern. Heute würde ich sie ganz sicher brauchen. Immer noch murmelnd, stürzte sich Jack hinaus in den Morgen, um seine Wut an seinem armen Wagen auszulassen, der zitternd in der Einfahrt stand. Den Schlüssel zu drehen, als wäre es mein Ohr, das Gas durchzutreten, den Motor knurren zu lassen und die Gänge hineinzuhauen. Unsere Autos fingen in jenen Jahren immer wieder Meutereien an, blieben spuckend und stur am Straßenrand stehen, ließen die Reifen platzen oder rollten davon. Was Jack betraf, so war eine Maschine wie ein Mensch zu behandeln und ließ sich in gleicher Weise terrorisieren. Zeig dem verdammten Dreckstück die Faust: Das wird sie zur Vernunft bringen.

Jack fluchte nur selten, es sei denn, es ging um ein unbelebtes Ding. Er verfluchte das Feuer, wenn es nicht brennen wollte, komm schon, du Bastard, geh an. Wenn im Haus etwas versagte, stecken blieb, zerbrach oder zerfiel, kannte Jack keine Gnade. Ich sagte zu meiner polnischen Freundin Anne, deren stille Klugheit ich sehr schätzte: »Ich bin nie so, weißt du. Ich werde nicht ohne Grund wütend, nur mit Grund. Ich würde nie, nie die Möbel verprügeln, eine Stufe verfluchen, an der ich mir den Zeh gestoßen habe, oder die Autoreifen anschreien, weil sie sich von der Straße haben abnutzen lassen.«

»Nun, Hilary«, sagte Anne, und ihr sardonischer Bick glitt zur Seite. »Ich finde, das ist sehr besonnen von dir.«

Meine Mutter und ich hatten einen Staubsauger, den wir in einem Mailorder-Katalog gefunden und auf Raten gekauft hatten. Er hieß *Hoover Constellation*, und als er noch jung war, tanzte sein Zylinder, damals eine Neuheit, wie ein kleiner Hund hinter uns her. Wir horchten auf seine Geräusche, wie man es bei einem weinenden Baby tat, und schalteten ihn aus, bevor er zu heiß wurde. Wir trösteten ihn, verhätschelten ihn, fütterten ihn mit neuen Beuteln, und wenn der Schlauch riss, klebten wir ihn, bis er fast gänzlich aus Isolierband bestand. Auf diese Weise hielten wir ihn viele Jahre lang in Gang. Aber der *Constellation* war unser einziger großer Erfolg; unsere häuslichen Arrangements standen immer am Rande des Zusammenbruchs. Als wir in unser Haus in Romily zogen, kaufte Jack eine automatische Waschmaschine. Sie entsprach dem neuesten Stand der Technik und ging schnell kaputt, aber wir durften keinen Techniker rufen, denn die waren alle Betrüger. Also wuschen wir die Wäsche im Bad, meine Mutter und ich. In jenen Tagen, als die Welt so verschmutzt war, trugen Männer und Jungen ihre Hemden drei Tage lang, bis der Kragen innen schwarz und mit einer Art industriellem Schmierfilm überzogen war. Herauswaschen ließ sich der Schmutz nur, wenn man so fest rieb, dass das Gewebe darunter litt. Mich störte das nicht, ich war ein kurzfristig denkender Mensch. Aber womit sollten wir den Stoff einreiben? Meine Mutter wollte kein Stück Wäscheseife kaufen, nur das Pulver, mit dem sie für so kurze Zeit unsere *Wondermatic*-Maschine gefüttert hatte. Nur war unser heißes Wasser nicht heiß genug, um das Pulver aufzulösen, das klumpte und auf den grauweißen Hemdtaschen meiner Brüder, an Kragen und Säumen entlang kleben blieb. Ich musste es mit den Fingern wegschnipsen oder herunterschütteln, wenn ich die triefenden Kleidungsstücke aus dem Wasser hob, die, tropfschwer und langgezogen, fast etwas Priesterliches hatten. Die *Wondermatic* blieb ein Vorzeigeobjekt, um zufällige Besucher zu beeindrucken, aber bald schon breitete meine Mutter eine Tischdecke darüber, sodass sie nach völliger Nutzlosigkeit die Würde eines Tisches erhielt. Dann baute Jack eine Art Haus dafür, ein hochklappbares Brett, das sie bedeckte und uns als zusätzliche Arbeitsfläche diente. Wie wuschen wir unsere Decken? Ich weiß nicht, ob es die Leute je taten. Mein kleinerer Bruder bekam Allergien und hatte schreckliche Husten- und Keuchanfälle. Meine Mutter reagierte darauf, indem sie zusätzliche Decken über ihn breitete und einen elektrischen Radiator neben sein Bett stellte, damit sich die Staubmilben besser vermehren konnten. Dann zogen Jack und sie mit ihrem Doppelbett zu ihm ins Zimmer, um ihm nachts seine Medizin geben zu können und nebenbei von der zusätzlichen Wärme zu profitieren. Ich blieb in der gesunden Kälte meiner Kammer und stellte einmal, als Experiment, ein Thermometer auf. Ich war damals zwölf, noch naiv und kam mit dem Thermometer nach unten. Sieh doch, Mum, sagte ich, fast null Grad!

Als mein zukünftiger Mann in unser Leben trat, erkannte er das Problem, packte mich und die Wäsche in sein Studentenauto und fuhr zu einem Waschsalon. Meine Mutter staunte über das Resultat, obwohl sie unsere Ausflüge kaum einmal finanzierte. Sie schien zu glauben, das alles geschehe von selbst. Während wir vor den Maschinen saßen und warteten, stellte ich fest, dass die nasse Hitze die Schmerzen in meinen Beinen noch verschlimmerte. Geh in den Club und trink ein Guinness, drängte ich meinen Freund, während ich darauf wartete, dass eine Ladung trocken wurde. Ich schickte ihn gern weg, allein wegen der Freude der Wiedersehens. Eines Abends hockte ich auf dem Lattensitz und sah von meinem Roman auf, als er durch die gläserne Schwingtür hereinkam. Ich sagte: In diesem Buch, das ich gerade lese, heißt es, Johannesburg hat das beste Klima der Welt. Die Frau, die Heldin, sie sitzt auf ihrem Balkon, und es ist mitten im Winter; die Sonne scheint, und sie sorgt sich wegen der Politik. Ihr Gewissen sagt ihr, sie sollte ins Exil gehen, nur …
Das weltweit verhassteste Regime, sagte ich, hat das beste Klima.

Ich schüttelte den Kopf und wunderte mich über die Perversität der Natur. Er holte die Wäsche aus dem Trockner und packte sie auf meine wartenden Arme. Mein Körper nahm ihre Wärme auf, die durch die Rippen bis zum Rücken drang. Meine Beine schmerzten auf ihre alte, vertraute Weise – aber das konnten doch keine

Wachstumsschmerzen mehr sein? Ich stellte mir die Sonne vor, den Balkon, die tiefroten Blüten, die aus ihren Töpfen quollen. Die Welt der Vorhänge, wenn die Vorhänge zugezogen waren. Könnten wir dorthin fahren?, fragte ich. Wohin genau, ist mir eigentlich egal. Irgendwohin, wo es heiß oder kalt ist, in die Tundra oder in den Dschungel, es ist mir gleich. Einfach irgendwohin.

Eine große Frage für Jack lautete: Warum lächeln Frauen ständig? Sieh sie dir an, sagte er und deutete auf den Fernseher. Sie lächeln, lächeln, lächeln.

Jack verbot Shakespeare und Stampfkartoffeln. Shakespeare war ein Schulfach und keine Person, verordnet von unglückseligen, willensschwachen Lehrerinnen. Es war ein Prüfungsthema und tolerierbar, wenn es zwischen den Deckeln seiner *Sämtlichen Werke* blieb, durfte jedoch nicht in die wirkliche Welt lecken: durfte nicht im Fernsehen eingeschaltet werden und schon gar nicht, wenn auf einem anderen Kanal Ringen lief. Shakespeare, wenn er denn auf dem Programm stand, kam in der BBC, Ringen nicht. Die BBC war Quatsch.

Kartoffeln waren als Pommes frites oder in großen gekochten Stücken zu essen. Es war verboten, sie heimlich mit der Gabel klein zu drücken.

Es passte ihm nicht, wenn ich zu nah am Feuer saß und »so tat, als wäre mir kalt«. Es passte ihm nicht, dass ich ein Mädchen war, dass ich dreizehn, vierzehn war. Wie auch immer ich mich verhielt, es schien ihn zu ärgern; allein der Umstand, *dass* ich mich verhielt, ärgerte ihn: aber auch zu schweigen oder nicht da zu sein war eine Provokation. Ich habe Väter sagen hören, ihre Töchter würden einmal als Huren oder Friseusen enden. Jack sagte, aus mir werde einmal eine Laborassistentin werden: Das sei mein Schicksal, wenn ich mich in Mathematik nicht verbesserte. Seit Mrs Stevens und ihren Aufgaben hatte ich mit Zahlen nie auf gutem Fuß gestanden, das mit zehn Jahren aber zu ändern versucht und Stunden damit verbracht, riesige Multiplikationen und Divisionen zu bewältigen, die ich selbst für mich entwarf. Sobald Jack sich jedoch für mein Rechnen interessierte, wurde ich von wilden Panikattacken davongetragen. Im ersten Jahr auf dem Gymnasium saß er stundenweise kämpfend und schwitzend über ein paar Gleichungen und versuchte mir ihren Sinn klarzumachen; und meine Sorgen wuchsen, wenn ich sah, dass es bereits halb neun war und ich am selben Abend noch die Aufgaben in vier anderen Fächern zu erledigen hatte, bevor ich zu Bett gehen konnte.

Es schien Jack nicht in den Kopf zu kommen, dass ich außerhalb von Mathematik und Naturwissenschaften Karriere machen könnte. Vielleicht glaubte er nicht, dass es so etwas überhaupt gab. Frauen hatten nur kleine Jobs: lächeln, lächeln, lächeln.

Für Jack war das Leben ein Büßerhemd. Genau wie sie selbst, behauptete meine Mutter, sei er wider seine natürliche Veranlagung viel zu früh aus der Schule in einen Beruf gedrängt worden, weil er Geld für seine verlassene Mutter und seine Schwester habe verdienen müssen. Hätte er die Wahl gehabt, sagte sie, wäre er lieber Künstler geworden.

Im Gegensatz zum Arzt nannte mich Jack nicht bei meinem Namen. Er sprach als »sie« von mir, im Plural. »So machen sie das immer«, spottete er, oder: »So sind sie eben.« Ich fühlte mich wie eine Überlebende, ein Überbleibsel einer kleinen, gedrungenen Rasse, deren ursprüngliche Kultur nichts als Hohn verdiente. Wie die Waliser zum Beispiel, eine Nation, für die Jack rein gar nichts übrighatte. Stell dir vor, du wärst mit Walisisch aufgewachsen, und jetzt ist es verboten. Selbst wenn du gehorsam wärst, wenn du zu große Angst davor hättest, das Gesetz zu brechen, würdest du doch auch weiter walisische Gedanken haben, und die Mächtigen würden dich ständig beobachten und nach Hinweisen auf subversive

Anwandlungen suchen. Wenn du schwiegest, würden sie auf ein abweichlerisches Zungenschnalzen oder ein entsprechendes Zucken deines Kinns lauern. An deiner Tür würden sie lauschen, um zu hören, ob du im Schlaf sprichst. Jack mochte es, wenn die Leute um ihn herum in der gleichen Geistesverfassung wie er waren. War er angespannt, verletzt oder bedrückt, bekamst du Ärger, wenn du ruhig deinen Aufgaben nachgingst. War er zu Späßen aufgelegt, musste die ganze Familie vor dem Fernseher hocken und sich über irgendeinen mittelmäßigen Komiker vor Lachen den Bauch halten. Setzte ich mich nicht mit dazu, sondern ins Esszimmer, um meine Hausaufgaben zu machen, sagte er: »Sie lachen nie.«

Ich schloss mich ein und schrieb Geschichtsaufsätze, inhaltlich reine Nachahmungen, jedoch von beeindruckender Länge und schlampigem Erscheinungsbild. Der Füller namens Swann bewegte sich über die Seiten, als schriebe man auf Wasser, man spürte kaum die Körnung des Papiers; aber die Zeiten Swanns lagen viele Jahre zurück, und was die Schreib-Utensilien anging, waren wir in meiner Schulzeit nur dürftig ausgestattet. Im Alter von sechzehn schrieb ich mit einem undichten, klecksenden Kugelschreiber Hunderte von Seiten in schwarzer, schlechter Handschrift. Die Blätter wurden in Ermangelung von Klammern mit Stickseide aus Mutters Resten zusammengehalten: korallengrün, farngrün, im Rotton von Schmetterlingsflügelspitzen. Die Seide war schmuddelig, nachdem ich sie mit meinen Tintenfingern verknotet und die Seiten ein paar Tage lang mit mir herumgetragen hatte, Fußnoten unter den Text quetschend und zusätzliche Gedanken an die Ränder schreibend. Die Wahrheit ist nicht hübsch, dachte ich, und die Arbeit an ihr macht ebenfalls nicht hübsch. Die Wahrheit ist nicht elegant; das ist nichts als ein Hirngespinst sentimentaler Mathematiker. Die Wahrheit ist schmutzig und voller Kleckserei, und sie findet sich nur in der Zusammenballung staubiger, gebrochener Tatsachen, in den Kellern und Sielen des menschlichen Geistes. Geschichte ist das, was die Leute vor dir zu verbergen versuchen, nicht das, was sie dir zeigen. Du suchst auf die gleiche Weise nach ihr, wie du eine Deponie durchsiebst: nach Hinweisen auf das, was die Menschen begraben wollen.

Eine Spannung wie die atemlose Stille zwischen Blitz und Donner lag in der Luft unseres Hauses; darin bewegte ich mich hin und her und drückte meine Aufsätze mit ihren sich lösenden Knoten und ausufernden Seiten an mich. Dünn und blass, mit langen Beinen und weit herunterhängenden, farblosen Haaren passte ich tadellos in meine Zeit, die Sechziger, auch wenn sie erst spät in den Norden drangen. Die Mädchen in der Schule suchten in ihren Biologiebüchern ständig nach dem, was mit mir nicht stimmte. Vielleicht war es eine Überfunktion der Schilddrüse, vielleicht eine Anämie. Der Name *ihrer* Krankheit war Neid.

Für meine Familie waren es Jahre finanziellen Drucks und seltsamer Notlösungen, ihm zu widerstehen. Der äußere Anschein musste gewahrt und unsere Geschichte verheimlicht werden. Heute wird man fragen: Was war so schlimm, was war so schwierig daran, umzuziehen und den Namen zu wechseln? Damals war es tatsächlich ein großes Problem, besonders wenn einen die Flucht nur zwölf Kilometer vom Ursprungsort entfernt hatte, auch wenn es dabei über die County-Grenze nach Cheshire gegangen war. Wer damals in der englischen Provinz keine Schwierigkeiten wollte, der tat so, als wäre er wie alle anderen. Wenn man mit jemandem zusammenlebte, mit dem man nicht verheiratet war – zumal man noch mit jemand anderem verheiratet war –, dann nannte man sich einfach eine ganz normale Familie und hoffte darauf, dass die Leute es einem abkauften; allerdings konnte jeden Moment jemand auftauchen, der es besser wusste und die Sache auffliegen ließ.

Meine Brüder erinnerten sich an wenig bis nichts aus ihrem früheren Leben. Jack zog sie groß, Jack war ihr Vater. Sie waren Engländer, konfessionslos und ohne einen Hadfielder Akzent. Ich selbst ging in eine Klosterschule, war offiziell katholisch und verhielt mich nach außen hin konform, wobei alle, auch die Obernonne, meine Ansichten kannten. Nach meiner bösen Erfahrung im geheimen Garten, meinem *mauvais quart d'heure*, glaubte ich nicht mehr an einen allmächtigen Gott. Während des ersten Jahres in der neuen Schule war er für mich noch ein netter Gedanke, doch ich sprach ihm keinen großen Einfluss mehr zu, und vom zwölften Lebensjahr an glaubte ich gar nicht mehr an ihn; und als meine Großonkel und Großtanten eine nach dem anderen starben, verlor ich auch das Bewusstsein für meine irische Herkunft. Der Hadfielder Akzent verschwand nie ganz, das Problem war jedoch mein gutes Gedächtnis. Die Vergangenheit konnte mir nie ganz ausgetrieben werden. Während das Jahrzehnt weiter voranschritt und sich meine Familie in ihrem neuen Leben etablierte, kam ich mir wie ein Totenschädel bei einem Festmahl vor. Mein Vater Henry hätte ebenso gut tot sein können, nur dass über die Toten mehr geredet wurde. Vielleicht riefen ihn meine Eigenheiten wie einen unwillkommenen Geist vor dem Feuer wach: die Schreiberhaltung des Kopfes, die Art, ein Buch zu lesen, als saugte ich die Worte mit den Augen von der Seite. Nachdem wir auseinandergegangen waren, wurde er nie wieder erwähnt: außer von mir, mir gegenüber. Wir haben uns nie wiedergesehen.

Nach meiner ersten Woche in der Klosterschule kam ich besorgt nach Hause zu meiner Mutter.»Große Mädchen in der Schule«, erklärte ich ihr,»haben mich gefragt, warum ich meinen Namen geändert habe.« (Zwölf Kilometer, eine County-Grenze: Katholischer Klatsch durchdringt zivile Barrieren und bewegt sich frei von Gemeinde zu Gemeinde, ein unterirdischer vergifteter Strom.)

»Sag ihnen«, antwortete sie, »aus *privaten* Gründen.«

Ich versuchte es mit dem Ausdruck: aus privaten Gründen. »Das ist klar«, sagten die großen Mädchen. »Aber wir wollen wissen, *was* das für Gründe sind.«

Wenn man sich einmal angewöhnt hat, Dinge zu verheimlichen, ist es schwer, das wieder zu ändern. Deswegen ist dieses Kapitel kürzer, als es sein könnte.

Während ich aufwuchs, lebte mein Stiefvater Jack in einem Gefühlslabyrinth, durch das ich ihm nicht zu folgen vermochte. Jack war ein Mensch, der seinen Überzeugungen treu blieb, und er hat sich in jenen Jahren nicht geändert. Die Tatsachen, an die er glaubte, hatten für ihn eine große emotionale Bedeutung – in Wahrheit waren die Tatsachen seine Meinungen, und wenn man auf einen Widerspruch darin stieß, behielt man es besser für sich, denn schon der bloße Besitz von dieser Art Wissen war ein Vergehen. Selbst wenn er irrte, hatte er recht: Das war das Arrangement. Sein Status als Vater und Ernährer verlieh ihm moralisch eine Unfehlbarkeit, die nicht an Genauigkeit oder auch nur Wahrscheinlichkeit gebunden war. Er hatte recht, weil es ihm zustand.

Von Marx lernte ich, dass die irrationalen Umstände ökonomischen Austauschs unserer Sicht der menschlichen Natur unterliegen. Ich wünschte, dass Marx zum Essen käme und Engels mitbrächte, und dass sie am Tisch säßen, ihre Kartoffeln zerdrückten und sähen, wie weit sie kämen.

Mit achtzehn zog ich zu Hause aus, um auf die *London School of Economics* zu gehen. Ich begann Jura zu studieren, und mein brennendes Verlangen nach Gerechtigkeit machte mich besonders ungeeignet dafür.

Teil fünf

ZEIGT EURE BEMÜHUNGEN

MIT ZWANZIG LEBTE ICH IN EINEM ELENDSQUARTIER in Sheffield. Ich hatte einen Mann und kein Geld: Das konnte ich erklären. Aber ich hatte Schmerzen, die ich nicht erklären konnte. Sie schienen durch meinen Körper zu wandern, hier zu knabbern, da zu stechen und stets weiterzuziehen, wenn ich sie zu lokalisieren versuchte.

Mit achtzehn hatte ich meine Taschen gepackt und war nach London gezogen, wo ich in einem Studentinnenheim in Bloomsbury wohnte. Das Heim war ein Hafen der Wärme, der Ruhe und Ordnung. Das Studium nahm mich ganz in Anspruch, und meine Lehrer waren Juristen und Akademiker von Format und Ansehen. Ich engagierte mich in der Hochschulpolitik und saß in Besprechungen, die sich bis Mitternacht hinzogen. Auf den Gedanken, es könnte verlorene Zeit sein, kam ich nicht, besaß die politische Arbeit der Studenten an der LSE doch einen Bezug zur wirklichen Welt. Es gab sehr viele ausländische Studenten, und der Großteil von ihnen machte ein Aufbaustudium. Was immer an ausländischen Nachrichten ins Land drang, es gab jemanden, der einem mehr darüber erzählen und die Hintergründe aus eigener Erfahrung zu erläutern vermochte. Die zugigen, heruntergekommenen, überfüllten Gebäude gefielen mir weit besser als gepflegte Rasenstücke und Spitzbogenfenster. Ich stellte mich gut an, und meine Tutoren begannen bereits zu fragen, wo meine besonderen Interessen lägen und worauf ich mich im dritten Jahr spezialisieren wolle. Einer lud mich in sein Büro ein, das etwa so groß wie ein bescheidener Besenschrank war, und sagte: Spezialisiere dich auf Verfassungsrecht, auf Verfassungsrecht und Verwaltungsrecht, und studiere bei Professor Griffith – das würde ich dir sehr empfehlen. Wie begrenzen wir Autorität, wo beginnt und endet die Macht des Staates? Mein Weg schien eine neue Wende genommen zu haben und ich nur ein, zwei Schritte vom Erfolg entfernt zu sein. Ich gratulierte mir selbst und dankte dem Tutor, dachte beim Hinausgehen aber, im dritten Jahr, im dritten Jahr, bin ich schon längst nicht mehr da.

Es gibt Zeiten im Leben, in denen der klare nächste logische Schritt der zu sein scheint, den man keinesfalls machen kann. Es fiel mir schwer, mich mein Studium abschließen und als erwachsener, am Beginn einer Karriere stehender Londoner daraus hervorgehen zu sehen. Ich schien weniger Geld als andere Leute zu haben; ich bekam eine staatliche Unterstützung und dazu, zumindest theoretisch, den kleinen jährlichen Beitrag, den meine Eltern leisten sollten. Ich hatte vor, es auch so zu schaffen, ihnen die Ausgabe zu ersparen, doch es funktionierte nicht. Die Wohnheimkosten fraßen einen großen Teil meiner Unterstützung auf und ließen mir wenig Raum für Nebenausgaben, aber wenigstens umfassten sie Heizung und Licht sowie Frühstück und Abendessen. Zwischendurch gab es einen Becher Joghurt. Im zweiten Jahr, das war mir bewusst, würde ich nicht im Wohnheim bleiben können und musste mir stattdessen etwas Eigenes zum Wohnen suchen; und alles, was ich mir würde leisten können, läge weit vom Stadtzentrum entfernt, was ein weiteres Budget für Fahrkarten notwendig machte. Im Moment erreichte ich noch alles zu Fuß. In jenen Tagen hatten Studenten für gewöhnlich keine Jobs, um ihre Unterstützung aufzubessern, das Studium verlangte ihre volle Aufmerksamkeit. Gelegentlich machte ich mir während des ersten Jahres Sorgen deswegen und auch wegen etwas Ernsterem, Langfristigerem: Ich wollte Rechtsanwältin werden, ein *barrister*, der vor Gericht plädierte. Wie sollte ich das schaffen? Die harten Notwendigkeiten des Lebens ließen sich nicht ignorieren. Ich war eine Frau, ich kam aus dem Norden, und ich war arm. Meine Familie würde nicht in der Lage sein, mir durch meine weiterführenden Studien und mein Referendariat, meine »Rechtsanwaltslehre«, zu helfen. Zudem waren weibliche *barristers* damals eine kleine Minderheit. Nur wenige mutige Frauen aus unprivilegierten Verhältnissen waren bisher in das System eingedrungen. Ich hatte angenommen, eine von ihnen zu werden, doch mein Entschluss geriet angesichts der harten Wirklichkeit und einer nicht gerade vielversprechenden Arithmetik ins Wanken. Und ich hatte mich verliebt.

Ich hatte das bereits eine Weile vor meinem Aufbruch nach London vorausgesehen, doch als wir uns den verhängnisvollen Umstand eingestanden, ich und mein Freund, waren unsere Universitäten bereits gewählt und wir hatten Studienplätze an zwei Enden des Landes. Er war gerade achtzehn geworden, ich war sechs Monate jünger. Gegen die örtliche Trennung, die auf uns lauerte, konnten wir nichts tun, doch wir hatten beschlossen zu heiraten, wann immer es möglich schien; und früher schon, falls ich aus Versehen schwanger wurde. Sollten wir eine Tochter bekommen, sagte mein Geliebter, würde er sie gern Catriona nennen; wäre das für mich in Ordnung? Ich war sehr glücklich damit. Wir waren beide Bewunderer Robert Louis Stevensons. *Entführt* war unser eigentliches Lieblingsbuch, aber wir konnten eine Tochter schlecht David nennen, oder Alan nach Alan Breck. Wir mussten die Fortsetzung wählen.

Wie all meine Zeitgenossinnen glaubte ich in jenen ersten Jahren, als die Antibabypille breit verfügbar war, nur halb daran, dass ich meinen Körper in Schranken halten könnte, und argwöhnte, dass er womöglich einen bösen Trick in der Hinterhand hielt, etwa von der Art, dir ein Baby in die Arme zu legen, bevor du bereit dafür warst. Dennoch nahm ich an, ich könnte Catriona zum Zeitpunkt meiner Wahl bekommen. Ich wusste nicht, dass sie auf ewig eine geisterhafte Möglichkeit bleiben würde, ein Papierbaby, eine Person, die zwischen die Zeilen rutschte. Schade, dass wir *Eine Reise mit dem Esel durch die Cevennen* nicht mochten. Darin gibt es einen guten Namen für einen Geist: Modestine.

Im Jahr unserer Trennung schrieben mein Freund und ich uns jeden Tag. Zu einer Unterbrechung kam es, als die Postboten in einen landesweiten Streik traten. Ich glaube nicht, dass der Protest uns persönlich galt, wenn einige der Briefe auch ziemlich gewichtig waren. In späteren Jahren bewahrten wir unsere Korrespondenz in einem Müllsack auf, und erst als wir ins Ausland gingen, warfen wir sie weg. Schließlich wollten wir uns nie wieder trennen.

Obwohl ich mit meinem Leben in London sehr glücklich war, freute ich mich mit kranker Heftigkeit auf die Wochenendbesuche meines Freundes. Er musste ins Haus geschmuggelt und wie Konterbande in meinem Zimmer versteckt werden. Meine Zimmergenossin wurde ausquartiert und der gesamte Korridor auf eine stumme Mittäterschaft eingeschworen; es war wie bei Enid Blyton, nur mit Sex. Als ein Mädchen am Ende des Korridors einmal ihren Freund bei sich hatte, wurde in den frühen Morgenstunden Feueralarm gegeben, und ich fand sie in der Menge draußen in der Malet Street, unter zweihundert Mädchen, die in ihren Nachthemden in die Winterkälte geflüchtet waren. Sie war leichenblass und starrte ins Nichts. »Wo ist er?«, flüsterte ich, und sie zischte: »Ich hab ihn in den Schrank gesperrt.«

Die Kosten für die Fahrt, die erforderlichen logistischen Manöver, die Beanspruchung unserer Nerven, all das bedeutete, dass die Besuche über große Zeiträume verteilt werden mussten; und nach und nach stellte ich fest, dass sich meine Welt veränderte. Licht und Farbe verschwanden aus den Straßen, und selbst der Frühling brachte sie nicht zurück. Der graue Schmerz der Trennung war nicht zu ertragen, und warum auch, wenn es ein Mittel gegen ihn gab? Ich dachte, es gebe eines. Im Frühsommer, als meine Umgebung das zerkaute, körnige Schwarz-Weiß zerknüllten Zeitungspapiers angenommen hatte, ging ich zur Universitätsverwaltung und trug meinen Fall vor. Wäre es möglich, nach Sheffield zu gehen und mein Studium dort fortzusetzen? Mein Freund könne nicht herkommen, erklärte ich, weil er Geologie studiere und die Geologie nicht transportabel sei. Er habe den Kartierungsbereich bereits gewählt, den er an den Wochenenden begehe, und es sei leichter, eine Jurastudentin mit Koffer an einen anderen Ort zu versetzen, als ein riesiges Stück kohlehaltigen Kalksteins vom Peak District herzutransportieren, zehn Quadratkilometer Fels voller Korallen, Nautiloiden und Vorfahren von Seesternen.

Die juristische Fakultät der Universität Sheffield war 1971 in einem ehemaligen Entbindungsheim mit maroden Zwischenwänden und provisorischen Fluren untergebracht. Die Studenten wirkten langweilig, feindselig und bemitleidenswert jung. Tatsächlich waren sie in meinem Alter, aber ich hatte das Gefühl, andere Erfahrungen gemacht zu haben und älter zu sein. Sie hatten Angst vor den Lehrenden und standen steif und angespannt vor den Türen der Tutorien. Die Räumlichkeiten, die einmal voller weiblicher Vorausahnung und Furcht vor den Schmerzen des Gebärens gewesen waren, wurden jetzt von jugendlicher Angst vor professoralem Sarkasmus verdüstert. Wobei »professoral« vielleicht ein wenig zu hoch gegriffen ist: Einer meiner Tutoren war ein gelangweilter ortsansässiger Anwalt, der mit der Meinung, dass Frauen nicht in seine Klasse gehörten, nicht hinter dem Berg hielt. Sie verschwendeten nur unnötig Platz; irgendwann bekamen sie doch sowieso Babys, oder?

Manche Leute haben vergessen oder nie gewusst, warum wir so unbedingt eine feministische Bewegung brauchten. Das war der Grund: Damit dich nicht irgendein talentloser Trottel in einem Nylonhemd bevormunden konnte, während die Pickeljungs um dich herum grienten und kicherten und sich bei ihm einzuschmeicheln versuchten. Die Revolution der Geburtskontrolle war an der älteren Generation vorbeigegangen – an Lehrern wie Arbeitgebern. Es wurde angenommen, dass die Ehe den Beginn des Gefühlslebens einer Frau darstellte und das Ende ihrer intellektuellen Existenz. Es wurde angenommen, dass sie in der Frage ihrer Mutterschaft keine Wahl hatte: Diese armen dummen Kreaturen, kaum dass sie ihren Abschluss in Händen hielten, schossen sie all das aus Büchern Gelernte in den Wind, schwollen an, grienten einfältig und häkelten Babyschühchen. Wenn du zu einem Vorstellungsgespräch gingst und keinen Ehering trugst, wurdest du gefragt, ob du verlobt seist, und warst du verlobt oder verheiratet, folgte gleich die Frage, ob du vorhättest,»eine Familie zu gründen«. Ganz gleich, ob du enthaltsam warst oder lesbisch oder einfach nur vernünftig vorausplantest, musstest du lächeln und durch Flammenreifen springen, die dir irgendein angegrauter Zirkusdirektor hinhielt. Verschlagen und halb verlegen fragte er junge Frauen, die halb so alt waren wie er, nach ihrem Sexualleben und wann der nächste Eisprung zu erwarten sei.

Mein Wechsel an die Sheffielder Universität ging nicht so reibungslos vonstatten, wie ich gehofft hatte. Auf dem Papier passten mein erstes und zweites Jahr zusammen, aber praktisch taten sie es nicht. Während die LSE sich mühte, das erste Jahr in eine Art sozialen Kontext zu stellen, schmuggelte Sheffield zusätzlich Eigentumsrecht im Gewand von Rechtsgeschichte mit auf den Lehrplan. Ich war verblüfft, ratlos und gelangweilt. Meine Kommilitonen im zweiten Jahr wollten fast alle *solicitors* werden – Anwälte, die nicht vor Gericht gingen, sondern sich auf die Beratung ihrer Klienten beschränkten – und in Daddys Kanzlei oder die ihres Onkels eintreten. Ich geriet in Schwierigkeiten, als ich boshaft behauptete, die Jurisprudenz sei nichts als ein elaborierter Bluff und die Rechtssprache der Zauberei verwandt. »Unterschreiben Sie hier oder machen sie Ihr Zeichen, sprechen Sie eine Formel: Abrakadabra – jetzt sind Sie Mann und Frau. Ich setze eine Perücke auf und verlese eine Schriftrolle: Abrakadabra, die Ehe ist aufgelöst.« Wenn Sie recht haben, sagte mein Tutor ernst, nehme ich an, wir könnten auch nach Hause gehen. Er stand auf, verschränkte die Arme hinter dem Rücken und sah voller Melancholie zu den fernen Bergen hinüber.

Dennoch war Sheffield ein guter Ort für einen Studenten. Die Sheffielder redeten mit dir, an der Bushaltestelle und im Laden, und sie schienen ebenfalls kein Geld zu haben, sodass man billiges Fleisch bekam, preiswerte Konserven und kräftiges, vom Backen noch warmes Brot. Ist dir eigentlich klar, fragte ich meinen Freund, dass du im zarten Alter von neunzehn schon ein Auto und eine Geliebte hast? Das Auto hatte er sich im Sommer mit seiner Arbeit in einer Kartonfabrik verdient: die Hände aufgeschlitzt, aber voller Pfundnoten. Der sich plagende Motor des Autos protestierte gegen Sheffields starke Steigungen, und die klaffenden Löcher in der Karosserie mussten geflickt und gespachtelt werden, aber es trug über die Moore, um seine Familie zu besuchen; wir fuhren oft hin, weil sein Vater krank war. Abends kochte ich für meinen Freund in meinem Zimmer, einer Mansarde im Haus einer liebenswürdigen, zerstreuten, geschiedenen Frau, die es nicht störte, wenn wir zu zweit ihre Treppe hinaufstiegen.

Ich hatte zwei Kochplatten in meinem Zimmer, eine für die Kohlehydrate des Tages – Pasta, Reis, Kartoffeln –, eine für unser Fleisch oder unseren Fisch. Wir waren erfinderische Köche und saßen lächelnd an unserem gelben Resopal-Tisch, während unser Essen sanft vor sich hin blubberte oder köchelte; ich fröstelte etwas, denn die einzige Möglichkeit, die Gerüche abziehen zu lassen, bestand im Öffnen des Fensters, durch das ein schneidender Wind hereindrang. Eines Tages, als ich wieder einmal einen Sack Kartoffeln den Hügel hinaufschleppte, stoppte mich meine Vermieterin am Tor. Sie runzelte die Stirn. »Ilary«, sagte sie, »warum machst du das?« Ich stellte den Sack vor meine Füße und lächelte zu ihr auf, vorgebeugt und den schmerzenden Arm massierend. »Ihr solltet *ausgehen*«, sagte sie.

Ich bewegte mich aus mir heraus und sah mich durch ihre Augen: ein kleines, blasses Kind mit kurzem Haar in einem Mantel, aus dem einer der jüngeren Brüder herausgewachsen war. »Das ist schon in Ordnung«, sagte ich. »Machen Sie sich keine Sorgen. Mir geht es gut.«

Ich verstand nie ganz, was das sollte, dieses »Ausgehen«. Was für eine Befriedigung war damit verbunden? Für mich schien es ganz allgemein ein höfliches Vorspiel für Sex zu sein, doch wenn man die Phase der Höflichkeit hinter sich hatte, warum sollte man sich dann noch herausputzen und in die Kälte hinausgehen? Wenn man einen Menschen hatte, mit dem man lieber zusammen war, als allein zu sein, war das dann nicht selbst schon eine Art Fest? Und was das Lebensmitteleinkaufen anging: Es gefiel mir, sagen zu können, dass wir gut aßen und es mit unserem wenigen Geld schafften, jeden Abend ein richtiges Essen zu genießen. Übrig blieb nichts. Davon abgesehen versuchte ich uns für die kommenden Katastrophen Speck anzufüttern. Es war ein finsterer Winter, die Bergarbeiter streikten, und es gab lange, kalte Stunden ohne Strom. An einem Januarabend wurden wir nach Hause gerufen, und der erwartete Tod trat ein.

Der Vater meines Freundes hieß Henry. Er war dreiundfünfzig, pflichtbewusst und hatte einen guten Beruf, Humor und fünf Kinder.

Im Sommer ging es ihm gut, im September wurde er krank, und im Januar war er tot: Krebs. Auf den Tag genau ein Jahr später starb mein Großvater, ebenfalls an Krebs; mehr winterliche Fahrten über die dunklen Pennines, um auf Krankenhausstationen zu stehen, während Stellwände um Betten gezogen wurden. Mittlerweile waren wir verheiratet und wohnten in einem Mietzimmer über einer Autowerkstatt, einem unsoliden Anbau mit undichtem Dach. Und als wir von der Beerdigung heimkamen, mussten wir feststellen, dass sich die Risse in der Wand geweitet hatten und auf unseren Lebensmitteln und Kleidern aggressiver schwarzer Schimmel wucherte.

Warum wir geheiratet hatten? Weil man das in Zeiten des Unglücks tut. Wenn Familien plötzlich zerstört werden, raffst du dich auf und tust dich mit anderen zusammen, um neue Einheiten zu bilden. Praktischer und unmittelbarer betrachtet, heirateten wir, um die Nacht zusammen verbringen zu können. Um nicht aus dem Bett und übers mitternächtliche Pflaster nach Hause rollen zu müssen: Selbst die nette geschiedene Frau hätte, an ihre beiden erwachsenen Kinder und deren moralische Entwicklung denkend, keinen Mann bis zum Morgengrauen in meinem Zimmer geduldet. Im Vorgriff auf unsere Ehe hatten wir bereits nach einer gemeinsamen Bleibe gesucht, aber die Vermieter verlangten Bescheinigungen von der Universität und eidesstattliche Erklärungen, dass wir wirklich und wahrhaftig einen Priester gebucht und einen Termin beim Standesamt vereinbart hatten. Sie wollten keine Unzucht in ihren zugigen Mauern und würden keinen Zentimeter ihres alten Linoleums der irren Jugend preisgeben, die an nichts als ihrer Befriedigung interessiert war. In Fluren voller Mäusedreck versuchten wir die Reinheit unserer Absichten geltend zu machen. Aber die Gesichter blieben bieder und rechtschaffen versteinert: Es gab kein Zimmer im Gasthaus.

Und doch waren nicht alle der Romantik gegenüber feindlich gesinnt. Eine tröstende Seele war in jenen Tagen immer zu finden, die sich erinnerte: »Man sagt, man kann zu zweit so billig leben wie allein.« Kann man? Meine Familie überwarf sich mit mir und füllte die Formulare für meinen Lebensunterhaltszuschuss nicht aus. So mussten wir also herausfinden, ob es stimmte, was man sagte.

Nr. 78 Roebuck Road war ein Rücken-an-Rücken-Reihenhaus, was hieß, dass es ein Zimmer tief war, mit einem Keller, einem Zimmer, einem weiteren Zimmer darüber und einem Dachboden. Es gab ein einzelnes Waschbecken mit fließend kaltem Wasser, ein Außenklo, das es sich mit anderen zu teilen galt, und einen Münzgaszähler. Selbst die zählebige Kakerlake hatte dem Haus dem Rücken gekehrt, dafür aber lebte eine wild herumschießende Silberfisch-Population in der alten Kaminverkleidung. Die sind harmlos, sagte ich zu meinem Mann, die hatten wir auch in der Brosscroft; sie sind okay, nicht schmutzig. Für mich war das Haus in der Roebuck Road mit das größte Glück, das mir je widerfahren war. Das Zimmer über der Werkstatt hatten wir uns nicht mehr leisten können: gar nicht zu reden von dem Aufschlag, den wir womöglich für das Züchten des schwarzen Schimmels hätten zahlen müssen. Einer meiner Tutoren, eine Frau, erzählte mir von einer preiswerteren Möglichkeit: Ihre Putzfrau habe in der Roebuck Road gewohnt, sich jetzt aber verbessert.

Nr. 78 war das billigste Haus der Welt. Wir mussten quer durch die Stadt, um alle vierzehn Tage unsere Miete zu zahlen, aber das Auto trug uns, und anschließend hatten wir noch Geld, um zu essen. Meine Großmutter schenkte uns einen Wasserboiler, den wir über das Becken hängen konnten, meine Schwiegermutter einen Herd und ein paar Möbel. Wir schliefen auf einem Sofa, das in der Mitte abflachte und so ein Bett abgab. Den imposanten Familienkleiderschrank vermochten wir nicht nach oben zu schaffen, und so blieb er unten, und sein edler Spiegel reflektierte die frohgelaunt ihrem Leben frönenden, umherwimmelnden Silberfische. Ich fabrizierte Eintöpfe und Pasteten, backte Kirschkuchen, Schokoladenkuchen und Kirsch-Schokoladen-Kuchen. Ich bearbeitete, wie es Jurastudenten tun, meine wöchentlichen »Fälle« in der angemessenen Rechtssprache und produzierte Aufsätze, die einfach eine erweiterte Übung darin waren, die stets selben kargen Formulierungen durchzusieben und umzurühren. Ich beklagte mich darüber, dass die Juristerei mein Englisch zerstöre, das bereits in meinem sechzehnten Lebensjahr robust und handfest gewesen war, eine kleine Eiche: Jetzt übte ich mich in Zweideutigkeit und Ausweichen, hatte buchstäblich zu bleiben und meinen intellektuellen Blick zu senken.

Ich beklagte die Schmerzen in meinen Beinen und ging zum Arzt: Und das war mein großer Fehler.

Über deine Vergangenheit zu schreiben, ist, als stolpertest du durch dein Haus, in dem die Sicherungen herausgeflogen sind, mit einer Hand nach Bezugspunkten suchend. Du stößt auf den behäbigen Schrank, und seine Tür schwingt auf, hinter der sich eine Höhle der Finsternis auftut. Deine Hand berührt Glas, du denkst, es ist ein Spiegel, aber es ist das Fenster. Es gibt Hindernisse, in die du hineinläufst und über die du stolperst, am unangenehmsten ist jedoch der plötzliche leere Raum, in dem du keinen Halt findest; du weißt, du hast dich im Dunkel verloren. Jeden Tag tat ich, ohne es zu wissen, einen kleinen Schritt auf das unbeleuchtete Terrain der Krankheit zu, eine konturlose Landschaft der Demütigung und des Verlusts. Der obere Treppenabsatz in der Roebuck Road war dunkel, und einer unserer Vorgänger hatte an die Wand, auf die man beim Hinuntergehen schaute, ein Plakat mit einer Eule geheftet. Es war eine

Kindereule, einfach, fast eine Karikatur, aber dadurch nicht weniger unheilvoll. Ich wollte sie herunterreißen, doch sie hing zu hoch.

Briefe vom Finanzamt kamen, an einen »Mr Judas Priest« adressierte Steuerforderungen, die uns lachen ließen. Ich breitete mein Aspirin auf dem Tisch aus, eins, zwei, drei, vier, fünf, sechs. Ich schluckte es. Einmal hätte ich aus Versehen beinahe einen Hemdenknopf mit geschluckt, der auf dem Tisch lag und darauf wartete, wieder angenäht zu werden.

»Krank?«, sagte der Arzt unten in der Studentenpraxis. »Übelkeit? Das wundert mich kaum. Sie wissen, dass sechs Aspirin nicht wirksamer sind als drei?«

Das wusste ich nicht. Da es doppelt so wehtat wie ein normaler Schmerz, hatte ich gedacht, ich könnte die Menge Aspirin ebenfalls verdoppeln. Wir waren damals nicht zu feinsinnig. Ich glaube, es gab nicht einmal Paracetamol. Ich hatte eine große Flasche mit hundert Aspirin-Tabletten und nahm so viele, wie ich für den Tag zu brauchen glaubte.

»Nun, Miss …«, sagte der Arzt. Er sah auf seine Mappe und zuckte leicht zusammen, als hätte er einen elektrischen Schlag bekommen. »Mrs?«, sagte er. »Mrs? Sie haben geheiratet? Sind Sie schwanger?«

Ich hoffe nicht, dachte ich. Und wenn, habe ich es mit dem Aspirin übertrieben. Es wird Flossen haben. Oder Federn. Drei zusätzliche Aspirin, drei zusätzliche Köpfe. Ich werde es zur Schau stellen, es wird uns ein Leben in Luxus ermöglichen.

»Ich nehme die Pille«, erklärte ich ihm. Ich verspürte das Verlangen, ihm zu sagen, dass wir sexuell sehr aktiv seien und ich daher täglich drei Pillen nähme: Denken Sie, das ist genug? Aber dann überkam mich das weit stärkere Verlangen, mich auf seine Schuhe zu übergeben.

Nach all den Jahren sehe ich ihn noch vor mir, mit seinem hellen, kurz geschorenen Kraushaar, der randlosen Brille und den auf Hochglanz polierten Halbschuhen. Er war ein nervöser Mann, und als ich meinen Kopf zu seinen Füßen vorbeugte, schob er sie unter seinem Schreibtisch zur Seite. Ich habe mich nicht übergeben, nicht dort in diesem Augenblick, sondern mir die Hand auf den Mund gelegt, bin hinausgelaufen und habe es auf die Toilette der Studentenpraxis geschafft. Es war ein ziemlich luxuriöses Sich-Übergeben, ganz für mich und gut beleuchtet. Unser Klo in der Roebuck Road teilten wir uns mit den Leuten nebenan und mussten ganz durch ihren Garten, um hinzukommen, sodass nachts die Hunde zu bellen begannen, die Leute mit ihren Taschenlampen herauskamen, »Was ist da los?« riefen und man mit der Klorolle in Händen von ihren Lichtkegeln erfasst wurde.

Ich ging nach Hause. »Was hat der Arzt gesagt?«, fragte mein Mann.

»Ich soll nicht so viel Aspirin nehmen, und als ich meinte, meine Beine täten mir weh, sagte er, das passe zu keinem bekannten Krankheitsbild. Nur zu etwas namens idiopathisches Irgendwas.«

Ich erzählte nicht, wie ich gegrinst hatte, als er »idiopathisch« sagte. Ich wusste, es hieß, es ist etwas, wovon wir Ärzte keine verdammte Ahnung haben. Also hatte er gestockt und den Rest des medizinischen Begriffs heruntergeschluckt. Es war für ihn sowieso keine reale Möglichkeit, er gab nur an und wollte beweisen, dass er seine Lehrbücher studiert hatte. Und mein Lächeln entlarvte seinen Bluff; ich hätte es mir verkneifen sollen, denn jetzt war er nicht mehr auf meiner Seite. Ich dachte, dass er es wahrscheinlich nie gewesen war.

Geh noch mal hin, sagte mein Mister grimmig. Du hast ihm nicht erzählt, wie es dir wirklich geht. Wie müde du bist. Und wie sehr aus dem Gleichgewicht.

Ich war aus dem Gleichgewicht, das stimmte. Ich ertrug es nicht, dass das Verhältnis zu meiner Familie zerstört war und meine Brüder womöglich schlecht von mir dachten. Dass ich kein Geld haben sollte, um ein Geschenk zum Vatertag kaufen zu können, nur eine Packung Kaffee, und zu Weihnachten nicht mehr als eine Schachtel Kekse und eine Flasche Wein.

Dass ich überhaupt etwas kaufen konnte, lag am hilfreichen Einsatz eines Beamten in der *County Hall* von Chester; dort saß die Behörde, die meinen Studienzuschuss zahlte (oder eben auch nicht). Für meinen Besuch versetzte ich mich in eine zugängliche, flehentliche Verfassung. Wir fuhren mit dem murrenden, ächzenden, gespachtelten Auto nach Chester. Ich besuchte ihn in seinem Büro, den notwendigen Mann, den Beamten, der für meinen Fall zuständig war. Ich erklärte ihm, dass mein Vater die Formulare zu seinem Einkommen nicht ausgefüllt habe. Das heiße, erklärte er mir, dass ich keinen Zuschuss bekommen könne, nicht einmal die fünfzig Pfund, die alle Studenten bekamen, selbst die reichen: Das seien die Vorschriften. Ich weiß, sagte ich, aber wissen Sie, dann muss ich hier sitzen bleiben, bis die Regeln zu meinen Gunsten geändert werden; denn wenn ich von Ihnen kein Geld bekomme, lande ich auf der Straße.

Ich kann mich an sein Gesicht nicht erinnern, nur an sein Büro, seinen Schreibtisch, seinen Stuhl und den Winkel des hereinfallenden Lichts. Er ging hinaus. Ich sah mir den Teppich an, auf dem ich, wie ich geschworen hatte, schlafen würde, es sei denn, ich legte mich auf seinen Schreibtisch. Es war ein warmer, blühender Sommertag: Konnte ich vielleicht im Blumenbeet schlafen? Das Sonnenlicht kräuselte sich auf den Magnolienwänden. Er kam lächelnd zurück. Ich habe fünfzig für Sie, sagte er, und sehen wir einmal, danach, vielleicht lässt sich ja … Es gibt immer merkwürdige Umstände …

Vielleicht war er ein Engel. Vielleicht ein Sterblicher, aber einer der Auserwählten. Ich bete noch heute für ihn, auf eine wilde, agnostische Weise. In der Hoffnung, dass er in der Lotterie gewönne: Dafür bete ich ein regelwidriges Gebet. Oder dass er mich besuchen käme, und ich könnte ihm eine Pastete oder einen Kuchen backen.

Geh noch mal hin, sagte mein Mann, und erklär ihnen, wie es dir wirklich geht. Bitte sehr, sagte der Arzt und stellte mir ein Rezept aus. Ich glaube, Sie brauchen ein Antidepressivum. Ich war deprimiert, und so dachte ich, dass ein gewisser Sinn darin liege. Vierundzwanzig Stunden später stellte ich fest, dass ich nicht mehr lesen konnte, die Worte verwischten vor meinen Augen. Ich ging in die Universitätsbibliothek und versuchte die Nebenwirkungen des Medikaments nachzuschlagen, hatte jedoch mit den offensichtlichen Schwierigkeiten zu tun. In jenen Tagen bekam man zu Medikamenten keinen Beipackzettel. Der Arzt hatte alle nötigen Informationen, und ob man sie von ihm bekam, hing davon ab, wie viel Einfluss, Statur und Raffinesse man besaß. Ich hatte nichts von alledem.

Ich ging zu meinem Tutor in Equity und sagte: Sehen Sie, Mr Loath (»Unwillig« war nicht sein Name, ich sagte es nicht, aber so nannten ihn die picklingen, verängstigten Jungs), sehen Sie, Mr Loath, ich komme in Ihre nächste Veranstaltung, aber schikanieren Sie mich nicht, okay? (Natürlich habe ich das viel netter gesagt.) Mr Loath, bitte verstehen Sie, dass ich ein Medikament verschrieben bekommen habe, das ich nehmen muss, das aber gleichzeitig bedeutet, dass ich meine Bücher nicht lesen kann. Mir verschwimmt der Blick. Nebenwirkungen, sagte ich. Und im Flüsterton: Sie müssen doch schon von Nebenwirkungen gehört haben? Loath sah mich verwirrt an, als hätte er noch nie von so etwas gehört.

Ich versuchte es bei ein paar anderen Tutoren. Ich bat um eine

Woche Schonung, vielleicht zwei, um in meine Kurse gehen zu können, ohne mich zu beteiligen. Die Reaktion war bei allen die gleiche: Warum sagte ich ihnen das? Das medizinische Fachbuch (wenn ich denn richtig gelesen hatte, blinzelnd, den Kopf schief haltend) behauptete, der verschwommene Blick würde nur ein, zwei Wochen lang anhalten, während ich die Tabletten über sechs Wochen hinweg einzunehmen hatte. Sechs Wochen waren in der klinischen Praxis die Zeit, eine Depression zu behandeln; sechs Wochen dauerte die Behandlung. Danach, da war ich sicher, würde ich glücklich sein. Ganz gleich, wer wie gestorben war. Ganz gleich, wie wenige Münzen in meinem Portemonnaie steckten. Mit der Lerche würde ich aufstehen und mit dem Zaunkönig frohlocken: Ohne jeden Schmerz würde ich federnden Schrittes die Steigungen Sheffields hinauftanzen, einen Sack Kartoffeln und kiloweise Mehl mit mir tragend, als wäre beides völlig schwerelos, als wäre ich selbst völlig schwerelos, und mein sorgloses Lachen triebe im Wind. Im Moment jedoch war meine Stimmung tief unten. Die Medikamente schienen zu wirken, nur nicht in der gewünschten Weise. Der Schmerz des Allein-Zurückbleibens, der Entfremdung, war einer dumpfen Apathie gewichen. Mein Schlaf war unruhig und das Klima meiner Träume herbstlich, wie der trübe Schimmel auf dem Laub eines kleinen Wäldchens; ihr Inhalt war erschöpfend und gleichzeitig banal.

Ein, zwei Tage später hielt Mr Loath sein Tutorium ab: für die teigigen, schwitzenden Pickeljungs, ein weiteres Mädchen und mich. Eine unbedeutende Frage aus dem Bereich Kriminalität wurde gestellt, und Mr L. wurde leicht unwirsch: Kommt schon, kommt, sagte er, wisst ihr, was nach dem *Theft Act* die Höchststrafe ist, weißt *du* es, Junge, oder der nächste, weißt *du* es? Ich musste mich melden und den Jungs die Demütigung ersparen. Oh, Mr Loath, sagte ich, sind es nicht zehn Jahre? Mr Loath, der vor Ärger fast zu platzen schien und kurz davorstand, die Bügel von seiner Brille zu brechen, entspannte sich und sagte:»Gott sei Dank!« Und als er die Brille wieder aufsetzte, schnitt ein Schmerz durch mich, diagonal, rechts von den Rippen bis links durch die Lende. Es war ein neuer Schmerz, aber er blieb es nicht lange. Er stahl mir mein Leben: Zehn Jahre und zwei Trimester lang stahl er es mir, und dann noch einmal zehn Jahre.

Kurz darauf übergab ich mich regelmäßig. Die Einnahme des Antidepressivums hatte meine Stimmung nicht verbessert, und mein Arzt tat, was man tut, wenn jemand sagt, ihm ist ständig schlecht: Man schickt ihn zum Psychiater. Ich würde gern sagen, dass ich dagegen protestiert hätte, doch ich war willig genug. Vielleicht glaubte ich, ein faszinierender Fall zu sein. Ich war auf eine Anämie hin untersucht worden, wies aber kein Eisen-Defizit auf, und niemandem schien eine andere Störung einfallen zu wollen, auf die man mich hätte testen können; und wenn mein Körper nicht das Problem war, dann musste es die Psyche sein, die verrückt spielte. Ich konnte mir das durchaus vorstellen und wollte, dass sie repariert wurde.»Psychosomatisch« war das Schlagwort, das, richtig verstanden, auf eine subtile Wechselwirkung zwischen Körper und Geist, zwischen Gehirn und endokrinem System hindeutet. Nicht richtig verstanden, bedeutet es:»Es ist alles nur im Kopf«, oder mit anderen Worten: Du bildest dir deine Symptome nur ein. Du weißt nichts Besseres mit deiner Zeit anzufangen. Du willst Aufmerksamkeit.

Dr. G., der Psychiater, war unnahbar und glatzköpfig. Seine Chancen, eine junge Frau wie mich zu verstehen, waren etwa so groß wie die, dass er von seinem Tisch aufstand und auf silbernen Schwingen aus dem Fenster flog. Eine Diagnose für mein Problem war schnell gefunden: Stress, hervorgerufen durch zu großen Ehrgeiz. Es war ein weibliches Leiden, an das die Leute in jenen Jahren glaubten, genau wie die Griechen geglaubt hatten, Frauen würden dadurch krank, dass sich ihr Uterus aus seiner Verankerung löste und durch den Körper wanderte. Ich hatte Dr. G. auf seine Fragen zu meiner Familie geantwortet, meine Mutter sei Modeeinkäuferin für ein großes Kaufhaus. Es stimmte, gegen Ende der Sechziger hatte sie sich neu erfunden und als Blondine mit ein paar neuen Kleidern Karriere gemacht. Oh, wirklich, sagte Dr. G., wie interessant, und nannte ihren Arbeitsplatz anschließend nur noch »den Kleiderladen«. Wenn ich ehrlich sei, fragte er, würde ich dann lieber im Kleiderladen meiner Mutter arbeiten, als Jura zu studieren? Läge der Kleiderladen, alles in allem betrachtet, nicht eher auf meiner Linie?

Ich ging einmal in der Woche zu Dr. G. Er muss Berichte von meinen Tutoren bekommen haben, denn er sagte: Gewissenhaft, hmmm, hier steht, Sie sind *sehr* gewissenhaft.

War ich das? Ich reichte nur die verlangten Arbeiten ein. Taten die anderen das denn nicht?

»Und einen *Blick fürs Detail*«, sagte Dr. G., »den haben Sie.« Ich versuchte mir die andere Art Jurastudent vorzustellen, die einen pauschaleren Zugang bevorzugte und sich zum Beispiel mit der Kartellgesetzgebung auseinandersetzte, mit Elan und einer großen Generalistengeste. »Sagen Sie mir«, sagte Dr. G., »wenn Sie Ärztin wären, in was für einem Bereich würden Sie dann arbeiten?«

Ich sagte höflich, Psychiater müsse eine interessante Tätigkeit sein. Nein, wählen Sie etwas anderes, sagte er, etwas weniger Naheliegendes. Ich hätte oft gedacht, sagte ich, praktische Ärzte hätten einen anspruchsvollen Beruf angesichts der Verschiedenartigkeit der Menschen und Probleme, mit denen sie konfrontiert würden. Da müsse man schnell denken können – aber nein, ich sah an seiner Miene, dass das nicht die gewünschte Antwort war. Dr. G. lehnte sich in seinem Stuhl zurück. Ich sehe Sie im Forschungsbereich, sagte er, als einen der ruhigen, unbezahlbaren Menschen im Hinterzimmer, unsichtbar, fleißig, ungewürdigt ... Mit einem Blick fürs

Detail, sehen Sie. Und sei es mit Jura, fragte er, nicht genau das Gleiche? Wenn ich mein Studium fortführte, würde ich meine Nische dann nicht in einer Kanzlei finden, als jemand, der sich zum Beispiel mit dem Überschreiben von Häusern befasste? War es nicht das, was die Leute in einer so anstrengenden Phase ihres Lebens brauchten? Jemanden, der so *gewissenhaft* und *pflichtbewusst* war wie ich?

Ich konnte sie sehen: die gewissenhafte, pflichtbewusste Sachbearbeiterin, ruhig und langweilig, die gelblich braune Kleider trug, sich jeden Abend im Aktenschrank ablegte und deren kleines Herz zu flattern begann, wenn jemand von zwei sich überlappenden Grundbesitzrechten oder einem alten Wegerecht sprach. Aber Sie *sehen* mich ja gar nicht an, dachte ich. Ich war ziemlich dünn, und meine Übelkeit laugte mich aus. Ich verließ Dr. G.s Sprechzimmer und stand auf dem Bürgersteig, um über diese neue Version meiner selbst nachzudenken. Ich hatte das Gefühl, einen dumpfen Schlag versetzt bekommen zu haben, wusste jedoch nicht, welcher Teil von mir schmerzte.

Beim nächsten Mal in Dr. G.s Sprechzimmer saß ich da und heulte. Es war, als wäre ein Damm gebrochen. Ich muss eine ganze Packung Papiertücher verbraucht haben, zweifellos seine gesamte Monatsration für aus der Fassung gebrachte junge Frauen. Dr. G. redete beruhigend auf mich ein und sagte ernst, er habe ja nicht gewusst, dass es so schlimm um mich stehe. Ich solle besser ein stärkeres Medikament nehmen. Und dazu vielleicht ein kurzer Aufenthalt in der Universitätsklinik? Ich machte mich auf und nahm meine Lehrbücher mit. Wenigstens konnte sich mein Mann jetzt in Ruhe auf seine Abschlussprüfung vorbereiten. Ich war keine einfache Gesellschaft; ich litt unter einem heftigen Gefühl von Ungerechtigkeit, das für die Menschen um mich herum nicht unbedingt nachvollziehbar schien. Ich war wütend, den Tränen und der Verzweiflung nahe und hatte immer noch Schmerzen in den Beinen.

Im Nachhinein betrachtet glaube ich, es wäre besser gewesen, ich hätte die Schmerzen in meinen Beinen abgestritten, hätte alles zurückgenommen und fröhlich behauptet, es gehe mir besser. Aber das tat ich nicht, und so schaukelte sich die ganze Geschichte immer weiter hoch und geriet außer Kontrolle. Ich glaubte immer noch, dass Aufrichtigkeit die beste Strategie sei, die harte Wahrheit war jedoch, dass ich zu einer Invalidin geworden war und mir keine eigene Strategie mehr zustand. Ich fürchtete, meine Integrität würde ausgehöhlt werden, wenn ich nicht die strikte Wahrheit sagte, und dann bliebe mir nichts mehr. Je mehr ich darauf bestand, körperlich krank zu sein, desto mehr sagten sie, es sei ein psychisches Leiden, desto mehr hieß es, ich verschlösse die Augen vor der Wahrheit und säße einer Täuschung auf. Ich war verwirrt, und wenn ich über meine Verwirrung sprach, wurden meine Worte zum Symptom. Niemand wagte eine Diagnose: nicht laut. Es liege in der Natur junger, gebildeter Frauen, so der Glaube, hysterisch, neurotisch und schwierig zu sein, außer Kontrolle, und die Aufgabe bestehe darin, sie wieder unter Kontrolle zu bekommen – nicht darin, ihnen zu helfen, ihr Leben zu betrachten oder ihre praktischen Probleme zu lösen, in meinem Fall Silberfische, eine schmollende Familie, Armut und Kälte, nein, diese Frauen bekamen Medikamente, die sie ihren mentalen Schmerzen gegenüber gleichgültig machten und in meinem Fall auch meinen körperlichen Schmerzen gegenüber.

Zuallererst wurde einem in jenen Tagen ein sogenanntes trizyklives Antidepressivum verschrieben, das ich bereits probiert hatte, dazu kamen »leichtere Beruhigungsmittel«: Valium war wohl das bekannteste Beispiel dafür. Diese leichteren, damals unter überarbeiteten Ärzten sehr beliebten Mittel sedieren das zentrale Nervensystem. Sie beeinträchtigen die geistige Wachsamkeit und die

körperliche Koordination. Sie betäuben Ängste, wirken gewohn-
heitsbildend und machen süchtig.

Die Antidepressiva schienen keine große Wirkung auf mich zu
haben, jedenfalls nicht die gewünschte. Ich kam nur mit Geschrie-
benem nicht mehr zurecht, Worte und Buchstaben rutschten zur
Seite und fielen aus ihren Büchern. Es sehe nicht so aus, als wäre
ich in der Lage, meine Abschlussprüfung zu machen, sagte Dr. G.,
doch so schlimm sei das nicht: Angesichts meiner bisherigen Leis-
tungen werde mir die Universität sicher einen *aegrotat*-Abschluss
zuerkennen. Wusste ich, was das bedeutete, *aegrotat*? Das heiße:»Er
ist krank.«

Ich murmelte:»Er, nicht sie?« Es wäre weit gesünder gewesen,
hätte ich mit meiner Murmelei aufgehört und stattdessen gelächelt.

Das Valium funktionierte, es schädigte mich. Bei einigen Leuten,
die Beruhigungsmittel dieser Art nehmen, stellt sich eine»paradoxe
Reaktion« ein. Statt beruhigt zu werden, geraten sie in Wut. Eines
Tages saß ich beim Herd in der Roebuck Road und stellte mir vor,
Feuer zu legen – nicht in meinem eigenen Kamin, sondern in den
Häusern von Fremden, in den Straßen. Irgendwann während meiner Behandlung schien ich Schaden genommen zu haben und stellte mir nun vor, auch meinerseits Schaden anzurichten. Ich wusste,
diese Gedanken waren irrational, aber ich konnte nicht anders, ich
musste sie denken. Tag für Tag glühte eine mürrische Wut in mir,
und ich erwischte mich dabei, ein Tranchiermesser mit neuem Interesse zu betrachten. Ich stimmte der Klinik zu, weil ich dachte, sollte
ich dort meinen Impulsen folgen wollen, würde es jemand sehen
und mich aufhalten – bevor es zu Brandstiftung und Messerstechen
kam und dem Tod von Fremden, die mir nie etwas getan hatten.

Nach ein, zwei Tagen in der Klinik fühlte ich mich etwas ruhiger.
Niemand sah mich als eine Gefahr, die Gefahr gab es allein in meinem Kopf. Erst kam ich und ging wieder; tagsüber ging ich in die

Roebuck Road und machte sauber. Einmal ging ich in die Stadt, um mir ein Nachthemd zu kaufen. Weil ich jedoch nur verschwommen sah, las ich die Größe auf dem Schildchen falsch und kam mit einer 16 statt mit einer 10 zurück. »Seht euch dieses Monsterhemd an!«, rief ich den Schwestern fröhlich zu. Es war einer meiner weniger mörderischen Abende, und ich versuchte den Ton aufzuhellen. »Sehen Sie, was ich gekauft habe!«

Mein Nachthemd, stellte ich fest, wurde ernst betrachtet. Warum hatte ich das Ding gekauft? Es war ein Irrtum, sagte ich, sehen Sie, ich … Haben Sie es nicht hoch gehalten?, wollten sie wissen. Nun, nein, ich … ich mochte das Muster, ich … Haben Sie nicht mehr gewusst, welche Größe Sie haben? Hatten Sie das Gefühl, es nicht zu wissen? Doch, ich kenne meine Größe, aber verstehen Sie doch, meine Augen, alles ist vernebelt, wegen der Medikamente, und ich … ach, ist schon gut.

Sie wollten das Thema jedoch nicht fallen lassen. Es war ganz offenbar typisch für wahnsinnige junge Frauen, sich zu große Nachthemden zu kaufen. Mit jedem Wort, das ich sagte, rutschte ich tiefer in die Sache hinein.

Dr. G. kam mich besuchen. Nun, und was tat ich jetzt den ganzen Tag, wo ich von meinen Lehrbüchern befreit war? Ich hätte eine Geschichte geschrieben, sagte ich strahlend. Es sei eine lange Geschichte … das heiße, eine Kurzgeschichte, aber so lang, wie die nun mal seien. Kurz, aber lang, sagte Dr. G. Hmmm. Und wovon handelt sie? Von einem Wechselbalg, sagte ich. Eine Frau glaubt, ihr Baby ist ihr weggenommen und durch ein anderes ersetzt worden. Verstehe, sagte Dr. G., und wo ist das passiert? Auf dem Land, in Wales, sagte ich, lustigerweise. (Ich war nie in Wales gewesen.) Ich weiß nicht genau, wann, aber es fühlt sich wie in den 1920ern an, ich meine, nach ihren Möbeln und Kleidern zu urteilen. Ist das so?, sagte Dr. G. Es ist auf jeden Fall vor Einführung der Sozialversicherung, sagte ich. Der Arzt kommt nicht zu ihnen in die Berge, weil sie es sich nicht leisten können. Verstehe, sagte Dr. G. Und wie geht die Sache aus? Oh, schlecht.

Wenn du auf die erste Medikationswelle nicht ansprachst – wenn sie dir nicht half oder du die Tabletten nicht nahmst –, kam die Möglichkeit in Betracht, dass du nicht einfach nur neurotisch warst, ein Hypochonder und eine verdammte Pest, sondern dass du auf einen psychotischen Zusammenbruch zusteuertest, auf das Ödland der Schizophrenie und eine Karriere in einer geschlossenen Abteilung. Um diese Katastrophe zu vermeiden, verschrieben die Ärzte, was man damals »starke Beruhigungsmittel« nannte, eine Medikamentengruppe, die dazu diente, Störungen zu bekämpfen sowie Halluzinationen und Wahnvorstellungen zu vertreiben.

Das nächste Mal, als ich Dr. G. sah, verbot er mir zu schreiben – genau sagte er: »Ich *will* nicht, dass Sie schreiben«, und er legte mehr Nachdruck in diesen Satz als in jeden anderen, den ich ihn je hatte sagen hören. Er wirkte unnahbar wie immer und doch auch unaussprechlich wütend. »Weil …«, fügte er hinzu und brach dann ab. Er würde mir nicht preisgeben, was nach diesem »weil« für ihn kam.

Ich sagte mir, wenn mir eine andere Geschichte einfällt, werde ich sie aufschreiben. Tatsächlich dauerte es einige Jahre, bis mir wieder eine einfiel, keine lange, sondern eher eine kürzere, und als ich sie an das Magazin *Punch* schickte, kam als Antwort keine Verwünschung, sondern ein Scheck. Der Wechselbalg zahlte sich ebenfalls aus, später, in einem Roman, der 1985 herauskam. Er spielte nicht auf dem Land in Wales und auch nicht in den 1920ern, sondern in der Gegenwart, in einer prosperierenden, langweiligen Stadt in den Midlands. In dem Buch kamen wahnsinnige Leute vor, aber niemand äußerte die Vermutung, seine Autorin könnte ebenfalls wahnsinnig sein. Es ist irgendwie anders, wenn man Geld für seine Bemühungen bekommt, einen Agenten hat und das alles professionalisiert abläuft.

Das erste Medikament, das ich bekam, hieß Fentazine und würde seine Aufgabe erfüllen, dachte Dr. G.

Wissen Sie, was eine Akathisie ist? Es ist ein Zustand, der als Nebenwirkung antipsychotischer Medikationen auftritt, und das Abgefeimte daran ist, dass er genauso wirkt und sich anfühlt wie Wahnsinn. Die Patientin läuft hin und her. Es ist ihr unmöglich, still zu verharren. Unruhig und verschreckt sieht sie sich um, ringt die Hände und sagt, sie sei in der Hölle.

Und wie fühlt es sich von innen an? Die Akathisie ist das Schlimmste, was ich je erlebt habe, die schlimmste klar umrissene Erfahrung meines ganzen Lebens (wenn ich mein Treffen im geheimen Garten nicht mitrechne). Kein körperlicher Schmerz ist je an die aufbrausende Todesangst jenes Morgens herangekommen, an das Hämmern meines Herzens. Du musst dich bewegen, in deinem kleinen Zimmer auf und ab gehen. Du zwingst dich auf einen Stuhl, nur um gleich wieder aufzuspringen. Du würgst, Druck baut sich in deinem Schädel auf. Deine Hände reißen an deinen Kleidern und deinen Armen. Dein Atem geht stoßweise. Deine Stimme ist wie ein Vogelschrei, und deine Hände flattern wie Flügel. Du willst dich gegen Fenster und Wände schmeißen. Jede Faser deines Körpers ist von Panik erfasst. Jeder Augenblick dauert eine Ewigkeit, und doch wirst du vom Jetzt durchbohrt, es sticht in dich hinein. Die Zeit scheint stillzustehen, und so gibt es keine Aussicht auf Befreiung. Ein verzweifeltes Gefühl von Dringlichkeit, ein Bedürfnis zu handeln – aber was nur ist zu tun? Und wie? – pulsiert durch deinen Körper wie die Schläge von Elektroschocks.

Du läufst hinaus auf den Flur. Da steht ein Mann und sieht dich tieftraurig an. Es ist dein Arzt, der Mann aus der Studentenpraxis, der Mann mit der randlosen Brille und den polierten Schuhen. Die

Spannung in deiner Kehle wird größer, Sprache wird aus dir heraus-gezogen, gerissen, dein Brustkorb bebt. Du denkst, du schreist, da-bei flüsterst du nur. Du flüsterst, dass du stirbst, verdammt bist, in die Hölle gestoßen wirst und die Flammen auf dem Gesicht fühlst. Und die Antwort darauf? Ein weiteres Anti-Psychotikum. Eine Spritze Largactil stieß mich in die Gefühllosigkeit. Ich lag mit dem Gesicht im Kissen, als die Spritze Wirkung zeigte, und versank in Dunkelheit. Während meine Panik nachließ und ich zu kämpfen aufhörte, wurden die Krankenhauslaken um mich herum nass und legten sich wie Seile um mich.

Nach dem Aufwachen wurde ich unter Largactil gehalten, um meinen Wahnsinn zu bekämpfen. Aber es war kein freundliches Medikament, es ließ meine Kehle springen und sich verschließen, als hängte mich jemand auf. So erscheint ein wahnsinniger Mensch der Welt – mit zitternden Lippen und tastender, abgehackter Stim-me. Du kannst sagen: Das ist das Medikament, wissen Sie, das bin nicht ich, drinnen in mir bin ich ganz in Ordnung. Und sie sagen: Ja, meine Gute, natürlich sind Sie das. Haben Sie Ihre Pille schon ge-nommen?

Aber dann hörte das Trimester auf und damit das Studienjahr. Mein Studium war vorüber. Die Universität war nicht mehr verant-wortlich, ich wurde aus der Klinik entlassen, ging nach Hause und war normal. Die Wirkung der Medikamente ließ nach. Ich zuckte und hüpfte nicht länger und hätte in jeder Gesellschaft als normal durchgehen können. Meine Beine schienen nicht mehr so weh zu tun, es waren eher Unterleibsschmerzen, doch ich hütete mich, da-rüber zu sprechen. Eine Zeitlang behauptete ich, dass es mir gut gehe.

Aber es war nicht so leicht, die Ereignisse des letzten Jahres abzu-schütteln. Das Problem waren die Namen der Medikamente, die ich »gebraucht« hatte, wie böse Beschwörungen standen sie in meiner

Krankenakte. Fentazine, Largactil, Stelazine. Sobald ich den Fuß in eine Arztpraxis setzte – was ich tat, als sich mein Zustand wieder verschlimmerte –, ging ich das Risiko ein, eine Dosis verschrieben zu bekommen, die einen Elefanten von den Beinen gehauen hätte. Und dann war da noch mein alter Freund Valium, von dem ich mich, wie ich wusste, fernhalten sollte: Es sei denn, ich wollte verhaftet werden.

Als ich also bald wieder zu einem Arzt ging, sagte ich, ich litte unter Rückenschmerzen, Übelkeit und Erbrechen und sei zu müde, um mich zu bewegen. Meine Ärzte – ein Mann, eine Frau – meinten, ich könnte anämisch sein. Das war ich nicht. Andere Ideen hatten sie nicht, aber vielleicht sollte ich etwas Valium nehmen? Und wie wäre es mit einer kleinen Reise? Mit vierundzwanzig hatte ich auf die harte Art gelernt, dass ich, worunter immer ich geistig und seelisch leiden mochte – und man leidet, wenn man ignoriert, disqualifiziert und gedemütigt wird –, nie wieder zu einem Psychiater gehen oder ein Psychopharmakon nehmen durfte. Mein Blick verschwamm in jenen Tagen auch völlig ohne Mithilfe von Antidepressiva. Manchmal gab es Lücken in der Welt: Einmal beschwerte ich mich, dass die Haustür offen stehe, tatsächlich sah ich die Tür aber einfach nicht. Hin und wieder schien neben mir etwas Raschelndes, Verdächtiges vorzugehen, links von meinem Kopf, doch ich fand kein Wort dafür. Für viele Dinge fand ich keine Worte, und meine Sprache kam oft wirr aus mir heraus: Ich nannte die Zeiger einer Uhr ihre Finger und die Lehnen eines Sessels seine Ärmel.

Es ging, wenn ich mich an Abstraktionen, Gedanken und Vorstellungen hielt. Und an manchen Tagen fühlte ich mich halb gut. Ich hatte einen Job, doch ich brauchte etwas, womit ich mich beschäftigen konnte, dachte ich, ging in die Bibliothek und lieh mir etliche Bücher über die Französische Revolution aus. Ich machte mir Notizen und legte Schaubilder an, fuhr in eine größere Bibliothek, lieh mir mehr Bücher aus und schrieb die Geschehnisse von 1789 bis 1794 heraus, sodass ich sie auf Karteikarten übertragen konnte. Ich war *sehr gewissenhaft, mit einem Blick fürs Detail*. Hätten *Sie* eine Revolution durchlebt, dann hätten Sie sicherlich – in einer so anstrengenden Zeit Ihres Lebens – die Dienste von jemandem gebraucht, der so gewissenhaft wie ich war. Ich begann mich über das *Ancien Régime* zu informieren, seine beiläufige Brutalität und seine Herzlosigkeit. Ich dachte: Das kenne ich doch. Ich kannte mich von Natur aus mit Despotismus aus, mit unlegitimierten Entscheidungen, die nach unten weitergegeben und willkürlich durchgesetzt wurden, mit dem Gesicht der Stärke, wenn es sich den Schwachen präsentiert.

Eines Tages, auf einer Rolltreppe in einem Kaufhaus, fasste mir ein Mann unter den Rock. Genug, genug, dachte ich, drehte mich um und schlug ihm aufs Auge. Oben verließ ich die Treppe und ging weg.

Ich mochte die Welt nicht, in der ich lebte. Sie schien mich nicht richtig zu wollen.

Ich war zu krank, um eine Stelle mit Verantwortung zu übernehmen, einen professionellen Job; ich fand eine Stelle als Verkäuferin und machte Dr. G. eine lange Nase. Ich fing an, ein Buch zu schreiben. Ich schrieb und schrieb daran. Die Zeit verging. Ich zog in ein anderes Land, auf einen anderen Kontinent. Und noch immer schrieb ich und schrieb.

Die Weihnachtswoche des Jahres 1979. Ich war siebenundzwanzig und lag im St. George's Hospital in London, wo sie meine Fortpflanzungsfähigkeit konfiszierten und meine Innereien neu ordneten. Als ich eingeliefert wurde, wusste ich, ich war sehr krank, doch nicht, wie schlecht es tatsächlich stehen mochte. Eine Zeitlang war unklar, was mir nun wirklich fehlte, sicher war nur, dass es körperlicher Natur war, dass ich Schmerzen hatte und es reale Schmerzen waren: dass es eine Krankheit war, gegen die sich mit Valium nichts ausrichten ließ.

Mein Leben hatte sich weiterentwickelt, weit hinaus aus seinen früheren Beschränkungen. Wir wollten reisen, wollten die Welt sehen, und mein Mann hatte den kohlehaltigen Kalkstein durch den Sand der Kalahari ersetzt, Fossilien durch Diamanten. Drei Jahre lang lebten wir in einer kleinen Stadt in Botswana, einer Siedlung an der Eisenbahn, wo Geologen und Landwirtschaftsspezialisten mit allradgetriebenen Wagen über unbefestigte Straßen fuhren, wo Zecken bissen und Mücken stachen, die Tage kurz, heiß und eintönig waren und ich hinter dem Insektennetz auf meiner Veranda saß, über meinen Karteikarten brütete und den Fall der französischen Monarchie und den Aufstieg des Wohlfahrtsausschusses dokumentierte. Ich hatte auch noch den letzten Tropfen Bedeutung aus jedem einzelnen Stück Papier gepresst, das ich mitgebracht hatte, aus jeder Notiz und Quelle. Das Buch war fertig. Aber auch ich war es, wie es schien. Als ich zu einem Urlaub nach England kam, ging das Buch an einen Verleger, der angeboten hatte, es sich anzusehen. Ich ging zu einem Facharzt, der anbot, mich anzusehen.

In den Betten um mich herum lagen Frauen mit Schwangerschaftskomplikationen, die versuchten, ihre Babys zu retten, Frauen, die zu einer Abtreibung dort waren, und Frauen, die sich unfruchtbar machen lassen wollten. Letztere waren zwei frohgelaunte, mittelalte Londonerinnen, ein bisschen verlebt und von den Jahren gezeichnet, die sich über die üblichen Unannehmlichkeiten beschwerten: das Die-Korridore-hinauf-und-hinunter-Müssen, das Warten in einer zugigen Ecke vor der Blutabnahme; aber selbst ihre Beschwerden wirkten gut gelaunt und liefen am Ende auf den einen Umstand hinaus, dass sie ein paar Tage lang das Zepter aus der Hand geben mussten, denn normalerweise waren sie es gewohnt, das Sagen zu haben. Die Entscheidung, herzukommen, hatten sie ganz für sich getroffen: noch ein Baby? Nein, danke! Zu ihrem Eingriff sagten sie: »Ich lass mir die Eileiter abbinden.« Ich stellte mir den Chirurgen vor, wie er mit den Stricken hantierte, »Hauruck!« rief und zwischendurch ein Buch mit Seemannsknoten konsultierte. Rechts neben mir lag eine stille junge Türkin, Anfang zwanzig, die ihren Schwangerschaftsabbruch, wie ich annahm, nicht mit ihrer Familie besprochen hatte. Sie wünsche sich ein Zigarette, sagte sie, ein kleiner Zug würde sie schon beruhigen. Nach der Operation schien sie grünlich dunkle Flecken um die Augen herum zu haben, als hätte sich jemand bemüht, sie mit Schlägen zur Vernunft zu bringen. Die Flecken vertieften sich in Richtung der Augenhöhlen und hellten nach außen in den gelblichen Teint auf. Dann war sie verschwunden, entlassen. Als sie aufstand, sah man ihre Vitalität, ihre dunklen, gekrümmten Beine, ihre Kraft. Sie könnte, dachte man, so viele Kinder haben, wie sie wollte.

Die andere Abtreibungspatientin lag mir gegenüber, eine flachsblonde Sechzehnjährige, die bereits zum zweiten Mal hier war. Wir hüpften von Bett zu Bett, Kirsty und ich, saßen jeweils auf dem Fußende der anderen. Sie erzählte mir aus ihrem Leben. Sie ging tanzen, ließ in Geschäften das eine oder andere mitgehen, und wenn eine den Jungen anguckte, mit dem sie gerade zusammen war, ging sie auf die Konkurrentin los. Ist das nicht richtig?, fragte sie, und wir stimmten darin überein, dass es die einzig richtige Reaktion sei. Eher ratlos als bösartig rief sie die Schwestern, indem sie nach ihnen pfiff, und verstand deren beschönigende Euphemismen nicht. Und als sie ihr eine Flasche gaben und sie baten, Wasser zu lassen, kam sie zu mir, um zu fragen, was zum Teufel sie jetzt schon wieder von ihr wollten.

Kirsty wurde für ihren Abbruch in den OP gebracht. In der Annahme, dass sie keine Chance hatte, sich um ihren Körper und die

Regulierung ihrer Fruchtbarkeit zu kümmern, setzte ihr der Arzt während der Narkose eine Spirale ein. Doch nachts, auf der Toilette, fiel das Ding heraus, sie erlitt einen Blutsturz, wurde ohnmächtig und schlug sich den Kopf am Waschbecken auf. Ich hatte das Gefühl, ihr Leben würde immer so sein – voller Schläge, die sie einstecken musste und die nichts mit Gerechtigkeit zu tun hatten. Das Schicksal würde angesichts ihrer unkontrollierten Launen und der Impulsivität ihres großzügigen Herzens immer überreagieren. Sie hatte mich vom ersten Tag auf der Station an adoptiert. Ich bekam, dachte sie, nicht, was mir gebührte. Einige Zeit nach meiner Einlieferung schafften es die Schwestern nicht, einen Arzt hoch auf die Station zu holen, um etwas gegen meine Schmerzen zu tun. Die starken Pillen, die ich mitgebracht hatte, waren mir weggenommen worden, und ich bekam eine Tablette Panadol, ein frei verkäufliches Mittel gegen alltägliche Beschwerden. Mir wurde ein heißes Bad zur Schmerzerleichterung angeboten; ich lachte. Nachts lag ich mit angezogenen Beinen auf dem Bett, und Kirsty schrie die Schwestern an. »Schaut sie euch an, schaut sie euch doch an«, brüllte sie. »Gebt ihr was.« Und sie taten es – ein seltener Fall – und sagten, dass ich damit an der Reihe sei, den Kakao-Wagen herumzuschieben. Ich war an der Reihe, obwohl ich doch gerade erst eingeliefert worden war! Ich rollte mich vom Bett und tat es. »Kakao? Heiße Malzmilch? Nehmen Sie Zucker dazu?« Ich konnte nicht richtig aufrecht stehen: Irgendeine entzündete Wucherung in mir ließ mich in der Taille einknicken und zog meinen schmerzverkrampften Leib hinunter zu den Knien. Albernheit hatte eingesetzt, nehme ich an, ein endokrinologisches Mitleidszentrum flutete mein Gehirn mit Substanzen, die nahelegten, dass im Moment nichts wirklich wichtig war.

Ich war ohne bestimmte Diagnose aufgenommen worden. Der Professor in der Gynäkologie hatte mir, wofür ich bis heute dankbar bleibe, kurzfristig ein Bett besorgt. Wenn es mir nichts ausmache, über Weihnachten im Krankenhaus zu sein, sagte er, könnten sie mich am 20. aufnehmen und noch vor dem Fest operieren. Während der Fahrt über die Autobahn hatte ich mich niedergeschlagen gefühlt. Ich hatte keine Angst, verspürte jedoch auf eine kindliche Weise, dass da nichts war, worauf ich mich freuen konnte. Nach zwei Weihnachtsfesten in Afrika, während deren ich meine Familie sehr vermisst hatte, war das jetzt nicht das, was ich mir gewünscht hatte. Als der Professor mich ein, zwei Wochen vorher in der Ambulanz untersucht hatte, hatte ich alles vollgeblutet, seine Latex-Hände und das Laken unter mir. Ich hatte gedacht, er sei abgehärtet, doch er sagte: »Ich fürchte, ich tue Ihnen weh. Es tut mir leid, ich höre jetzt auf.« Es hätte mir gefallen, wenn ihn die Neugier weitergetrieben hätte: hinein ins ungesehene, rauchende Fleisch meines Körpers, um die Wahrheit herauszufinden.

Wie kann ich das schreiben?, frage ich mich. Ich bin eine Frau mit einem feinfühligen Mund; ich sage nichts Ekliges. Aber schreiben kann ich es, wie es scheint; vielleicht, weil ich so tun kann, als blutete da jemand anderes den Tisch voll.

Damals wankte ich, als ich zurück in die Vertikale kam. Ich wischte mich ab, zog mich an und setzte mich auf einen Stuhl: schwarzes Vinyl, gespreizte Beine, die Lehne hinten hart gegen mein Rückgrat drückend. Sie sagen, Sie glauben, es ist eine Endometriose, sagte er. Es kann gut sein, dass Sie recht haben. Aber er sah nicht glücklich aus. Könnte es auch etwas anderes sein?, fragte ich. Wie wir uns verschwören, das Wort »Krebs« nicht zu gebrauchen! Sein Blick glitt zur Seite. Nun ja, sagte er, wenn es keine Endometriose ist, dann könnte es vielleicht eine Entzündung der Organe des kleinen Beckens sein, auch das wäre zu überlegen. Nein, das glaube ich nicht, sagte ich. Er nickte. Er glaubte es auch nicht. Übrigens, sagte er, sind Sie, sollte ich, spreche ich mit *Doktor* McEwen? Ich hob den Blick, um zu sehen, ob er es sarkastisch meinte. Nein, sagte ich, ich bin keine Ärztin, warum sollten Sie das denken? Es ist nur, sagte er, weil Ihre Terminologie so präzise ist. Tja, dachte ich. Wenn Sie mich nur kennen würden: *gewissenhaft* und mit einem *Blick fürs Detail*. Die kleine Miss Niemalsgesund hatte endlich ihren Abschluss gemacht.

Die Endometriose ist eine weibliche Unterleibserkrankung mit einer überwältigenden Vielzahl systemischer Wirkungen. Sie ist durchaus nicht selten, doch zum Glück bleibt sie selten so lange unerkannt wie bei mir und richtet nicht solch einen Schaden an. Wegen der Anzahl der Symptome, die sie hervorruft, ist sie mitunter schwer zu diagnostizieren – besonders für einen Arzt, der nicht zuhört oder genau hinsieht. Vergleichsweise einfach ist sie zu identifizieren, wenn man die Patientin ist und ein gutes Lehrbuch in die Hand bekommt, das die Wirkungen umfassend beschreibt.

Ein paar Monate zuvor hatte ich in der Entlegenheit meiner kleinen Stadt am Rand des Busches erneut gedacht: Genug, genug. Mein Arzt (seine staubige Praxis in der Stadt wurde von einigen Eukalyptusbäumen verdunkelt) schien nicht geneigt zu sein, der Sache auf den Grund zu gehen, verschrieb aber gern immer stärkere Schmerzmittel. Was immer er mir gab (und mit wie viel Alkohol ich es auch hinunterspülte), die Schmerzen wucherten darüber. So fuhr ich denn eines Tages in die Hauptstadt, ging in die Universitätsbibliothek und arbeitete mich durch die medizinischen Lehrbücher. Ein Chirurgie-Lehrbuch zeigte eine weibliche Gestalt, deren Organe klar dargestellt waren, und lange schwarze Linien – wie die langen Nadeln, mit denen sie früher in Hexen gestochen haben – stießen durch ihre Hüften und den Brustkorb und trugen den Namen eines jeden Organs. Und für jedes dieser Organe gab es einen Schmerz; ich hatte sie alle schon gespürt.

Als Nächstes lernte ich, wie die Krankheit fortschritt. Das Endometrium, die Gebärmutterschleimhaut, bildet die Innenwand der

Gebärmutter. Sie besteht aus speziellen Zellen, die mit jeder Monatsblutung abgestoßen werden. Bei der Endometriose finden sich diese Zellen auch in anderen Teilen des Körpers. (Wie sie dorthin kommen, ist umstritten.) Typischerweise finden sie sich im Becken, der Blase, dem Darm. Seltener gibt es sie auch in der Brustwandung, dem Herzen und dem Kopf. Wo immer sie sich finden, gehorchen sie ihrer essenziellen Natur und bluten. Narbengewebe bildet sich in den inneren Räumen und Höhlungen des Körpers. Es wird mehr. Drückt auf Nerven und verursacht Schmerzen, manchmal auch an entfernten Orten. Das Narbengewebe bildet ein übles Netz, das ein Organ mit dem anderen verbindet. Unfruchtbarkeit ist eine klare Folge, da die Organe im Becken umgarnt und aus ihrer Form gezogen werden. Endometriose im Gedärm führt zu Erbrechen und Leibschmerzen. Der Druck auf das Becken führt zu Rückenschmerzen und Schmerzen in den Beinen. Man wird zu müde, um sich zu bewegen. Der Schmerz, der dich im Frühstadium der Krankheit zur Zeit der Monatsblutung erfüllt, weitet sich mit der Zeit auf den ganzen Monat aus. Zuletzt hatte mir an einigen Tagen meines Lebens alles weh getan, alles vom Schlüsselbein bis zu den Knien. Aber he! Mit meinen Füßen war alles in Ordnung, die funktionierten wunderbar. Und ich konnte immer noch denken und die Schreibmaschinentasten betätigen. Hör auf, dich zu beklagen!, dachte ich. Sieh, wohin dich deine Stöhnerei bringt! Ins Irrenhaus.

Nicht selten geht mit der Endometriose eine hormonelle Verschiebung einher, die sich als heftiges prämenstruelles Syndrom äußert. In meinem Fall manifestierte sie sich in der prodromalen Aura von Migräne. Eine Migräne, musste ich lernen, war nicht einfach nur ein übler Kopfschmerz, sondern bestand aus einer ganzen Reihe miteinander verbundener neurologischer Phänomene von bemerkenswerter Vielfalt. Es war in der Aura, der Phase, die dem meistens folgenden Kopfschmerz voranging, dass die Worte falsch aus mir herauskamen und die Tür im schwarzen Raum verschwand: Es war in der Aura, dass ich das dumpfe Brummen und Murmeln links von meinem Kopf hörte. Die Migräne verwirbelte die Luft in matten Verschiebungen und Strudeln, lud sie mit unsichtbaren Präsenzen und dem Echo fremder Stimmen auf. Sie verschaffte mir morbide Visionen, Erscheinungen gleich, Vorahnungen von Verfall. Ein Zeitlang, da war ich acht, war mein Blickfeld ständig mit dem sich bewegenden Bild winziger Totenschädel unterlegt gewesen. Als Studentin hatte ich Dr. G. in einem Ausbruch furchterregenden Vertrauens davon erzählt. »Schwarz auf weißem Grund, Schädel, Schädel, Schädel, etwa so groß wie mein Fingernagel«, sagte ich. »Und sie entrollten sich wie die Tapete eines Satanisten.«

Dr. G. lächelte ein wintriges Lächeln. »Nun ja«, sagte er. In dem Stadium war ich nur neurotisch und noch nicht die ausgewachsene Irre, zu der ich wurde, als er meine Dosis erhöhte. »Nun ja.« Seine Stimme klang beruhigend. »Wir alle haben unsere kleinen metaphysischen Fantasien.«

1979: Ich muss zugeben, dass mir der Umstand, mich in ein Krankenhausbett legen zu können, eine Art Erleichterung brachte. Ich konnte aufhören, so zu tun, als ginge es mir gut. Das Komische war jedoch, wie ich bereits beobachtet hatte, dass das Personal dazu neigte, die Patienten als Simulanten zu betrachten. Wir konnten sie in ihrem Schwesternzimmer zusammenhocken, ihre Notizen durchgehen und unsere Körperteile diskutieren sehen. Junge Mädchen mit unsicheren Gebärmutterhälsen waren gewiss von der leichtfertigen Sorte, und Entzündungen im Beckenbereich zeugten von einem heftigen Sexleben. Schwangere Frauen waren nicht krank, Frauen, die abtreiben wollten, waren nicht krank, und was die Sterilisierungs-Brigade anging, die sollte aufstehen und die Latrinen putzen. (Was nicht ungelegen gekommen wäre.) Was mich betraf, so bekam

186

ich bald eine ulkige Diagnose. Der Stationsarzt untersuchte mich und meinte, ich sei schwanger. Er zwinkerte mir zu. Da ist ein Baby drin, sagte er und klopfte selbstsicher auf meinen geschwollenen Leib. Und schon ging er einen Herzmonitor für den Fötus holen.

Aber da gab es kein Baby. Keine Catriona und keine Modestine: niemanden, nur den Geist meines eigenen Herzschlags, der für die Welt draußen verstärkt wurde. Na ja, sagte der Stationsarzt. Sieht so aus, als hätte ich mich getäuscht, wie?

Der Assistenzarzt kam, um meine Krankengeschichte aufzunehmen. Er war noch ganz neu und jung, mit einem Anfängerschnauzbart, der sich Stoppel für Stoppel studieren ließ. Einige von ihnen staken im rechten Winkel aus seiner Haut. Ich hielt meinen Blick darauf und auf die Bewegungen seines Mundes gerichtet. Sie sind sehr jung, sagte er, ich werde den Professor fragen, ja, ja (er bestätigte seinen Beschluss), ich rede mit dem Professor und werde ihn bitten, einen kleinen, tief angesetzten Schnitt zu machen, damit sie auch hinterher noch einen Bikini tragen können. Er schien fast den Tränen nahe zu sein. Ich nickte. Ich wusste, er würde nicht darauf drängen können, doch es gefiel mir, dass er sich so sorgte. Es ist seltsam, deinen weichen, mädchenhaften Körper einem Mann in deinem eigenen Alter zu zeigen, der es noch nicht zur Leidenschaftslosigkeit gebracht hat, aber einen weißen Kittel trägt. Eigentlich, sagte ich, trage ich nie einen Bikini, weil ich zu … züchtig bin, wollte ich sagen. Aber was war an Züchtigkeit noch übrig? Ich hatte mehr Gynäkologen als Liebhaber gehabt. Fremde Fäuste in meinen Innereien. Wissen Sie, sagte ich, für einen Bikini habe ich eine zu weiße Haut. Ich bin zu blass. Ich verbrenne gleich. Natürlich, sagte er. Aber dennoch. Verwirrt stand er auf, und beinahe wären ihm die Notizen von seinem Klemmbrett gerutscht. Am Fußende des Bettes drehte er sich noch einmal um, lächelte und zwinkerte mir zu.

Zwei Tage nach meiner Aufnahme musste ich wegen einer Sonografie quer durch London. Das St. George's Hospital an der Hyde Park Corner würde nur noch wenige Wochen in Betrieb sein; es war öde, schmuddelig und fast leer. Meine Station war mit die letzte, die noch in Betrieb war, wie mir gesagt wurde, und für Hightechdinge musste ich ins neue St. George's nach Tooting. Ich erwartete, dass sie mir meine Kleider auf die Station bringen würden, doch es hieß, nein, Sie gehen im Bademantel, so machen das unsere Patienten.

Das einzige Kleidungsstück dieser Art, das ich besaß, war ein schwarzer Satin-Umhang mit tiefem Ausschnitt. Bevor ich ins Krankenhaus kam, hatte meine liebe, praktisch denkende Cousine Beryl jedoch gesagt, sie glaube nicht, dass das gehe, und mir ein grünes Veloursding geliehen, kuschelig und züchtig, das mir bis zu den Füßen reichte und sich bis zum Hals zuknöpfen ließ. Ich war sehr froh darüber, als mir gesagt wurde, ich würde mit dem Taxi nach Tooting fahren. Sie würden das Taxi für mich organisieren, sagten sie, keine Sorge. Oh, dachte ich, da muss ich also nicht hinaus auf die Straße und selbst nach einem pfeifen? Und sie sagten, sie würden eine Begleitung mitschicken.

Bevor es losging, sollte ich so viel Wasser trinken wie nur möglich, um meine Blase zu dehnen, was gut sei, ohne dass mir irgendwer erklärt hätte, warum, und in gewisser Weise wollte ich nicht fragen. Was, wenn sie es nicht wussten? Es war eine Art Abwägung in Sachen Unwissen: Sie sagten mir nichts, und ich stellte keine Fragen, um den möglichen Schock zu vermeiden, den es bedeuten würde, herauszufinden, wie viel sie nicht wussten. So saß ich denn nachdenklich wartend auf meinem Bett und leerte ein Glas des Krankenhauses.

»Da kommt Della!«, rief jemand.

»Hallo, hallo!«, rief Della ebenso laut. Wie eine Oscar-Kandidatin, eine Ballschönheit rollte sie herein. »Wow-wow, Della!«, erklang es. Della jauchzte zurück. Ich erkenne ein Original auf den ersten Blick, und o Gott, wie es mich mit Grauen zusammenfahren lässt. Ich nahm einen letzten Schluck Wasser.

Della war eine jamaikanische Hilfskraft in ihren Fünfzigern oder Sechzigern. Sie hatte eine so ausladende Figur, dass man glaubte, nicht um sie herumsehen zu können. Das müssen die Leute auch denken, wenn sie mich heutzutage sehen, allerdings glaube ich nicht, dass ich das Licht verdunkle, wie Della es tat. Sie hatte eine breite Stirn und blickte finster drein. Della erinnerte mich an einen Bison, was nicht so schlecht war, hatte ich als Kind die Bisons im Zoo doch gemocht. Sie standen nahe am Zaun und atmeten Unmengen von Luft ein und aus, während du den Finger durch den Maschendraht stecktest und das karge Haar zwischen ihren Ohren kraultest. Aber verlass dich nicht drauf: Auf freiem Feld können sie dich niederwalzen.

Della war meine versprochene Begleitung nach Tooting. Sie brachten einen Rollstuhl herauf. »Um Sie zum Taxi zu bringen«, sagten sie. Aber ich sagte (vielleicht dachte ich es auch nur): Ich kann gehen, das wissen Sie, gestern Abend erst haben Sie mich den Kakao-Wagen herumschieben lassen … Sie gaben jedoch nicht nach. Sie sagten, es sei Vorschrift.

So wurde ich denn zum Eingang geschoben und mit meinem Bison in ein Taxi gesetzt. »Holla, Della!« (oder irgendeine andere Cockney-Imitation), riefen die Pförtner am Haupteingang. Della hatte, nehme ich an, einen Brief mitbekommen, den sie jemandem am anderen Ende geben sollte, allerdings schien sie nicht zu wissen, weswegen wir zusammen nach Tooting fuhren, und es leichthin als eine Art Sonntagsausflug zu betrachten. Sie polterte zurück: »Ray, was! Fahr'n nach Tootin', bis dann, was?«

Die Tür schlug zu, und wir schoben uns in den Verkehr von Hyde Park Corner. Der Fahrer hielt die gläserne Trennscheibe geschlossen, aber aus Dellas Mund plätscherten die Worte, plätscherten und plätscherten. Wer war ich und warum war ich hier, wegen was? Ich antwortete, eine Antwort folgte auf die andere, von Selbstmitleid und Persönlichem bereinigt, und mein Gesicht wandte sich wieder und wieder dem Fenster zu. Sie dauerte lange, diese Reise durch den Londoner Mittagsverkehr. Stück für Stück ging es Richtung Süden und über die Themse. Ich habe mich mit London als Stadt nie angefreundet, doch ich betrachte es gern stumm aus Taxifenstern und schätze es als das, was es ist; und wie es mir das Gefühl gibt, ein Landei zu sein.

An diesem Tag fühlte ich mich von dem Gedanken besessen, dass ich die Stadt womöglich nicht wiedersehen würde. Schon zwei Tage in der Abgeschlossenheit einer Krankenstation verändern den Blick, und die Gebäude da draußen kamen mir fern und heldenhaft vor, wie die Häuser einer Traumstadt. Ich fühlte mich angerührt, konnte meiner Rührung aber keinen Namen geben. Meine von der fortschreitenden Krankheit angegriffene Blase war brav geschwollen, und schon hatte ich einen Schmerz: eine neue Art Schmerz, einmal etwas ganz anderes. Della redete zusammenhanglos und flüssig dahin. Ich beantwortete alles. Schon begann sie eine neue Geschichte, und ich folgte ihr wieder. Sie erzählte mir von ihrer jüngsten Tochter, erst achtzehn, die vor fünf Jahren ins Krankenhaus gegangen sei, um sich an der Hand operieren zu lassen. »Nur 'ne kleine Schwellung«, erklärte Della mit Nachdruck. »Ich sag, kümmer dich nich' drum. Und hat sie auf mich gehört? Hat sie gehört? O nee!«

Ich sah sie an. Bis jetzt hatte ich den Großteil der Fahrt nicht begriffen, wovon Della redete, aber das jetzt war doch sicher etwas, das ich verstand? Und wie ist es Ihrer Tochter ergangen?, fragte ich. Hat es funktioniert, haben sie ihr geholfen? O nee!, sagte Della. Unterm Messer ist alles schiefgegangen. Sie vegetiert nur noch dahin.

Das Gehirn haben sie ihr kaputtgemacht. Wachkoma nennen sie das.

Sie sprach so leidenschaftslos, als redete sie von einem Marsbewohner. Unter so gut wie allen Umständen hätte ich mich vorgebeugt – *gewissenhaft, mit einem Bick fürs Detail* – und gesagt: Haben Sie die Ärzte wegen Fahrlässigkeit verklagt, hatten Sie einen guten Anwalt? Ich hätte Della kaum getadelt, dass sie einen so traurigen Vorfall ansprach, sondern eher überlegt, dass sie mir damit eigentlich einen Gefallen tat: Es lenkte meine Gedanken von meinen Schmerzen ab. Hat das Krankenhaus seine Schuld anerkannt, und wie viel haben Sie als Schadenersatz bekommen? Fünf Jahre, dachte ich, fünf Jahre, der Fall könnte immer noch verhandelt werden. Nur ein Teil von mir schreckte vor dem zurück, was sie mir erzählt hatte, der Rest von mir wollte sie nach Zahlen fragen, nach Terminen. Ich wollte etwas sagen.

Doch dann tat Della etwas Schreckliches. Sie ließ den Kopf nach vorn sacken, die Backen herunterhängen und machte die Laute ihrer Tochter nach: »Sie macht: Ma, ma, ma. La, la, la. Das ist alles, was sie sagen kann.« Della streckte die Zunge heraus und grunzte: »Ma, ma, ma. La, la, la«, ließ den Kopf zurück auf den fetten Nacken kippen, »Ma, ma. La, la.« Etwas später zog Della nach einigem Überlegen die Zunge zurück in den Mund.

Den Rest der Fahrt schwiegen wir. Der Taxifahrer setzte uns am falschen Eingang ab. Della schien zu wissen, wohin wir mussten, und so zogen wir gemeinsam los, sie mit ungetrübter Stimmung, als ritten wir über grabbedeckte Ebenen, ich in meinem Bademantel und barfuß in Schlappen: wie in grüblerischer Haltung leicht um meinen Schmerz gekrümmt. Ich war aus der Hitze Afrikas hergekommen, zur heißesten Zeit des Jahres, und wir hatten Dezember. Der Wahrheit halber muss ich allerdings sagen, dass es weder regnete noch schneite. Es war einer jener Tage so kurz vor Ende des Jahres, die sich die Mühe nicht mehr machten: Nur eine einzelne verirrte, mürrische Flocke trieb aus dem düsteren Himmel herunter.

In einer Phase meines Arbeitslebens hatte ich in einem Krankenhaus gearbeitet und kannte die medizinischen Hinweisschilder, weshalb ich mit Dellas Marschrichtung nicht unbedingt glücklich war. Aber sie bestand auf ihrer Wahl. Sie eilte voraus, den Bisonkopf gesenkt; ich musste ihr folgen. Ich wollte mich auf den Kiesweg hocken und unter meinen Kleidern urinieren, wie Marie Antoinette auf dem Weg zu ihrer Hinrichtung. Es ist ein trauriges Detail eines traurigen Lebens. Ich hatte lange darüber nachgedacht, ob ich es in meinem Manuskript über die Revolution unterschlagen sollte, es dann aber nicht getan. Della brachte mich zur Leber-Abteilung, wo Leute, die dreißig Jahre älter waren als ich, Schlange standen. Sie warteten auf Scans, das stimmte, aber besondere, nur für sie gedachte. Sie sahen gelb und aufgedunsen aus und glichen einander, als wären sie derselben Familie beigetreten. Keiner sagte ein Wort zu mir. Sie starrten mich nur an. Gebückt standen sie da, wie ich, und hielten ihre Leiber, Fleischrollen gleich, über die Unterarme drapiert: Wie Debütantinnen, die ihre Schleppen hochnahmen, um nach ihrer Vorstellung den Buckingham Palace zu verlassen.

Ein Pfleger schüttelte den Kopf in Dellas Richtung. Er deutete auf mich. Wir zogen uns von den gelben Wartenden zurück. Ich sah in ihre Mondgesichter, und sie erwiderten meinen Blick, nachsichtig, vielleicht auch gleichgültig. Wir machten uns erneut auf, Della und ich, aus der Leber-Abteilung hinaus ins Freie, die Kieswege hinauf und hinunter. Die Kälte war rau und nass wie ein Salzbad. Als ich den richtigen Ort erreichte, warteten sie bereits auf mich. Vielleicht warteten sie schon seit einer Stunde, doch sie kritisierten mich nicht. Ein Techniker, nett, aber unbewegt, strich mir Gel auf den Leib. Das Zeug erinnerte mich an Swarfega, ein Mittel, mit dem sich die Männer in meinem Leben die Hände reinigten, wenn sie an einem Automotor herumgebastelt hatten. Vielleicht konnte mich das Krankenhaus mit etwas Spachtel wiederherstellen? Der Techniker beugte sich über mich und fuhr mir mit der Sonde über den Leib. Ich hob den Kopf und sah Bilder auf dem Schirm. Sie ergaben keinen Sinn und schienen wenig einleuchtend, und vielleicht dachte er das ja auch. Aber er half mir, indem er mich auf die herausragenden Bestandteile hinwies. »Ein hübsch volle Blase«, sagte er. »Sie können es sicher nicht erwarten, die auszuleeren.« Er zeigte mir die aufblühenden Wucherungen um die Eierstöcke. Zum ersten und letzten Mal sah ich meinen Mutterleib, mit zwei schwarzen Strichen, kalligraphisch schön, die auf ihn hindeuteten: klare diakritische Zeichen einer Sprache, die zu sprechen ich nie lernen würde.

Nachdem alles sondiert war, durfte ich vom Untersuchungstisch fallen und urinieren. Nach einer weiteren Stunde im Taxi kamen wir zurück zum St. George's, und Della tapste aus dem Auto. Ich folgte ihr vorsichtig und stellte die Füße auf den Bürgersteig. Die Pförtner riefen: »Wow, Della! Tachchen, Mädels.«

»War'n in Tootin'«, brüllte sie.

»Das ist unser Mädchen!«, brüllten sie zurück. Sie schoben einen Rollstuhl herbei und sahen mich erwartungsvoll an. In den setze ich mich nicht rein, sagte ich, das ist ein Witz. Ich bin in meinem Bademantel durch halb Südlondon gerannt.

Aber Sie müssen, sagten sie entsetzt. Das steht fest. Wir können Sie nicht laufen lassen. Was für ein Gedanke! Dann verlieren wir unseren Job.

Della sang jetzt und war mit ihren Gedanken ganz woanders. Ach, wenn es um Ihre Jobs geht, sagte ich. Ich möchte ja nicht, dass Sie gefeuert werden. So ist's recht!, sagten sie. Ich ließ mich auf den Rollstuhl sinken und hinauf auf die Station bringen.

Weihnachten rückte näher, und die Station leerte sich. Die gut gelaunten Frauen gingen nach Hause, sterilisiert, geheilt und immer noch murrend. Ein Ehemann brachte einen Koffer für seine junge Frau, bei der Gebärmutterhalskrebs in einem frühen Stadium entdeckt worden war – geheilt, dachte sie, hoffte sie. Im Bett hatte sie wie ein zehnjähriger Junge ausgesehen, in ein vernünftiges, warmes Oberteil geknöpft, das blonde Haar wuschelig, das spitze Gesicht blass. Als jetzt der Bettvorhang zur Seite schwang, stand sie aufrecht und schlank auf acht Zentimetern Stöckel da, die Ecken in sorgfältig ausgewählte, schöne Kleider gehüllt, die ihr so genau passten, dass man sah, sie waren maßgeschneidert, von ihr oder für sie. Der genaue Saum, der lose Wollmantel mit seinem abgestimmten Schwung. Sie schüttelte das Haar, und ihr dichter blonder Bubikopf, exakt geschnitten, strich ihr über die Schulterpolster. Sie griff nach ihrer polierten Ledertasche und trat in den Rest ihres Lebens.

London leerte sich. Der Verkehr um Hyde Park Corner beruhigte sich. Eine junge Frau blieb in einem Bett auf der anderen Seite, im sechsten Monat schwanger, das Gesicht voller Fieberflecken. Sie hatte eine Niereninfektion, und es ging ihr schlecht. Als das Antibiotikum zu wirken begann, setzte sie sich auf und sah sich mit vernebelten Keltenaugen um. Ihr dunkles Haar lag dünn auf dem weißen Kissen.

Als sich die Nierenfrau aufsetzte, stand ich am Vorabend meiner Operation, ohne dass man sich bisher über die Natur meines Problems einig geworden wäre. Meinem Mann war gesagt worden, er müsse, falls die Wucherungen bösartig seien, mit meinem Tod rechnen. Mir war das nicht so gesagt worden, doch das war auch nicht nötig. Ich glaubte stur an meine eigene Diagnose. Wenn ich recht hatte, würde ich überleben.

Lange nach der Dunkelheit kamen die Sternsinger. Ich war gerade im Bad und stand mit dem Rücken vor dem dunklen Spiegel.

Es war keine Angst, aber ich hatte begonnen, mich einsam zu fühlen, sehr einsam, überließ mich meinem Selbstmitleid, und als sie »Once in Royal David's City« anstimmten, rannen mir die Tränen aus den Augen. An die Wand gelehnt stand ich da, bis es vorbei war. Dann hörte ich eine Frau mit süßer, herrischer Stimme sagen: »Vielleicht würdest du gern ein Lied aussuchen, Liebes?« Und Kirsty lachte: lang und schallend, eine Freudenbotschaft. Sie hatten sich Kirsty geschnappt, weil sie gleich vorn im ersten Bett lag. Sie gaben ihr ein Liederbuch, und als ich aus dem Bad schoss, hielt sie es wie ein Stück glühender Kohle in der Hand, und ihr Lachen war der Klang ihrer Ungläubigkeit. Ich nahm ihr das Buch aus der Hand, und sie schenkte mir einen dankbaren Blick. Ich blätterte durch die Seiten und wünschte mir »God Rest You Merry, Gentlemen«. Die Sänger erfüllten mir meinen Wunsch, schienen jedoch etwas enttäuscht über meine altmodische Wahl zu sein. Aber ich dachte an unsere Chirurgen, die am nächsten Tag kommen und mich aufschneiden würden. Es war ihre letzte Aufgabe, bevor sie heim zu ihren Familien fuhren, um den Weihnachtsvogel zu zerlegen.

Nachdem die Sternsinger gegangen waren, fiel Kirsty in einen totengleichen Schlaf. Ich setzte mich auf das Fußende der Nierenfrau, und wir rauchten zusammen eine Zigarette. »Alle Damen zurück ins Bett!«, riefen die Schwestern. Ich lag als Einzige nicht, und sie benutzten den Plural, um mich nicht direkt ansprechen zu müssen. Endlich gab ich der Nierenfrau einen Gutenachtkuss und strich ihr das dunkle Haar zurück. Es war sonst niemand da, um es zu tun. Ich schlurfte zu meinem eigenen Bett hinüber und schob mich unter die Decke. Die Wölbung meines Unterleibes war fast so groß wie bei der schwangeren Nierenfrau, und sie waren noch immer nicht mit meiner Schmerzstillung weitergekommen. Sie gaben mir eine Schlaftablette, doch es hätte schon eines Holzhammers bedurft, um mich auszuknocken. Ich hatte keine Angst, aber meine Gedanken arbeiteten.

In der Stille der Nacht, gegen zwei Uhr morgens, kam eine in Schwierigkeiten steckende afrikanische Frau auf die Station, die ständig den Kopf von einer Seite auf die andere warf; der Rollwagen, auf dem sie lag, wirkte wie eine Totenbahre. Zwei Männer mit tief betroffenen Gesichtern gingen hinter ihr. Die Kälte hatte ihre Gesichter mit einem aschfahlen Ton überzogen, und sie hielten Wollmützen in den Händen, die sie heftig verdrehten.

Ich wurde als Christin erzogen, wenn eine Katholikin denn so genannt werden darf. (Meine Großmutter dachte, man solle die Bibel nicht lesen, die für sie ein protestantisches Buch war.) Als seelische Unterstützung bekommen Christen das Modell eines Mannes, der unter extremen Schmerzen stirbt, und wir wurden angehalten, dem Kreuzweg zu folgen und an jeder Station bestimmte Gebete zu beten. Wir wurden gelehrt, dankbar dafür zu sein, dass, was immer uns erwartete, keine Kreuzigung war: es sei denn, wir wurden Missionare oder hatten echtes Pech.

Als Katholikin wurdest du gelehrt, dein Ende zu betrachten. Du wurdest ermutigt, deinen eigenen Tod einzuüben: mit den ihn begleitenden Qualen für Geist und Körper und (was ich für eine heimelige Note hielt) deinen Freunden und Verwandten rund um dein Bett.

Es stimmt, dass die Litanei für einen glücklichen Tod nicht zu den Gebeten gehörte, die ich in der Schule lernte, aber mit acht oder neun Jahren, als mich die immer gleiche Form der heiligen Messe langweilte, blätterte ich, verzweifelt auf eine gute Predigt wartend, durch den hinteren Teil des Gebetbuchs.

O Herr Jesus, Gott der Güte und Vater der Gnade, ich nähere mich Dir mit reuigem und demütigem Herzen; Dir empfehle ich die letzte Stunde meines Lebens und dem Gericht, das mich danach erwartet.

Wenn mich meine Füße, taub vom Tod, mahnen werden, dass mein Weg auf Erden an sein Ende gelangt, *gnadenreicher Herr Jesus, habe Erbarmen mit mir.*

Wenn meine Hände, kalt und zitternd, nicht länger in der Lage sein werden, das Kreuz zu halten, und ich es gegen meinen Willen auf mein Bett des Leidens fallen lassen werde, *gnadenreicher Herr Jesus, habe Erbarmen mit mir.*

Wenn meine Augen, matt und unruhig angesichts des nahenden Todes, Dich suchen werden, meine letzte und einzige Stütze, *gnadenreicher Herr Jesus, habe Erbarmen mit mir.*

Wenn meine Lippen, blass und bebend, zum letzten Mal Deinen anbetungswürdigen Namen aussprechen werden, *gnadenreicher Herr Jesus, habe Erbarmen mit mir.*

Ich nehme den Tod ernst und sehe seine Nähe, das habe ich immer getan. Aber als mich kürzlich ein Arzt nach der Krankengeschichte meiner Familie befragte, musste ich ihn in jeder Hinsicht abschlägig bescheiden. Keine Herzkrankheiten. Keine Schlaganfälle. Kein Krebs – mit Ausnahme von Großvater, und der war Raucher. Tatsächlich gibt es keinen Grund (ich sage das staunend und hebe den Blick), keinen Grund, wie es scheint, dass wir je sterben sollten. Aber die Litanei sagt uns, dass wir es tun werden und wie es aussehen wird.

Wenn mein Gesicht, bleich und fahl, die Betrachter mit Mitleid und Bestürzung erfüllt; wenn mein Haar, im Schweiß des Todes gebadet und auf meinem Schädel steif werdend, mein nahendes

Ende verkünden wird, *gnadenreicher Herr Jesus, habe Erbarmen mit mir.*

Wenn meine Ohren, bevor sie sich dem Gespräch der Männer auf ewig verschließen, den unwiderruflichen Urteilsspruch hören werden, der mein Verderben für alle Ewigkeit festlegt, *gnadenreicher Herr Jesus, habe Erbarmen mit mir.*

Wenn meine Vorstellung, aufgewühlt von schrecklichen Geistern –

Aber nein, vielleicht habe ich Sie damit genug aufgewühlt. Ganz besonders bewundere ich den Satz mit dem steif werdenden Haar auf dem Schädel. Diesen Weg zur Auflösung sollte der gute Katholik also regelmäßig gehen und Christus auf den Berg Golgatha folgen. Petrus, so lehrte man uns, wurde mit dem Kopf nach unten gekreuzigt. Das war barmherziger, weil er so die Besinnung verlor. Während meiner Zeit in der Klosterschule wurde mir das dreimal erklärt, immer von derselben Frau, und jedes Mal stellte ich mir vor, wie sie feierlich auf den Kopf gedreht würde, als wäre sie eine geometrische Figur, deren Ausrichtung ich ändern sollte. Ich denke, sie glaubte, Petrus sei glimpflich davongekommen.

Wenn die letzte Träne, die meine Auflösung ankündigt, aus meinen Augen rinnen wird, nimm sie als ein Sühneopfer für meine Sünden; gewähre mir, als Bußopfer sterben zu dürfen, und in dem Augenblick, *gnadenreicher Herr Jesus, habe Erbarmen mit mir.*

Beachten Sie das großartige Semikolon. Die Leute fragen mich, wie ich schreiben gelernt habe. Hier habe ich es gelernt.

Das gesamte katholische Leben wird im Schatten eines glücklichen Todes gelebt – als spielte es sich in einem silbrigen, fleckigen Spiegel ab, uralt und dem Betrachter schmeichelnd.

La, la, la. Ma, ma, ma. Dezember 1979: Ich verspürte den Drang, eine Nachricht an meinem Bett zurückzulassen: Wache ich als Gemüse auf, kocht einen Eintopf aus mir.

Als ich einen Tag später wieder halb wach war, kamen sie, um mir zu erklären, was sie gemacht hatten. Nach einer Vollnarkose wechselt man zwischen Bewusstheit und Bewusstlosigkeit hin und her: Du setzt dich auf, lächelst und magst wach wie der junge Tag wirken, bist aber tatsächlich kaum da. Sie hätten es mir noch einmal sagen sollen, denke ich, als ich richtig wach war. Ein oder zwei Mal hätten sie mir es erklären sollen. Einen Brief hätten sie schreiben sollen, einen Aufsatz oder vielleicht ein kleines Buch.

Gewisse Dinge waren damit für mich erledigt. Ich spürte, dass es nicht einfach sein würde, meine zusammenbrechende Ehe zu stützen. Wenn weiblichen Affen die Gebärmutter entfernt wird und sie anschließend in ihre Gruppe zurückkehren, spüren ihre Gefährten es und verlassen sie. Das ist ein grundlegendes biologisches Faktum. Es gibt wenig Güte im Tierreich, und ich war unten bei den Tieren gewesen, hatte ächzend und blutend auf der Bahre gelegen. Es würde keine Tochter geben, keine Catriona. Nicht, dass ich behaupten konnte, sie mir zu sehr gewünscht zu haben; mit siebenundzwanzig hatte ich kein einziges Mal versucht, ein Baby zu bekommen. Uns schien es gut zu gehen, wie es war, uns beiden. »Die Kinder von Geliebten sind Waisen«, sagt Robert Louis Stevenson. Das wäre ein trauriges Schicksal für sie gewesen, die kleine Miss Cat. Doch jetzt würde sie nicht mehr geboren werden, und wir waren keine Geliebten mehr.

Mir fehlten ein paar Dinge von mir, neben meiner Gebärmutter und den Eierstöcken, meinem Fortpflanzungsapparat, ein paar Stücke Gedärm: aber davon hast du reichlich.

Wissen Sie, was mir im Zusammenhang mit diesem Erinnerungsbuch die größten Sorgen bereitet? Dass ich immer die Schlaue bin, die mit dem letzten Wort. Immer die mit dem herzlosen Witz, dem spöttischen Bonmot.

Aber jetzt musste ich erst einmal damit umgehen, dass ich ganz und gar nicht schlau gewesen war. Wie ein Idiot, wie ein dümmlicher kleiner Engel hatte ich geglaubt, was mir gesagt worden war: hatte geglaubt, dass die Schmerzen, die meinen Körper jeden Monat erfassten, Teil der Bürde des Frauseins waren. Ich sagte meinen Ärzten nicht: Übrigens, meine Monatsschmerzen sind fürchterlich. Ich dachte, dann würden sie sagen, ach, verschwinde, kleine Miss Niemalsgesund! Und als ich dann doch zaghaft auf das Thema gekommen war, hatten sie unverzagt geantwortet: Puh, machen Sie sich da mal keine Sorgen! Monatsschmerzen? Das wird nach dem ersten Baby besser, meine Liebe. Warten Sie's nur ab!

Ich bin katholisch erzogen worden, und es ist nicht leicht, seinen Glauben über Bord zu werfen. Ich glaubte, solange man nicht gekreuzigt wurde, sollte man nicht wirklich klagen.

Ich war schnell wieder aus dem Bett und versuchte die Chirurgen zu überreden, mich früher gehen zu lassen, doch sie wollten nicht. Eine der Frauen auf der Station hatte zu Weihnachten ein Make-up-Set geschenkt bekommen und sagte, ich könne es gern benutzen. Ich dachte, wir sollten uns schön machen, um das neue Jahr, 1980, zu begrüßen, und wenn ich mich auch wegen der Naht nicht sehr aufrecht hielt, schminkte ich uns doch alle, jung wie alt. Selbst Elsie mit ihren dreiundachtzig errötete unter ihrem Puder, als ich ihr den Handspiegel hinhielt, damit sie sehen konnte, wie ich sie hergerichtet hatte. »Sieh mich an«, sagte sie. »Bin ich das? Ich habe noch nie Rouge benutzt.«

Dem Rest von uns malte ich tiefe Kajal-Augen und rubinrote Lippen. Der Stationsarzt kam herein, als ich mich gerade über meine Patientin beugte. »Oh, ihr Mädchen«, sagte er lachend, ging wieder hinaus und gluckste glücklich in sich hinein: noch ein Trupp zufriedener Kundinnen.

Oh, ihr Mädchen! Was seid ihr denn für welche?

Der Schnitt führte mitten über meinen Leib, vom Schambein bis zum Nabel.

Etwa vier Monate später, nach mehreren Penicillin-Kuren wegen der Infektionen, die ich mir im Krankenhaus zugezogen hatte, kehrte ich nach Botswana zurück, in meine angeschlagene Ehe, mein Haus, zu meinen Hunden und Katzen. Es wird mir jetzt besser gehen, sagte ich, ich werde anders sein. Wieder ging ich zu dem praktischen Arzt, der mich behandelt oder eben nicht behandelt hatte: in die Stadt und den staubigen Behandlungsraum unter den Eukalyptusbäumen. Es fiel mir schwer, alles zu erklären. Ich hatte geglaubt, mich wegen nichts schämen zu müssen, und doch fühlte ich mich beschämt und war nicht sicher, wie vertraulich unser Gespräch war; Geheimnisse schienen in dieser kleinen Stadt im Busch nicht lange Geheimnisse zu bleiben. Ich berichtete ihm von der Operation und scharrte mit den Füßen. »Sie sehen«, sagte ich, »am Ende ließ sich angesichts des Stadiums, das ich erreicht hatte, nicht mehr viel machen. Es war eine ziemliche Katastrophe.«

»Na ja«, sagte er und scharrte ebenfalls mit seinen Sandalen unter dem Tisch. »Ein Gutes hat die Sache ja. Jetzt müssen Sie sich keine Sorgen mehr um die Empfängnisverhütung machen.«

Bis Weihnachten war ich eine Frau gewesen, die dachte, eine Wahl zu haben. Ich war siebenundzwanzig und glaubte, ein Baby bekommen zu können, und selbst, wenn ich keines wollte und auch mein Mann nicht, war ich in dieser Sache doch frei, ich hatte Möglichkeiten. Jetzt hatte ich keine Wahl mehr, und die Möglichkeiten gab es nicht mehr. Biologie war Schicksal. Versäumnisse – meine eigenen und die der medizinischen Zunft – hatten mir meine

Wahlmöglichkeiten genommen. Mein Körper gehörte nicht mehr mir. Er war ein Ding, mit dem etwas gemacht worden war, das operiert worden war. Ich war siebenundzwanzig und eine alte Frau, beides auf einmal. Ich hatte ein sogenanntes »chirurgisches Klimakterium« durchlebt oder, wie es in den Lehrbüchern der Zeit hieß, »eine weibliche Kastration«. War ich jetzt ein Eunuch? Eine Kastration ist eine Bestrafung, was war mein Verbrechen? Es war in Mode, die Endometriose die »Karrierefrauen-Krankheit« zu nennen, was Gedanken implizierte wie: Da hast du es, du herzlose Schlampe, da siehst du, was du davon hast, deinen Ehrgeiz der Mutterrolle vorzuziehen. Ich taugte nicht zur Fortpflanzung, wozu taugte ich dann? Wer war ich überhaupt? Meine hormonellen Kreisläufe waren ruiniert, meine Endokrinologie zerstört. Ich war alt, auch wenn ich noch jung war. Ich war ein Affe, ein Fleck auf einer Seite, ein Nichts, ein Gar-Nichts. Der Verleger hatte mein Buch über die Französische Revolution abgelehnt. Wie es schien, konnte ich nicht einmal schreiben. Aber komm schon – lass die Korken knallen! Wenigstens muss ich mir jetzt keine Sorgen mehr um die Empfängnisverhütung machen!

Es gibt Umstände im Leben, da ist es gerechtfertigt, jemandem ins Gesicht zu schlagen. Doch ich reagierte nicht. Ich wusste, es war Sache des Arztes, Schläge auszuteilen, und ich hatte sie wegzustecken. Manchmal ist man sogar etwas stolz auf diese Art von Stehvermögen. In diesem Moment war mir sonst nichts geblieben.

Als ich das St. George's Hospital verließ, stellte ich mir vor, dass Aspekte meiner Vergangenheit aus mir entfernt worden wären, sauber herausgeschnitten. Die lange Narbe würde verwachsen und die Erinnerung an den Schmerz verbleichen. Eine Zeitlang flog ich zwischen England und Afrika hin und her, und am Ende versuchte ich im kälteren Klima Wurzeln zu schlagen und meinen Weg allein zu machen. Aber 1982 war ich wieder krank, der Schmerz schnitt mir durch die lebenswichtigen Organe und ließ mich atemlos an öffentlichen Orten stranden, an eine schmutzige Wand in Euston Station gelehnt oder mich wie ein obdachloses Wrack an eine Parkbank klammernd. Meine Haut wurde grau, ich verlor Gewicht und erlitt einen Schock, als ich mich eines Tages von der Seite im Spiegel sah: Da stand einer jener misshandelten Hunde, wie sie der Tierschutzverein früher fotografierte, mit unter dem Fell hervorstechenden Knochen. Ich hatte nicht gewusst, dass die Endometriose zurückkommen konnte.

Es stimmt zwar, dass ein radikaler chirurgischer Eingriff die Krankheit für gewöhnlich heilt, es stimmt aber auch, dass es schwer ist, jede verirrte Zelle zu vernichten, all die winzigen Guerilla-Kämpfer auszumachen, die in den finsteren Höhlungen des Körpers einen langen Krieg führen. Das Östrogen versorgt sie mit Lebensmitteln und *Material* und lässt sie aufblühen. Das hatte ich nicht gewusst. Wenn ich keinen Östrogen-Ersatz einnähme, so war mir gesagt worden, würden meine Knochen zerfallen. Wie viel sollte ich nehmen? Niemand schien es zu wissen. Das müsse man ausprobieren, hieß es. Nehmen Sie genug, um den Symptomen des Klimakteriums zu entgehen.

Bald schon litt ich unter fast ständigen Schmerzen. Unkundige Ärzte erklärten mir, die Krankheit könne nicht zurückkehren; die Schmerzen rührten vom Narbengewebe her, von Verwachsungen, und wenn es das nicht war, litt ich wieder unter Einbildungen. Das hätte mich wütend machen sollen, doch ich war zu schwach und erschöpft, um so zu reagieren, wie ich es hätte tun sollen. In der Öffentlichkeit gab es kaum Informationen zum Thema und keine Selbsthilfegruppen. Als ich eine Ärztin fand, die mir glaubte und bereit war, mich zu behandeln, empfand ich nur noch Dankbarkeit.

Die Behandlung war medikamentös, mit Hormonen. Die ersten Wochen waren hart. An einem Sommertag in eine große Decke gehüllt, klapperten meine Zähne wie in Afrika, als ich an Ruhr erkrankt war. Aber die Tropenkrankheit hatte mich leicht und leer gemacht, und jetzt schien ich zuzunehmen. Zu Beginn der Behandlung hatte ich etwa achtundvierzig Kilo gewogen, nach neun Monaten, der üblichen Behandlungsdauer, hatten die Schmerzen nicht nachgelassen, aber mein Körpergewicht war um die Hälfte gestiegen und stieg immer weiter.

Als ich die ersten fünf, zehn Kilo zunahm, machte es mir nicht viel aus. Wenn man sich in einem Aspekt seiner Erscheinung sicher fühlt – und an meiner Figur war nie ernsthaft etwas auszusetzen gewesen –, stören einen kleine Veränderungen nicht, sie erscheinen nicht bedrohlich, sondern geben einem im Gegenteil die Chance, seinen Stil zu ändern. Ich hatte nie meine Arme zeigen mögen, weil ich Angst hatte, die Leute würden denken, ich käme aus der Dritten Welt, und versuchen, mir etwas zuzustecken. Und mein Brustkorb wirkte, wie ich immer dachte, nach oben hin etwas tuberkulös. Es war gut, dass ich gesünder aussah; ich war es leid, dass die Leute fragten, was mit mir nicht stimme, und mir die bösen Blicke zuwarfen, die sehr dünne Frauen ständig auf sich ziehen. Ich hatte sogar einmal einen Job nicht bekommen, weil die breit gebaute, pferdegesichtige Frau, die ihn zu vergeben hatte, meinte, ich sähe zu schwach aus. Andere Jobs blieben mir verschlossen, sobald meine Krankengeschichte ruchbar wurde. Es war ein wenig so, wie in die 1970er zurückzuschalten. Damals hatte man mich bei Vorstellungsgesprächen säuerlich angesehen, weil ich verheiratet war und gebärfähig erschien; warum war ich ihnen jetzt nicht sympathischer, wo ich allein lebte und keine Kinder bekommen konnte?

Mit achtundfünfzig Kilo und Kleidergröße achtunddreißig, anmutig und kurvenreich, bekam ich eine Stelle. Es war eine ziemlich niedere Tätigkeit, und so nahm ich für abends einen zweiten Job an. Tagsüber arbeitete ich in einem Laden, abends in einer Kneipe. Beide Jobs erforderten eine Art Uniform, und so kaufte ich ein paar billige schwarze Röcke und weiße Oberteile. Innerhalb von Wochen war ich aus ihnen herausgewachsen. Mein Gesicht wurde rund und kindlich; ich entwickelte mich zu einem phänomenalen Baby, das seine Aufpasser in Staunen versetzte. Bei meinem nächsten Termin mit meiner Ärztin sagte ich, ich sei besorgt, weil ich so schnell zunahm. Selbst mit ausgeprägten Hängebacken gesegnet, warf sie mir einen tückischen Blick zu. Nun, sagte sie, da sehen Sie mal, wie es für den Rest von uns ist.

Ich fand einen Secondhandladen nicht weit von meiner Wohnung, der Abgelegtes von den Gelangweilten verkaufte, mitunter auch ein Designerstück. Ich war entschlossen, nicht in Panik zu geraten, aber natürlich hörte ich auf zu essen, was sonst konnte ich tun? Mein Körper zettelte sowieso eine Art Revolte an, mit Koliken, Übelkeit und der Weigerung, Gegessenes bei sich zu behalten. Um am Morgen gegen acht aus dem Haus zu kommen, musste ich um sechs aufstehen. Meine spärliche Freizeit verwandte ich darauf, mir das Haar neu machen zu lassen: es anheben, toupieren und in eine Mähne legen zu lassen, damit es nicht aussah, als trüge ich einen Nadelkopf auf meinen süßen, vollen Schultern. Eine Zeitlang hatte ich Größe vierzig, und die Leute sagten: »Du siehst so *gut* aus – hast einen netten Urlaub gemacht, wie?«

Mein Exmann kam aus Afrika zurück. Früher hatte er mir einmal erklärt, ich sei so eitel mit meiner Taille, dass ich eher verhungern würde, als einen Zentimeter zuzulegen. Aber wie konnte er das sagen? In der Vergangenheit war meine Figur nie ein Problem gewesen, jetzt hatte ich gehungert und dennoch mehr als zehn Zentimeter dazugewonnen. Keine Sorge! Er ging mit mir einkaufen, und ich kaufte ein paar Engländerinnenkleider von der hübschen, labberigen Sorte, die so gut zu cremiger Haut und breiten Hüften passt. Wir heirateten ein zweites Mal. Ich hatte ihn in einem Brief gewarnt, dass ich jetzt fett sei, aber ich wusste, das war melodramatisch. Größe vierzig ist nicht fett, nicht wirklich, es ist nur … es ist *gut*. Das ist es. *Gut*.

Größe zweiundvierzig war ich nie. Mühelos schoss ich daran vorbei, und bald schon gab es in meinem Secondhandladen nichts mehr, was mir passen wollte; schwerere Frauen legen ihre modischen Sachen nicht so einfach ab. Die Verkäuferinnen – war ich denn den ganzen Sommer über nicht ihre beste Kundin gewesen? – begannen mir das halb mitleidige, halb herablassende Grinsen zu schenken, das bald schon der natürliche Ausdruck aller Verkäuferinnen wurde, wenn ich mir etwas zum Anziehen kaufen ging. Meine Haut wurde grau und dann, als der Herbst einsetzte, schieferblau. Meine Beine schwollen an und schmerzten. Flüssigkeit schwemmte meine Augenlider auf. Manchmal sah mein Kopf morgens wie ein Fußball aus, und so war ich froh, als mein Mann einen Stelle annahm, die uns nach Saudi-Arabien brachte, wo die Frauen eher Vorhänge als Kleider trugen und mich niemand kannte, der mich auf der Straße anhalten konnte, um mir zu sagen, wie *gut* ich aussähe; wo mir tatsächlich mehr oder weniger verboten war, überhaupt aus dem Haus zu gehen. Ich konnte drinnen bleiben, im künstlichen Licht, und wie ein seltsamer Pilz zunehmen.

Das Versagen meiner Medikation war erkannt worden, und vor meiner Abreise aus England bekam ich neue Pillen verschrieben. Mittlerweile war ich nicht mehr so unerfahren in der Beurteilung und schlug die Nebenwirkungen nach. Gewichtszunahme – das war bereits eingetreten, und ich dachte nicht, dass nach Größe sechsundvierzig noch etwas kommen könne: nicht ernsthaft, nicht für Leute, die einmal dünn gewesen waren. Haarausfall – nun, Haare hatte ich reichlich. Die Stimme konnte tiefer werden – auch gut, ich hatte immer eher eine Quietschstimme gehabt. Pickel – dazu ließ sich weniger leicht eine gute Miene machen, aber Himmel, die erfahrene Frau wusste mit einem kleinen Ausbruch umzugehen. Eine allgemeine Virilisierung … oh, was steht denn schon auf dem Spiel? Ich hatte immer schon ein Kerl sein wollen.

Ein paar Wochen später hatte ich ein steroides Mondgesicht. Mein Haar fiel büschelweise aus. Ich hörte nichts mehr, mein Sehvermögen wurde von ständigen Kopfschmerzen eingeschränkt, und meine Beine waren zu dicken Walzen angeschwollen. Und eines Morgens setzte ich mich im Bett auf und schrie wie eine Nackte in einem Comic, die plötzlich bloßgestellt wird, *iiiek!* Ich schlug die ausgestreckten Hände vor die Stellen, wo meine Brüste immer gewesen waren, und sie waren nicht mehr da.

Dann hatte ich etwas Glück. Ich brauchte ein Rezept und einen Arztbrief. Meine neuen Medikamente würden aus England geschickt werden müssen, da es sie in Saudi-Arabien nicht gab. Ich wankte, schwindelig und zuckend, in eine Arztpraxis. Nennen wir ihn … warum nicht? Sein Name war Dr. Fishlock. Er drückte den Rücken leicht durch, als er mich sah. »Was nehmen Sie?«, fragte er und fixierte mich mit einem wissenden, betroffenen Blick. Ich erklärte es ihm und bestätigte damit, was er geargwöhnt hatte. Er kenne das Medikament, sagte er. Er habe an seiner klinischen Erprobung mitgearbeitet. Es sei wirksam, aber, aber, aber …

Damit kannte ich mich aus: Ich war ein wandelndes Aber. Ein lachhaftes, lächerliches Aber, so sah ich mich selbst; ein trauriger Sack, der einen Krankheitsprozess enthielt, ein Aber, das keine Achtung gebot und sich auch selbst nicht achtete. Er behandelte mich freundlich und senkte die Dosis um ein Drittel.

Sehr wenige Ärzte verstehen das: dass man während der Heilung auch irgendwie leben muss.

Ich fuhr zurück nach Hause, in die dunklen, abgeschlossenen

Räume unserer Stadtwohnung, und ging mit der Dosis herunter. Haarlos, formlos und taub, doch nicht besiegt, setzte ich mich hin und schrieb ein weiteres Buch.

Als ich dünn war, hatte ich keine Vorstellung davon, wie man sich als dicker Mensch fühlt. Bei meiner Arbeit im Kaufhaus hatte ich Frauen aller Größen Kleider verkauft, weshalb ich es eigentlich hätte wissen sollen. Aber vielleicht muss man es von innen erfahren, um es ermessen zu können. Verkauft man Kleider, wird man sehr gut darin, Größen einzuschätzen, ich hatte meine Kundinnen allerdings eher wie Gefrier-Kühl-Kombinationen oder sonst irgendein statisches Objekt betrachtet, massiv und von einer bestimmten Höhe, Breite und Tiefe. Aber so ist Fett nicht. Es ist hinterlistig und unheimlich und keine Frage von Brust-, Taillen- und Hüftmaßen. Knie, Füße und Teile von dir, an die du nie gedacht hast, werden dick. Du gerätst in Panik und glaubst an merkwürdige Diäten, gibst erst Kohlenhydrate und dann Fett auf und lebst schließlich eine Weile von nichts als Frühstücksflocken und Obst, weil es einfacher erscheint; dann wirst du schwach in deinen dicken Knien und läufst Gefahr, auf der Straße zusammenzubrechen. Du stehst an Wintermorgenden auf und packst Eiswürfel in deinen Diättrunk, der wie ein Trink-Gel schmeckt, wie eine primitive Lebensform, die in dir aufkeimen wird. Du kriegst Wutanfälle in Läden für Übergrößen, in denen es nur schmuddeligen, billigen Kunstfaser-Plunder in Stahlblau oder Kirschrot gibt. Deine Beine passen in keine Stiefel und deine Füße nicht mehr in die Schuhe vom letzten Jahr.

Du sagst, also gut, dann bin ich eben dick. Wie es scheint, habe ich keine Wahl, gibst du großzügig zu. Aber du wirst ein wenig vorsichtig, was Worte wie »großzügig« angeht, Adjektive wie »körperreich«, »fraulich« und »üppig«. Du denkst, die Leute starren dich an und reden über dich, und wahrscheinlich hast du recht. Eine meiner bevorzugten unangenehmen Sportarten, seit ich eine veröffentlichte Autorin war und von Journalisten interviewt wurde, bestand darin, abzuwarten, wie sie mich in ihren Artikeln beschrieben. Mit welchem Adjektiv werden sie die überraschend runde Frau charakterisieren, auf deren Sofa sie herumlungern? »Apfelwangig« war das süßeste. »Mütterlich« ließ mich lächeln: nun, fast.

Also gut, denkst du, wie es aussieht, kann ich nicht mehr dünn sein, dann bin ich eben dick und mache das Beste daraus. »Dicksein ist ein feministisches Thema«, sagst du dir. Dicksein ist nicht unmoralisch. Es gibt keine Verbindung zwischen deinem Taillenumfang und deinen ethischen Grundsätzen. Aber wenn du in deinen Gedanken auch darauf bestehst, sagt dir doch alles, dass du dich täuschst; oder sagen wir, du triffst eine intellektuelle Unterscheidung, die der Wahrnehmung der Bevölkerungsmehrheit widerspricht, dass übergewichtige Menschen undisziplinierte faule Säcke sind. Ihre Wahrnehmung ist selbstverständlich konditioniert, nicht natürlich. Das alte Vorurteil zugunsten der Dicken ist erst kürzlich umgekehrt worden. Als ich an afrikanischen Schulen unterrichtete, glaubten die Mädchen (an den Highschools), Schlankheit sei der Lohn angestrengten Lernens. Sobald es ihnen ihre Zeugnisse erlaubten, den Maisbrei ihrer Mütter hinter sich zu lassen, wollten sie grazil werden. Aber die armen Mädchen ohne Zeugnisse, wie ich sie bei meinem freiwilligen Projekt kennenlernte, wollten nur eines, und zwar unbedingt so viel Maisbrei abbekommen wie die Mädchen an der weiterführenden Schule. »Erzählt mir von euren besten Freundinnen«, drängte ich meine Schülerinnen eines Tages. »Und jetzt schreibt es auf. In zwei Sätzen, schafft ihr das?« Meine beste Schülerin lehnte sich auf die freundliche, übliche Weise an mich, während sie mir ihre zwei Sätze vorlas. Ihr Heft rutschte auf meinen Schoß, ein kräftiger Arm legte sich auf meine Schultern, die andere Hand bewegte sich auf das Heft zu, und ihr Finger stieß auf die Worte:

»Meine bieste Freundin ist Neo. Es ist ein schönes Mädchen und dick.«

Ich denke manchmal an sie, meine *bieste* Freundin. Nach den Maßstäben der Kirche, in der sie großgezogen worden war, ist der Körper das Biest, ein gemeiner, affenartiger Verwandter, der zu oft an der Tür des Geistes Trost sucht, ein grölender Onkel, betrunken, der den Türklopfer knallen lässt und auf der Straße singt. Heilige hungern. Sie fasten, bis sie Visionen haben. Manchmal sehen sie die Türme der Festungen Gottes, die Zinnen im flackernden Licht. Sie werden von seltsamen Gerüchen gejagt: von himmlischen Düften oder teuflischem Gestank. Manchmal erheben sie sich von ihren Pritschen und verjagen ihre Dämonen. Einige Heilige sind muskulös. Aber es gibt keine dicken Heiligen.

Wenn du dick wirst, ändert sich deine Persönlichkeit. Du kannst nichts daran ändern. Völlig Fremde schreiben sie dir zu. Als ich dünn und beweglich war, eine junge Frau mit einem blonden Haarschopf, erlebte ich Wochen ohne ein freundliches Wort. Warum sollte ich auch eines brauchen? Als ich dick wurde, hielten mich die Leute für sanft und friedfertig. Zwar war ich noch immer der nervöse, tatendurstige Mensch, der ich stets gewesen war, doch für den unbeteiligten Beobachter hatte ich Gelassenheit gewonnen; eine ganze Reihe mütterliche Tugenden wurden mir zugeschrieben. Bei alldem war (und bin) ich unsicher, wie ich mich von meinem alten Selbst unterscheide oder mich von Jahr zu Jahr weiter verändere. Das hormonelle Profil eines Menschen bestimmt einen großen Teil seiner sichtbaren Persönlichkeit. Wenn man das endokrine System verzerrt, verändert sich das Denken und Fühlen. Eine Veränderung des Musters führt zur nächsten.

Irgendwann um die Jahrtausendwende hörte ich auf, richtig zu denken. Ich verlor meine Fähigkeit für schlagfertige Zusammenfassungen, und auch mein Gespür für Prioritäten verließ mich, sodass ich mich beim Schreiben endlos lange mit kleinen Dingen aufhielt und es nicht schaffte, zum Hauptpunkt zu kommen. Ich fing Dinge an, vermochte sie jedoch nicht zu beenden. Ich hatte keinen Appetit und nahm doch weiter zu. Schlaf wurde mein einziges Interesse. Am Ende stellte sich heraus, dass meine Schilddrüse versagt hat. Eine einfache Pille klärt das Problem, der Verstand funktioniert wieder, aber der Körper braucht länger, um sich zu erholen. Heute, mehr als zwanzig Jahre nach meinem Ausflug ins St. George's Hospital, habe ich das Gefühl, alles an mir, körperlich wie geistig, steht unter ständigem Beschuss: Ich bin ein heruntergekommenes altes Haus in einer Gegend, die heftig mit Granaten beharkt wird und schon vor Jahren von ihren Bewohnern verlassen wurde.

Ich schreibe das nicht, weil ich um Mitleid heischen will. Menschen durchleben weit Schlimmeres, ohne je etwas davon zu Papier zu bringen. Ich schreibe diese Sätze, um die Geschichte meiner Kindheit und meiner Kinderlosigkeit in den Griff zu bekommen; um mich zu lokalisieren, wenn nicht in meinem Körper, dann im schmalen Zwischenraum zwischen einem Buchstaben und dem nächsten, zwischen den Zeilen, wo die Geister der Bedeutung leben. Der Geist braucht ein Haus und wohnt, wo er kann. Du bringst dich nicht um, nur weil du weite Hüllen brauchst und keine eng sitzenden Kleider tragen kannst. Es gibt viele Menschen, denen die Wurzeln ihrer Persönlichkeit zerfetzt wurden. Du musst dich im Irrgarten der sozialen Erwartungen finden, im Dickicht der Erinnerung: Welche Teile von dir sind noch intakt? Ich bin von all den medizinischen Prozeduren so übel zugerichtet worden, so sabotiert und umgearbeitet, war so dünn und bin so dick, dass ich manchmal morgens das Gefühl habe, mich ins Leben hineinschreiben zu müssen – selbst wenn das Schreiben nur ein zielloses Gekritzel ist, das niemand je lesen wird; oder das Tagebuch, das bis zu meinem Tod niemand sehen darf. Hast du genügend Wörter zu Papier gebracht, hast du das Gefühl, dein Rückgrat sei kräftig genug, um dem Wind zu widerstehen. Hörst du auf zu schreiben, stellst du fest, dass das alles ist, was du bist: ein Rückgrat, eine Reihe klappernder Wirbel, ausgetrocknet wie ein alter Federkiel.

Als Kind hast du dich aus dem erschaffen, was zur Hand war. Du musstest dich konstruieren und zu einer Person machen, die irgendwie in die Nische passte, die in deiner Familie immer schon frei gewesen, oder in die Lücke, die von einem Toten hinterlassen worden war. Manchmal sahst du zukünftige oder brachliegende Hinterlassenschaften, sahst, wie du bald schon in die Fußstapfen deiner Großmutter oder ihrer älteren Schwester treten würdest oder in die von jemandem, an den du dich nicht einmal erinnern konntest, den es aber eigentlich hätte geben sollen: jemandes Fehlgeburt, ein totes Kind. Vieles von dem, was in den ersten Jahren deines Lebens geschah, wurde in deinem Kopf konstruiert. Du warst eine passive Beobachterin: die, mit der Dinge getan, nicht die, der Dinge erklärt wurden; wolltest du etwas erfahren, musstest du an Türen lauschen, und manchmal hast du zufällig etwas mitbekommen, wobei es oft auch eine Fehlinformation oder nur die Hälfte einer Geschichte war, und dann wieder verstandest du das, was du aufschnapptest, falsch. Wie also kannst du dein Leben in eine Erzählung fassen? Janet Frame vergleicht den Prozess mit dem Finden eines Haufens alter Lumpen, aus dem du dir ein Kleid zu schneidern versuchst. Ein Partykleid, würde ich sagen: etwas, in dem du dich sehen lassen kannst. Etwas, in dem du ausgehen und der Welt gegenübertreten kannst.

Ein paar Jahre blieb ich in meinen Träumen dünn und trug die Kleider einer dünnen Person. Selbst heute sehe ich mich manchmal in einer der Städte, die ich im Schlaf besuche, aus einem Buchladen treten oder an einem Café-Tisch sitzen, gepflegt und schlank, allerdings jünger, als ich es tatsächlich bin. Man sagt, in Träumen –

luziden Träumen, in denen man sich seiner eigenen Prozesse bewusst ist – kann man kein Licht einschalten oder sich selbst im Spiegel betrachten. Ich versuche das auszuprobieren und denke, wenn ich mich in einem Traum dick sähe, hätte ich es endgültig akzeptiert, zusammen mit der Realität, in die hinein ich anschließend aufwache.

Aber dann, wenn ich vor den Spiegel trete, schmilzt seine Oberfläche, und mein Selbst tritt durch ihn hindurch in einen anderen Traum.

1982, mit dreißig, ging ich nach Saudi-Arabien. Die Frauen der anderen ausländischen Angestellten in Dschidda drangsalierten mich zu Tode; wie Mücken stachen sie mit ihrer üblichen Frage auf mich ein: »Wann gründest du eine Familie?«

Ich wusste nicht, was eine gute Antwort darauf war: »Das werde ich nicht« oder »Das kann ich nicht«?

Als junge Frau wollte ich keine Kinder. Wachsam mied ich die Falle, die zum Zuschnappen bereit war. Ich war ehrgeizig, wollte etwas schaffen und ein Zeugnis in der Welt hinterlassen, wollte nicht die gescheiterten Erwartungen eines anderen erfüllen. Wenn es mir nicht gelang, etwas aus mir zu machen, würde ich dann meine Enttäuschung darüber nicht auf meiner Tochter abladen? Und sie ihre später auf ihrer Tochter? Wann ist eine Frau damit an der Reihe, etwas für sich selbst zu bekommen und nicht nur indirekt durch ihre Kinder? Ich taugte zu mehr als nur zum Kinderkriegen: Das war meine Meinung.

Aber die geriet angesichts der Matronen in der Fremde, die so süß nach Babycreme und Talkum rochen, ins Wanken. Es war schwer, ihnen zu erklären, dass ich allem, was dem Leben in ihren Augen Bedeutung gab, den Rücken gekehrt hatte, und zwar so lange, bis es zu spät für mich gewesen war. Sobald der Arbeitgeber meines

Mannes meine Medikamente per Kurier einfliegen lassen musste, kam das Gerücht auf, es handle sich um Fruchtbarkeitsmittel. »Die können heutzutage Wunder wirken«, wurde mir versichert. Die Blicke begutachteten meine Taille, die natürlich ständig weiterwuchs. Nach Verstreichen eines natürlichen Schwangerschaftszeitraums erzählten die Damen dann unter sich, dass ich ein Kind zu adoptieren versuchte.

Das erzürnte mich; und nach einer Weile erheiterte es mich. Welche Agentur würde mich für eine geeignete Adoptivmutter halten? Adoptions-Agenturen mögen keine kranken Eltern; und warum sollte ich ein Kind wollen, das nicht mein eigenes war? Ich dachte über meine glorreichen Vorfahren nach. Meinen Ahnen, der einen Aufstand zerschlug und Hygiene-Inspektor wurde. Meine Urgroßmutter, die gern ein Glas trank, aber niemals eine Pfeife rauchte. Meinen Urgroßvater, der eine Mauer gebaut hatte, über die eine Armee hätte marschieren können.

Ich hätte eine »Schulmädchenmutter« werden sollen, dachte ich, eine dieser sozialen Geißeln. Mit vierzehn war ich womöglich fruchtbar gewesen. Mit siebzehn. Aber danach – ich muss meinen Schmerz rückwärts lesen, um zu wissen, was in mir geschah – nahmen die Chancen wohl ab. Jene lähmenden Krämpfe, die es zu ignorieren galt, jene heftigen, namenlosen Schmerzen und die Wellen von Übelkeit waren kein Zeichen einer neurotischen Persönlichkeit oder meiner Ambivalenz in Bezug auf mein Geschlecht gewesen, auch kein Nervenleiden oder meine Angst, in der Männerwelt zu versagen. Es waren Symptome eines pathologischen Prozesses, der meine Möglichkeit, ein Kind zu bekommen, zerstören und mich chronisch krank machen sollte. Ich frage mich, warum ich trotz allem nicht darauf bestand, nicht darauf bestehen konnte, dass die Ärzte mir Aufmerksamkeit schenkten und mein Leiden lokalisierten. Es gibt mehrere mögliche Erklärungen, auf verschiedenen Ebenen.

Eine ist, dass zu der Zeit und an dem Ort, an dem ich aufwuchs, die Erwartungen in Bezug auf die Gesundheit niedrig waren, besonders bei Frauen. Als angemessene Haltung gegenüber Ärzten galt demütige Dankbarkeit; man putzte das Haus, bevor sie kamen. Die tiefere Erklärung ist, dass ich immer das Gefühl hatte, nur wenig zu verdienen, im Leben wahrscheinlich nicht glücklich zu werden und dass es die sicherste Sache wäre, mich hinzulegen und zu sterben. Die Gründe dafür entziehen sich mir heute. Ich wünschte, ich könnte sie erklären und zusammenfügen. Aber wenn wir in der Schule eine Summe zu bilden hatten, wurde uns immer gesagt, wir sollten »unsere Bemühungen zeigen«. Selbst wenn wir das falsche Ergebnis erzielten, so hieß es, würden vielleicht unsere ehrlichen Anstrengungen honoriert.

Ich hätte in meinem Leben gern die Wahl gehabt. Die Muße, meine frühere Entscheidung, dass mir Kinder nicht wichtig wären, zu revidieren. Die Muße, nachzufragen, ob sich die Umstände oder meine Einstellung geändert hatten. Niemand kann voraussagen, dass das Spiel für ihn mit siebenundzwanzig beendet sein wird. Aus der ersten Liebe heraus hätte ich handeln sollen; jetzt, da eine Ära meines Lebens verstrichen ist und meine Schulkameradinnen Großmutter werden, vermisse ich das Kind, das ich nie bekommen habe. Ich weiß, wie Catriona gewesen wäre. Ich trage ein Bild von ihr in mir, das ich wie einer jener kriminalistischen Profiler konstruiert habe, deren Formulierungen, seien wir ehrlich, es nie ganz treffen. Sie wäre ganz und gar nicht wie ich. Sie wäre stark wie meine Mutter, breitschultrig wie mein Mann und hätte diese milchige irische Haut, die Sommersprossen bekommt, aber niemals braun wird. Ich sehe ihre kleinen, geschickten Hände, wie sie eine Zwiebel schneiden und unbekannte Speisen bereiten, die ihr nie jemand erklärt hat. Sie könnte gut mit ihrem Geld umgehen und würde sich vielleicht auch um das von anderen kümmern. Vielleicht würde sie davon leben. Sie könnte Auto fahren und singen und würde sich mit Dingen wie dem Nähen von Vorhängen auskennen, mit denen ich nie zurechtgekommen bin.

Die Menschen romantisieren ihre Kinder, lange bevor sie auf die Welt kommen – lange davor und lange danach. Sie geben ihnen Namen und entscheiden sich mehrmals um. Sie sehen ihre Kinder als Chance, »es diesmal richtig zu machen«, als brächten sie sich selbst neu zur Welt. Sie bekommen Kinder, um sich für die Dinge zu entschädigen, die sie in ihrem eigenen Leben nicht getan oder bekommen haben. Sie werden schwanger, weil sie sich gedrängt fühlen, einer nicht existierenden Person gegenüber einen Verlust wiedergutzumachen, den sie selbst erlitten haben. Kinder werden geboren, weil ihre Eltern Defekte in sich spüren und sie reparieren wollen. Oder weil sie gelangweilt sind, weil sie das Gefühl haben, dass es auf eine geheimnisvolle Weise Zeit für Kinder ist und ihr Leben, wenn sie keine bekommen, an Bedeutung verlieren wird. Einige Frauen gebären Kinder als Geschenk an die eigenen Mütter oder um sich damit als gleichwertig zu erweisen. Die Motive sind selten einfach und niemals rein. Kinder sind niemals einfach sie selbst, in ihrem eigenen Körper: Sobald sie sich im Mutterleib bewegen, oder mit ihrem ersten eigenen Atemzug, werden sie auch in uns lebendig. Ihr Leben beginnt lange vor ihrer Geburt, lange vor ihrer Empfängnis, und wenn sie abgetrieben werden, einer Fehlgeburt zum Opfer fallen oder einfach nie verwirklicht wurden, werden sie Geister in unserem Leben.

Frauen, die einmal eine Fehlgeburt erlitten, wissen das natürlich, aber auch Frauen, die einmal schwanger zu sein glaubten, es jedoch nicht waren. Es ist unmöglich, nicht zu denken: Wenn ich tatsächlich schwanger gewesen *wäre*, dann wäre mein Kind, Moment mal, im November geboren worden: Eis auf den Straßen, und abends wird es früh dunkel. Oder auch Ende März, ein Kind unsicherer

Sonne und heftiger Sturmböen. Zweifellos gibt es auch Geister in den Leben von Männern; ein Mann mit Töchtern schafft sich in seinen Träumen einen Sohn, jemanden, der besser ist als er selbst, und ein Vater von Söhnen wickelt seine ungeborene Tochter und wacht über ihre Jungfräulichkeit wie über einen unverdorbenen Bereich seiner selbst. Selbst Ehebrecher haben Geisterkinder. Verbotene Liebhaber sagen: Wie würde *unser* Kind sein? Dann, wenn sie sich getrennt haben oder auseinandergezwungen wurden, wächst das Kind weiter, ein Schatten, ein Halbschatten der Möglichkeit. Das Land der Ungeborenen wird von nicht betretenen Wegen durchkreuzt, den Wegen, von denen wir uns abgewandt haben. In einem hinterhältigen Stadium halben Wirklich-Werdens lauern sie im Schattenland verpasster Möglichkeiten.

In Afrika habe ich nie einen Geist gesehen, obwohl mir der Tod mehr als einmal so nah kam, dass ich mit ihm ringen musste. Es schien mir, dass Geister – die klopfende, echoende, lästige Sorte – eine europäische Erscheinung waren, die dem Menschen folgte, der sich in Afrika noch nicht zu Hause fühlte: der sich der neuen, tieferen Notlage erst halb angepasst hatte. Nie habe ich das Unbehagen im leeren Haus verspürt, das flaue Gefühl in vollen Räumen, in denen du die Leute nicht sehen kannst, oder die Angst vor der Dunkelheit. Mir schien, dass sich die Symbole in Afrika anders organisierten. Inneres Chaos drückte sich in tödlichen Verkehrsunfällen und Selbstmorden aus: in dem Lastwagen ohne Licht, dem einen Glas zu viel, dem falsch geschriebenen Polizeibericht, der im Mülleimer abgelegt wurde. Zahllose Leben wurden weggeworfen, zufällig, geborene und ungeborene; und in Afrika kannte ich tatsächlich eine Frau, die auf dem Kindbett starb. Sie war nur eines der Opfer des Kontinents, aber das eine, mit dem ich täglich gesprochen hatte. Ich hatte sie nicht einmal wirklich gemocht; gern würde ich sagen können, dass ich um sie getrauert hätte, doch das würde etwas zu weit gehen.

Dschidda war anders. Mein Leben in Saudi-Arabien glich zumindest zwei Jahre lang dem Leben in einem Gefängnis. Einfache Willenskraft – oder die Kraft eines einfachen Willens – vermochte Möbel zu bewegen und Schranktüren abzureißen. In Zeiten großer Belastung und auf der Schwelle zu Veränderungen kann man, wie es scheint, zum Katalysator wirrer, irrationaler in der Luft schwebender Kräfte werden. In jene dunklen Räume gesperrt, während sich das Leben anderswo abspielte und mein Körper Opfer merkwürdiger Mutationen wurde, sammelte ich so viel Wut in mir, dass sie das Dach hätte wegfegen können.

Zurück in England, legte ich meine verhüllenden islamischen Gewänder ab, und die Nachbarn sahen meine Fülle und fragten: Wann wird das Baby kommen? Manchmal rutschten liebenswürdige, auf einer Bahnhofsbank wartende Frauen für mich ein Stück zur Seite. Einmal bot mir ein junger schottischer Bursche, der noch zu kurz in London war, um seinen natürlichen Anstand verloren zu haben, in der U-Bahn seinen Platz an, und da ich mich so krank fühlte, dankte ich ihm mit einem erstaunten Lächeln und setzte mich. Die Ungeborenen, ob sie schon einen Namen haben oder nicht, ob sie bereits zur Kenntnis genommen wurden oder nicht, haben eine Art, sich zu behaupten: eine Art, ihre Anwesenheit spürbar zu machen. Kein medizinischer Fortschritt konnte Catriona zum Leben erwecken, sie war verloren. Aber wenn sich das biologische Schicksal von der Norm entfernt, brauchen Teile der Psyche Zeit, es zu begreifen. Du weißt, was geschehen ist, kennst die medizinische Katastrophe, sprichst darüber. Es gibt jedoch verschiedene Schichten des Begreifens, und das Gefühl des Verlusts braucht Zeit, sie zu durchdringen. Der Körper ist nicht logisch, er kennt seine eigenen verrückten Wege. Trauer ist nicht schnell, und wenn es keinen Körper zu begraben gibt, ist sie auch nicht endgültig. Lange habe ich gesagt (denn Schnoddrigkeit war meine Waffe): Es ist gut, dass ich nie Kinder bekommen habe, weil ich sie nur vor die Tür schicken würde, um den nächsten Absatz zu schreiben. Ich würde sagen: Weißt du, ich muss diesen Artikel für die Zeitung noch schreiben, warum gehst du nicht hinaus und spielst auf der Straße? Es gibt keinen traurigeren Feind hoher Kunst als den Kinderwagen in der Diele – hat Connolly je ein wahreres Wort geschrieben?

Aber auf einer weniger bewussten Ebene plante ich weiter für Catriona: und auch für ihre Brüder und ihrer aller Kinder. Das ist der einzige Schluss, zu dem ich zu kommen vermag, wenn ich an meine seltsamen Entscheidungen in Sachen Immobilien in den späten Achtzigern und den Neunzigern denke. Natürlich war Immobilienbesitz eine sichere Investition, doch ich denke, meine Investitionen gingen über das Finanzielle hinaus. Unsere Vorratskammern waren vollgepackt mit Essen, die Schränke voller Bettwäsche. Wir hätten eine kleine Armee mit dem Zeugs ausstatten können, das sich bei uns stapelte. Nach dem Kauf von Owl Cottage verfügten wir insgesamt über sieben Schlafzimmer, vier Toiletten, einen doppelten Satz Haushaltsgeräte und die Möglichkeit, die Wäsche für acht Leute zu waschen, ganz zu schweigen von den Gläsern und dem Geschirr, das für sechzehn reichte. Wer, dachte ich, kam da, wenn nicht die Ungeborenen, oder vielleicht die Toten? Die hungrige Familie der Onkel, die nach Schinken und Cheshire-Käse verlangte: deren tote Kinder, diese fehlende Generation: meine eigene fehlende Tochter mit ihren Kindern im Schlepp, ein grünäugiges Mädchen mit meinen grünäugigen Enkeln. Was soll man mit den Verlorenen und Toten anderes machen, als sie ins Leben zu schreiben?

Mit zwischen Wachen und Schlaf ins Blickfeld springenden Geistern, Hauselfen und Kobolden ist ein gewisses Pathos verbunden. Eine Zeitlang wurde ich von einer ganzen Flut von Träumen geplagt, in denen ich eine Hebamme war, die ein Kind hatte sterben lassen; erst als ich mit meinem ersten Buch weiterkam und es nach Jahren der Unklarheit endlich veröffentlicht wurde, hörten diese Träume auf. Aber die Zeit schreitet fort, dir fallen mehr und mehr Bücher ein, die du hättest schreiben sollen, halb entwickelte Geschichten aus einem Ordner mit der Aufschrift »Laufende Projekte«. Ich weiß, einige dieser Geschichten werden niemals fertiggestellt werden. Ich träume von halb ausgeformten, fötalen Wesen, die verlassen auf einem kalten Boden liegen. Manchmal sind sie schwarz wie gefrorene Leichen. Sie nehmen bösartige Formen an: Ich träume vom Boden einer Burg, aus dem kreischende Kinder aufsteigen, die so böse sind, dass sie den Stein öffnen und die Fliesen zurückweichen lassen können. Sie erheben sich aus dem Boden, sind nackt und geschlechtslos, vulgär und voller Wissen. Mein Impuls ist, sie zu verletzen oder zu töten, sie wie Fliegen zu zerquetschen, wie kleine Dämonen, die sich, wenn ich sie lasse, um die Welt ausbreiten und schlecht über mich reden, die mich falsch wiedergeben und mir nehmen werden, was ich besitze.

Aber dann wache ich auf, verfroren, und strecke die Hände aus, um mich zu versichern, dass die Dinge wirklich sind und mein Fleisch noch warm ist. Ich taste nach einem Stift und schreibe meinen Traum auf, und wenn sich der Tag mit seinem prosaischen Surrey-Licht um mich herum verfestigt hat, trage ich meinen Traum zur Tastatur und zerhacke ihn zu einer zweiten Version.

NACHLEBEN

ALS WIR AUS SAUDI-ARABIEN nach Hause kamen, hatten wir verschiedene Häuser. In einigen von ihnen hausten kleinere Poltergeister, und in einem gab es eine nebulöse Katze. Auch Menschen, die weniger beeinflussbar waren als ich, bemerkten diese anormalen Phänomene, vernünftige Leute, die nicht von dem lebten, was sie herbeizaubern konnten, und so denke ich, es ist in Ordnung, zuzugeben, dass ich einige Geister beherbergte. Geister sind der Pöbel des Alltagslebens, Informationen, die man bekommt und mit denen man nichts anzufangen weiß, Wissen, das sich nicht verarbeiten lässt. Aus dem Index geflogene Karten, Tintenflecken auf dem Papier. »Geister« sind, was immer es ist, das Möbel verrückt, Uhren anhält, Dinge vor dir versteckt und dafür sorgt, dass du aus deinem Hotelzimmer ausgesperrt wirst. Es sind die kleinen Toten, sage ich mir, die ein bisschen Rabatz machen und mit den kindischen Methoden, die nur ihnen zur Verfügung stehen, Aufmerksamkeit heischen.

Zunächst wohnten wir in einer kleinen Wohnung in Windsor, mit Aussicht aufs Schloss. Dann, um etwas zu kaufen, im Niemandsland irgendwo an einer Durchgangsstraße außerhalb von Slough. Zu der Zeit, als wir das Owl Cottage kauften, wohnten wir in einer maroden Wohnung in Sunningdale. Sie befand sich in einem umgebauten, ehedem von Nonnen geführten Mutter-und-Baby-Heim.

Drummond House war aus roten Ziegeln gebaut, deren Farbe mit der Zeit nicht weicher geworden war. Dem Äußeren nach stammte es aus den 1890ern, die Anbauten aus den 1920ern. Die Fassade war langweilig, eckig und hässlich; die mit Pfannen behängte Rückseite dagegen ließ das Ganze wie ein übergroßes Cottage wirken und hatte beinahe so etwas wie Charme. Vier Parteien wohnten gemeinsam unter einem Dach – und was für ein Dach das war: Wenn es regnete, mussten wir mit Eimern herumlaufen. Die großen Räume waren einfallslos unterteilt worden, und an völlig unerwarteten Stellen stieß man auf Kruzifixe und lateinische Motti; zudem war einer unserer Nachbarn boshaft und chronisch streitsüchtig. Aber es gab auch Dinge, die uns entschädigten: An Winternachmittagen filterte die Rotbuche hinter dem Haus zitronenfarbenes Licht in die Zimmer, und wenn man in der tiefen edwardianischen Badewanne lag, konnte man im Hintergrund das beruhigende Dahinziehen von Vorortzügen hören. Im Sommer gab es einen lebendigen, raschelnden grünen Bühnenhintergrund, Grün auf Grün, und die ganze Welt war aus Blättern.

Sieben Jahre wohnten wir dort, dann wurde es binnen weniger Monate unerträglich. Es war ein schwindender Vermögenswert, das Ende des Pachtvertrages für den Grund rückte näher. Wir beschlossen, die Wohnung an einen Bauunternehmer zu verkaufen, der uns den Marktpreis dafür zahlte, womit wir eine Anzahlung auf ein gut zwölf Kilometer entferntes, zerfurchtes Grundstück leisteten, auf dem ein in der Vorstellung bereits existierendes, tatsächlich aber noch nicht einmal im Embryonal-Stadium befindliches frei stehendes, fünf Zimmer (plus Küche und Bad) großes *executive home* entstehen sollte, ein Heim für gehobene Ansprüche.

Wir hatten die Grundrisse der anderen *executive homes* mit weniger Zimmern gesehen, doch das waren bedrückende Hütten. »Wenn, dann nehmen wir das größte«, sagten wir: mit fünf Zimmern und drei Bädern. Da kann ich zwei Büros haben, dachte ich, und es bleiben immer noch drei Zimmer übrig. Stell dir vor, ein Gästezimmer mit fertig gemachten Betten und eigenem Bad, das jederzeit bereitsteht; statt spät noch mit einem Glas in der einen und einem Kissenbezug in der anderen Hand herumlaufen zu müssen, ein Handtuch über der Schulter und hinter dir den Gast, der blökt: »Mach dir bloß keine Umstände.« Und wir werden einen Garten haben, der im Unterschied zu dem in Sunningdale direkt an das Haus anschließt. Und denke an die Zentralheizung – unser eigenes modernes, kontrollierbares System anstelle des Monsterkessels von Drummond House, der seinen eigenen Schuppen im Garten hatte und dem jeden Herbst wieder sieben Jungfrauen geopfert werden mussten, bevor er sich spuckend bereitfand, zum Leben zu erwachen und seine zerstörerische Hitze in den pfeifenden Durchzug zu schicken.

Wir verbrachten einen aufgeregten Sommer und fürchteten, unser streitlustiger Nachbar könnte auf die Idee kommen, das glückliche Arrangement zu verderben. Abends fuhren wir zur Baustelle, wo sich Mauern, so groß wie Achtjährige, den Hang hinunter ergossen. Diese Mauern wuchsen weiter an; eines Abends standen wir unter dem riesigen, offenen Skelett des Daches und sahen zu seinen Balken hinauf, die sich wie die Rippen eines Brontosaurus über uns wölbten. Bei unseren späteren Besuchen kletterten wir in die zukünftigen Zimmer und blickten aus den Löchern, wo einmal die Fenster sein würden. Wir sahen auch andere Paare, die sich mit staunendem Blick zwischen Rohren und Kabeln hindurch in den Raupenspuren über die aufgewühlte Erde bewegten. Niemand konnte zunächst glauben, dass aus den Plastik- und Betonstücken einmal stabile, große Strukturen wachsen würden, Strukturen von Familienhäusern, Häusern für die soliden, modernen Familien Mittelenglands.

Unsere zukünftigen Nachbarn gehörten nicht zu den Familien, die in Scheidungsstatistiken auftauchten. Bei ihnen würde es keine ehebrecherischen Aufregungen geben, keine betrunkenen Fummeleien, keine frühlingshafte *folie*, keine Ausflüchte und Lügen. Es waren bodenständige Infotec-Leute, nette, scharfsinnige, intelligente Spießer, flexibel in ihren Gewohnheiten, bis ihre Kinder sie festlegten, ehrgeizig, pragmatisch, bereit, auf ihre Belohnung zu warten, ihren Kindern verpflichtet und in sie investierend. Männer und Frauen trafen sich auf halbem Wege, sanfte Väter mit entschlossenen, aktiven Müttern. Sie gehörten zu einer neuen Sorte Mensch, die offenbar kein Bedürfnis für Geschichte hatte, ob auf persönlicher oder kollektiver Ebene. Sie schienen direkt in einem Topf bei Homebase gewachsen zu sein und trieben glänzende, polierte Blätter aus; sie hatten auch Eltern, aber als Wochenend-Accessoires, die an Sommersonntagen wie Grillzangen auftauchten. In diesem Teil der Welt betreibt jede Familieneinheit ein kleines Modellunternehmen, und die Konten werden mit absoluter Sicherheit zum Ende jedes Quartals analysiert. Und wenn ein Minus entsteht, wird ein Zuschuss bewilligt; gibt es einen Überschuss, muss der Zuschuss zurückerstattet werden. Am Ende müssen die Spalten ausgeglichen sein, denke ich, auch von Mann zu Frau und von Frau zu Mann, ohne die erschreckenden Defizite, zu denen es in den wilderen Teilen der Welt kommt.

Eines Abends fuhren wir hinaus und sahen, wie unser *executive home* mit seiner Fassade versehen wurde. Die Pläne hatten gelogen, das entsprach so nicht den Abmachungen. Eine Zeitlang saßen wir in unserem Auto. Es kann sein, dass ich geflucht und gesagt habe, ich wolle den Vertrag auflösen. Aber meine Gefühle trockneten in der Luft. Es war zu spät. Wir steckten zu tief in dieser Sache. Am Ende ist es ja so, sagte ich schließlich, dass du es, wenn du drin bist, nicht ansehen musst, oder?

Im November zogen wir ein. Sie waren nicht unser Problem, die halb hölzernen Disneyland-Applikationen und das pappendeckeldicke »Fischgrät-Mauerwerk«, das sie auf die rohen Blöcke darunter geklebt hatten, die vorgetäuschten Bleiverglasungen. Unser Problem war, wie uns die Bauarbeiter frohgelaunt erklärten, die sogenannte »Mängelliste«, auf der beispielsweise stand, dass die Heizung nachts wie ein knochenfressender Dämon ächzte, knackte und schlug. Als wir uns erst einmal eingewöhnt hatten, konnten wir uns entspannen und die charmanteren Merkmale des Hauses genießen. So waren die Waschbecken extra so designt, dass die Seife von ihnen rutschte, wenn man sie nicht hinter den Wasserhahn klemmte. Und die verdünnte Farbe an den Wänden war *so* dünn, dass man sie durch leichtes Darüberwischen mit einem Tuch gleich ganz entfernte, zusammen mit dem Fleck, der einen gestört hatte.

Der Sommer kam. Aus dem frisch im Garten verlegten Fertigrasen spross eine ganze Siedlung bunter Spielhäuser mit Plastikrutschen, Schaukeln und Planschbecken. Gern würde ich sagen, dass ich das glückliche Lachen der Kinder genoss, das aus dem Garten zu mir heraufschallte, doch meist war es beleidigtes Jammern, wenn wieder mal jemand kopfüber von seinem Klettergerüst gefallen oder von seinen Brüdern und Schwestern verprügelt worden war. Während ich in meinem stickigen Zimmer im ersten Stock saß und meinem Computer den Roman zu entlocken versuchte, der irgendwo in seinem Betriebssystem versteckt war, hörte ich die Stimmen der Mütter, die die ganze Bandbreite erzieherischer Stimmlagen bemühten, von schmeichelndem Drängen bis zu wütendem Schreien. Ich fragte mich, warum sie ihre Kinder nicht wirklich mochten. Warum waren sie so wütend auf sie? Weil sie sich wie Kinder verhielten? Wenn sie Kinder so sehr hassten, warum hatten sie sich dann nicht darauf verständigt, gleich Erwachsene auf die Welt zu bringen?

In den ersten ein, zwei Jahren im neuen Haus wuchsen unsere Besitztümer und füllten die Zimmer. Die Schränke waren voller Wäsche und Handtücher. Wir kauften alles im Dutzend. Badreiniger hatten wir kistenweise; genug Butterbrottüten, um einen ganzen Schulausflug zu versorgen; genug Alufolie, um ein Rathaus einzuwickeln. Das Hin- und Herfahren zwischen Surrey und Norfolk verlangte Listen, Hauptlisten und Nebenlisten, und das konstante Kalkulieren und Neukalkulieren von Vorräten und Beständen. War alles sauber und geschrubbt? War alles warm? War jeder Schrank randvoll und alles auf den Standards, die ich mir – Gott allein weiß, warum – gesetzt hatte? Mein Mann kannte ein Paar, kinderlos wie wir, das jeden Abend essen ging. Außer einer Flasche Champagner und einem Fingerbreit sauer werdender Milch hatten sie nichts im Kühlschrank. Stell dir nur vor, dachte ich, eine Frau ohne alle häuslichen Talente, ein Mann ohne Pasteten und Kuchen. Erbärmlich. Ich selbst schälte niemals zwei Pfund Kartoffeln, wenn ich dachte, fünf wären auch in Ordnung. Gab es Spaghetti, warf ich zwei Fäuste voll ins kochende Wasser und dachte, jetzt haben wir reichlich, wer auch immer unverhofft an die Tür klopfen mag.

Es muss einen Moment der Erkenntnis gegeben haben, wenn ich mich auch nicht mehr eindeutig an ihn erinnere: einen Moment, in dem ich in die Schränke geschaut und gesagt habe: Aber für wen ist das alles? Wen erwarte ich denn bloß? Ich wusste, wenn ich darüber nachdachte, dass ich die Ungeborenen erwartete. Aber wäre ich denn noch bereit gewesen für sie? Vielleicht war ich ihnen über die Jahre entwachsen, ohne es zu merken. Eines Tages, als ich oben in einem meiner beiden Arbeitszimmer saß und meinem besten Telemann lauschte, kam der fröhliche, klingelnde Eiswagen um die Ecke gebogen: »*Today's the day the teddy bears have their picnic.*«

Ich stand vom Schreibtisch auf und ließ mich in meinen Sessel fallen, einen Sessel, der wie viele unserer Sessel zu einem Gästebett ausgezogen werden konnte. Haut ab, ihr Teddybären, sagte ich, schlang die Arme um mich und ließ den Kopf hängen. Mir war das Lied schon immer unheimlich gewesen: »*If you go down to the woods today you're in for a big surprise.*« Ich war ohne wirklichen Grund wütend, fühlte mich von dem Kinderlied bedrängt, meine Konzentration war beim Teufel. Was würde ich tun, wenn jetzt tatsächlich Kinder an die Tür klopften? Klebrig lächelnd, meine Ausdrucke mit ihren schmutzigen Händen verschmierend, um schließlich auf der Tastatur auch noch die Löschtaste zu drücken? Natürlich hätte ich damit umgehen können, hätte einen Weg gefunden, darüber zu lachen, hätte gesagt, Kinder seien meine Inspiration und ich ohne sie nur ein halber Mensch: Aber das war damals, als ich fünfundzwanzig war, in den Tagen, als ich, zumindest theoretisch, fruchtbar gewesen war. Jetzt war ich müde, anfälliger und weniger nachsichtig. Ich stand auf, schloss das Fenster, legte den Telemann noch einmal neu auf und setzte mich an meinen Schreibtisch.

Dann fiel mir etwas auf, was Geisterkinder betraf: Sie werden nicht älter, es sei denn, du machst sie älter, und weil sie nicht altern, wissen sie nicht, wann es an der Zeit ist, das Nest zu verlassen. Ohne Anstrengung lassen sie sich nicht aus deiner Psyche entfernen. Sie halten sich mit allen Mitteln, die sie kennen, fest; sie werden nicht einwilligen zu gehen, bis du deine Absichten äußerst klar machst. Sie sind dumm, und deshalb reicht es nicht, es ihnen zu sagen; du musst es ihnen zeigen.

Ich ging zu meinem Nachbarn nebenan. »Sie erinnern sich, dass Sie gesagt haben, wenn wir das Haus verkaufen wollen, sollen wir es Ihnen zuerst sagen?«

Oh, wow, sagte mein Nachbar. Sie ziehen also aus?

Kommen Sie herüber, sagte ich, wenn die Kinder wieder da sind. Sehen Sie sich um. Überlegen Sie, wo alles hinpassen würde.

Um vier Uhr kamen sie, alle zusammen. Die Kinder johlten durch die Zimmer. Sie konnten es nicht abwarten, uns vor die Tür zu setzen. Nur die Dreijährige schluchzte: »Wann müssen wir unsere Tiere tauschen?«, denn sie dachte, wir würden unsere Häuser samt Inhalt tauschen und sie müsse ihr weißes Kaninchen für die Katze aufgeben, die sie vom Bücherregal aus anstarrte und überlegte, wie sie am besten auf sie losgehen könnte. Als wir die Angst der Kleinen begriffen, beruhigten wir sie und stimmten sie wieder fröhlich. Noch an diesem Abend wurden wir bei einer Flasche Wein handelseinig. Unser »zweites Zuhause« müsse ebenfalls gehen, beschlossen mein Mann und ich darauf. Wenn wir uns schon neu erfanden, dann richtig.

Es ist der 12. August 2000, ein Sonntag in Norfolk. Wir räumen das Owl Cottage aus. Mein älterer Bruder und mein Mann tragen den Kieferntisch hinaus, der, wie ich mich erinnere, meine erste Anschaffung für die Wohnung in Windsor war. Ich muss daran denken, wie ich an ihm gearbeitet habe, als er noch neu und glatt wie Glas war. Das Schiebefenster ließ die Frühlingssonne herein, und die Küche roch nach Narzissen und gehackten Zwiebeln. Versuchsweise fanden ein paar Worte aufs Papier, Worte, die nach Möbelpolitur rochen. Ich verspüre eine nervöse Art von Verbundenheit mit jeder Oberfläche, auf der ich je ein Buch geschrieben habe oder auch nur ein halbes; ich denke, die Worte sind auf ewig in die Maserung des Holzes eingedrungen. Aber der Kieferntisch ist ziemlich mitgenommen, die Platte voller Kerben, die Beine wackelig; ich hege kameradschaftliche Gefühle für ihn und tätschele ihn ein letztes Mal: guter Tisch, guter Tisch. Ich sehe nicht zu, als er hinausgetragen wird. In der Werkstatt meines Bruders wird er ein gutes neues Zuhause finden: mit nur leichten Aufgaben, eine ehrenvolle Pensionierung.

Owl Cottage wurde innerhalb einer Stunde, nachdem es annonciert worden war, verkauft. Eine von Mr Ewings Damen rief an und fragte, ob wir ein Angebot zum ausgeschriebenen Preis annehmen wollten. Ich hatte nie etwas besessen, das jemand anderes so unbedingt haben wollte; während wir ausziehen, fühlen wir uns etwas gehetzt und verwirrt. Wir hatten nicht gedacht, dass wir so bald unsere Koffer würden packen müssen.

Meine Mutter kommt, und wir machen uns an eine schwierige Aufgabe: das Ausräumen des Dachbodens. Jack hat einige Kisten dort oben verstaut, als meine Eltern ins County kamen; jetzt kann sich niemand mehr erinnern, was wohl in ihnen ist.

Als ich nach Afrika ging, ließ ich eine Kiste auf dem Speicher meiner Eltern zurück. In ihr waren die *Gesammelten Werke* Shakespeares, die sie mir geschenkt hatten (um mich ruhig zu halten), als ich zehn war. Selbst neu waren sie billig gewesen, doch was machte das schon? Sie waren in einen zerfasernden schwarzen Stoff gebunden, das Papier war vergilbt und holzhaltig, und die verschwimmenden Worte sahen aus, als wollten sie von den Seiten rinnen. Ich liebte das Buch. Meine kindlichen Fingerabdrücke waren auf jeder Seite zu finden, und ich hatte das Gefühl, dass es zu mir sprach, als teilten wir unseren Atem; keine anderen *Gesammelten Werke* würde je wie dieses Buch sein. Als ich England verließ, war das Buch fast fünfzehn Jahre alt. Es fiel auseinander, der Leim trocknete aus, die Seiten wurden spröde, doch ich liebte es immer noch zu sehr, um es der Seefracht anzuvertrauen. Es in meinen Koffer zu packen, ein Buch wie ein Ziegelstein bei nur erlaubten zwanzig Kilo, wäre mir ein wenig lächerlich erschienen. Im Übrigen fürchtete ich, der Klimawechsel könne ihm schaden. »Ich packe es auf den Speicher«, sagte ich, denn der war geräumig, trocken und kühl. Mit in den Karton packte ich auch die Bibliografie für mein Buch über die französische Revolution, aufgeschrieben in einer einfachen Schulkladde mit einem harten burgunderfarbenen Einband. Ich dachte, und ich hatte recht damit, dass sie mir dort, wo wir hinfuhren, nicht viel nützen würde.

Drei Jahre später, etwa um die Zeit, als ich ins St. George's Hospital ging, um mir mein Inneres umarbeiten zu lassen, fuhr ich ins Haus meiner Eltern und wollte den Karton holen. Das Buch über die Französische Revolution lag bei einem Verleger, und wenn es angenommen wurde, brauchte ich meine Bibliografie, um beim Lektorat und beim Überprüfen von Fakten helfen zu können. Mit nüchternem, rechtschaffenem Behagen wartete ich darauf, dass mein Karton von oben gebracht wurde, stellte mir vor, wie ich meinen Shakespeare aufschlug, und fragte mich, auf welche Passage mein erster Blick fallen würde. Aber die Suchenden fanden nichts. Verblüfft zogen sie die Brauen zusammen und rieben sich den feinen Taubenkotstaub aus den Haaren. Er muss irgendwo da oben sein, sagten sie, tauchten noch einmal hinein, tief gebeugt, und rieben sich die Rücken, als sie wieder herauskamen. Kein Karton, kein Shakespeare und ganz und gar nichts, was einer burgunderfarbenen Kladde mit fünf Jahren meines Leselebens gleichkam. »Oh, bitte, seht noch einmal nach«, bettelte ich. Sie taten es. Nichts. Wie seltsam, sagte die Familie. Wo kann nur Ilarys Karton sein? Jemand deutete übernatürliche Gründe für sein Verschwinden an. Aber ich hatte meine eigene Theorie. Shakespeare ist Quatsch. Geschichte ist Quatsch. Warum lächeln Frauen ständig? Lächeln, lächeln, lächeln.

So viel zu meinem Karton. Jetzt, im Owl Cottage, kommen Jacks Kartons vom Dachboden, und die Füße der Männer wippen auf der stählernen Leiter. Die Kartons sind schwer und mit etwas bedeckt, das an Eisenspäne erinnert. Wir bringen sie in die Küche, um sie abzuwischen. Einer enthält einen ordentlichen Stapel Ausgaben des *National Geographic*. Wir sehen, was in den Kartons ist, bevor wir sie öffnen, weil sie mit Jacks verbleichender Handschrift etikettiert sind. Ein anderer Karton scheint voller alter Ingenieurs-Lehrbücher zu sein. Wozu hebt man so was auf?, frage ich mich. Aber es ist nicht meine Sache, die Verbundenheiten eines anderen Menschen zu beurteilen. Er ist jetzt seit fünf Jahren tot. Schon bald nach seinem Begräbnis packte meine Mutter seine Wasserfarben für mich zusammen, für den unwahrscheinlichen Fall, dass ich einmal die nötige Muße zum Malen hätte. Aus seinem letzten Skizzenbuch rahmten wir, was rahmbar war; alles, was er beinahe fertiggestellt hatte: Meer, Sand, Wolken. Den Rest des Skizzenbuchs packten wir zu den Farben und dazu die Bilder, an denen er gearbeitet hatte: ein weiteres Meeresbild und etwas, das, aus der Textur des Papiers aufwachsend, ein Apfelbaum unter einem sich verdunkelnden Himmel sein mochte.

»Hol noch einen Lappen«, sage ich. »Unter der Spüle steht eine ganze Kiste.« Die Lehrbücher, trauriges Altpapier, packen wir auf einen Stapel. Dann kommt eine Ausgabe von Creaseys *Decisive Battles* zum Vorschein, den fünfzehn entscheidenden Schlachten der Weltgeschichte, die ich Jack geschenkt habe, weil der Band so schön gebunden war und marmorierte Vorsatzpapiere hatte – und die er überraschenderweise zu lesen beschloss. Jetzt folgt, und ich lache, als er auftaucht, ein uralter, schmuddeliger Band mit dem Titel *Eine Analyse der englischen Geschichte. Mit Anhang und Karten*. Ich nehme ihn aus dem Karton, und als ich ihn aufschlagen will, fallen mir die Seiten wie lose Karten entgegen. Innen auf dem Buchdeckel steht: »Beryl A. White, 58 Bankbottom, Hadfield bei Manchester, England.« Beryl, meine Heldin, die Cousine, nach der ich meine spitzköpfige Puppe benannt habe! Ich gehe die Seiten durch und sehe einige wenige genauer an. Was auf ihnen steht, ist mir nur vage vertraut, aber ist es nicht die Geschichte meines Geburtslandes? Sie beginnt in den Tagen, als alle Hauptpersonen Ethel heißen, in jener Zeit, da der Nachfolger von Ethelfrith Ethelburga heiratet, die Tochter Ethelberts: Das Ganze hat irrsinnige Folgen. Ich blättere: »Krieg mit Frankreich: Dieser Krieg entstand aus einem unziemlichen Scherz.« Weitergeblättert: »Die Skelette von zwei Kindern wurden gefunden, am Fuß der Treppe begraben … Marlborough nahm das Feld ein, doch aufgrund des extremen Zauderns der Niederländer ...« Das Buch – wenn es mit seinen fliegenden Blättern denn noch so genannt werden kann – ist voller moralischer Urteile: über unziemliches Scherzen und zu spätes Zum-Kampf-Erscheinen. König John starb an einem nervösen Fieber, was man ihm als Schwäche anrechnet, und Mary Tudor, von Natur aus sanft, nahm eine Wende zum Schlechten, »als sie dem Spanier ihre Hand gab«.

Bedauernd lege ich die Analyse zur Seite und gelobe, sie wieder zur Hand zu nehmen. Es folgt ein weiteres Buch von Beryl, ihr Name steht mit runder Kleinkinderbleistiftschrift darin. »Das müssen wir ihr zurückgeben«, sagt meine Mutter. »Ich bewahre es für sie auf.« Es ist *Alice*, beide Abenteuer in einem Band mit einem haferfarbenen Leinenumschlag. Dann kommt – aber warum? – ein Exemplar von *Lorna Doone*, eine verkürzte Fassung für Kinder. Es ist das Überbleibsel einer ganzen Reihe Romane aus dem neunzehnten Jahrhundert, die ich einmal zu Weihnachten bekommen habe, vielleicht in dem Jahr, als ich zehn wurde. Das Verlagssignet ist die Silhouette eines Mannes mit einem großen Hut, der ein Kind bei der Hand hält: Der Verlag heißt Dean & Son. Wie hat dieses Buch überleben können, wenn die *Schatzinsel* verschwunden ist, der einzige Band der Reihe, der einen gelben Umschlag hatte? Wo ist *Jane Eyre*, in trübes Grün gebunden? Ich erinnere mich an meine erste Lektüre von *Jane Eyre*: Wahrscheinlich tun das alle Schriftstellerinnen, denn als eine solche erkennst du, kaum dass du begonnen hast, dass du deine eigene Geschichte liest. Die Bücher mit ihren bunten Einbänden wurden in der Familie weitergegeben. Ich weiß noch, dass mein jüngster Bruder *The Children of the New Forest* mochte. Es hatte einen pfirsichfarbenen Einband. Ich selbst hielt es für langweilig. *Entführt* von Stevenson war dunkelblau. Ich kannte die ersten Sätze auswendig, und wenn ich an sie zurückdenke, erfüllen sie mich auch heute noch mit einem bangen Schauder: »Ich möchte die Schilderung meiner Abenteuer an jenem Frühmorgen im Juni des Jahres 1751 aufnehmen, als ich den Schlüssel meines Vaterhauses zum letzten Mal im Schloss herumdrehte.« Wie ein Feigling, wie ein Mädchen wollte ich, dass David Balfour zu Hause blieb, beim netten Pfarrer Mr Campbell und bei seinen Eltern, die unter dem Vogelbeerbaum auf dem Kirchhof begraben lagen. Die Geschichte wäre nie über die zweite Seite hinausgekommen, hätte ich es zu bestimmen gehabt: Niemals hätte ihr Held Essendean verlassen. Ich liebte und vertraute Alan Breck, seinem stolzierenden Gang, seiner Missachtung aller Logik und Chancen, aber ich sorgte mich um David und sein Wohlergehen, weit mehr, als ich mich um Jane Eyre sorgte, die Rochesters Augen lange, bevor er erblindete, zugenäht hatte.

Es ist Sommer im Owl Cottage. Licht hüpft über die schwarzweißen Fliesen des Küchenbodens. Ich lege kurz die Arme um die Schultern meiner Mutter und meiner Schwägerin. Der Karton, über den wir uns beugen, erscheint tiefer als gedacht, dunkler und muffiger. Fast ganz unten finden wir eines von Jacks eigenen Büchern – eines von denen, die mit ihm kamen, als er in unser Haus an der Brosscroft zog. Es ist *Out with Romany*. Der Titel ist kaum mehr lesbar, der Umschlag, den ich grün in Erinnerung habe, zu Grau verblichen. Das Buch ist mit naiven Holzschnitten illustriert: einem Igel, einem Vogelnest, tanzenden Hasen. Wir reichen es herum. Das hätte ich gern, sagt meine Schwägerin. Ich mag die Bilder. Nimm es nur, Liebes, sagt meine Mutter. Zuletzt kommt der mächtige Tennyson-Band, quadratisch und braun wie ein gut verpacktes Paket: wie ein Paket, das dreißig Jahre in einem Sortierbüro liegen geblieben ist. Ich öffne es, und der Geruch von Verfall steigt daraus auf, so heftig und bitter wie der Geruch von Verbranntem. Einen Moment lang stehe ich erschüttert da und sehe das Buch in meinen Kinderhänden liegen: Es war damals schon alt, das Papier mit butterfarbenen Flecken gesprenkelt. »Darf ich das haben?«, frage ich. »Es muss das Alter sein, wisst ihr, aber ich will schon seit einiger Zeit wieder Tennyson lesen.« Ich öffne das Buch, und meine Fingerspitzen werden grau, als ich hindurchblättere.

»Wenn Katzen heimlaufen und Licht aufsteigt,
Und Tau kühl die Erde bedeckt ...«

Meine Mutter steht neben mir und streift mir über den Ellbogen. Stumm, die Köpfe über den leeren Karton gebeugt, fangen wir an zu weinen.

Oktober 2000: Endlich ziehen wir um. Die Verkäufe unserer beiden Häuser sind unter Dach und Fach. Die Abschlüsse fanden am selben Morgen statt. Owl Cottage wurde von den Umzugsleuten ausgeräumt; ich selbst brachte es nicht übers Herz, den Schlüssel zum letzten Mal umzudrehen und Jacks verdutzten Geist im Haus zurückzulassen. Im Garten unserer Disneyland-Villa gehen die Nachbarn, ihre Kinder und Freunde in Stellung, während unsere Möbel im Umzugswagen verschwinden. Wie Bajonette halten sie Besen und Staubsauger vor sich hin, bereit zum Angriff; einen Zaunteil zwischen den beiden Gärten haben sie demontiert, um freien Zugang zu ihrem neuen Heim zu haben. Kaum dass das Telefon klingelt, kaum dass die Anwälte Vollzug melden, stürmen sie den Rasen herunter und strömen durch die Terrassentüren herein, die Hände überall. Ich muss inständig um eine ruhige Ecke im Haus bitten, um zwanzig Minuten Aufschub, bis die Katzen und ich abgeholt werden, denn wir gehen als Letzte. Ich sitze im Bad, auf dem Boden, die Tür gegen den Mob verriegelt, und warte. Die Minuten verrinnen, während ich beruhigend auf die Katzen einrede, die in ihren Reisekäfigen schimpfend und jammernd an den Gittern rütteln. Als ich schließlich nach unten komme und zum letzten Mal aus der Haustür gehe, haben die Nachbarn bereits ihre Möbel aufgestellt, ihre Milch im Kühlschrank und ihre Vorräte in den Schränken. Das Haus ist in ihren Besitz übergegangen, und es passt zu ihnen. Ich kann nicht glauben, dass es je mir gehört hat. Vier Kinder sind jetzt darin, unverrückbar, schreiend, überdreht, bereit für den entscheidenden Kampf darum, wer welches Zimmer bekommt. Die Katzen heben drohend die Fäuste in ihre Richtung und fluchen, als ich den letzten Haustürschlüssel übergebe; als sich die Heckklappe des Wagens über ihr Schreien senkt, wird das Haus Geschichte.

Jetzt wohnen wir in einer Wohnung in einer umgebauten Irrenanstalt. Sie stammt aus den 1860ern und gehört zu einer Schleife großer Einrichtungen, die rund um London geworfen wurde, um den boomenden Anteil Verrückter an der Bevölkerung aufzufangen und zu kontrollieren, die Melancholischen und die Syphilitiker, die Versehrten und Betrogenen; die Menschen, die ihre Manieren, und die, die ihre Namen vergessen hatten.

Hast du keine Angst vor ihren Geistern?, fragen mich unsere Besucher. Ich lächle und schüttle den Kopf; nicht ich, sage ich. Nicht ich. Nicht hier, nicht jetzt.

Wir wohnen im obersten Stock, doch die Wendeltreppe führt noch höher: in einen kleinen quadratischen Raum im Glockenturm. Wir sind die Hüter der Wasserspeier, die das Dach bewachen, und haben einen Blick, der weit über das Land reicht, über die Stadt Guildford, die wie ein großes Ei in der Landschaft liegt: bis zu einem fernen, verschwommenen Streifen Hochland, den ich mir an regnerischen Tagen, wenn die Wolken dichter werden und ihn fast verdunkeln, gut als das Moorland meiner Kindheit vorstellen kann.

Zwei Flügel des alten Gebäudes sind erhalten und umgebaut worden, und auf dem Land der Anstalt wurden Tausende neuer Häuser errichtet. Es ist schwer zu glauben, dass sich dort vor sieben

Jahren noch offenes Feld erstreckte. Ein älterer, in der Gegend aufgewachsener Mann hat mir erzählt, wie es hier war, bevor Bagger und Raupen anrückten. Die Landschaft war offen, mit Gärtnereien und Baumschulen, mäandernden Bächen und Gräben, in die er als kleiner, Kaninchen jagender Junge immer wieder fiel. Und wenn er in der Abenddämmerung nach Hause kam, dem Ertrinken entronnen, aber tropfnass, bekam er eine Strafpredigt von der Mutter zu hören. Der Mann war ein guter Erzähler, und ich spürte, wie ich in meiner Vorstellung in das Land hineinglitt, das er vor mir erstehen ließ; so wurde es zu einem Teil meines eigenen Terrains.

In lichten, klaren Nächten trete ich heute manchmal hinaus auf den Balkon. Das Zifferblatt der Uhr hängt wie ein zweiter Mond über mir und erleuchtet die zuckenden Zungen der Wasserspeier, steinerner Echsen, die sich hinaus in Dunkelheit und Raum lehnen. Es ist ruhig hier oben, bis auf das Hintergrundschnurren der Autos auf der Ringstraße, die die neuen Häuser und neuen Familien in einer lockeren, sorglosen Umarmung umfasst hält. Ich wickle mich in meine Decke, lege die Stirn auf das eiskalte Balkongeländer und denke darüber nach, was ich verloren und was ich gewonnen habe. Der Balkon ist für mich das Beste an der Anstalt. Bei jedem Wetter bin ich hier draußen und schaue hinaus auf das Stück Armee-Gelände, das letzte Überbleibsel des unbevölkerten Landes, das es hier einmal gab. Manchmal kann ich in der Morgen- oder Abenddämmerung – zumindest glaube ich es – eine bestimmte Gestalt ausmachen, die im gedämpften, perlmuttfarbenen Licht zwischen trügerischen Bachläufen und verborgenen Gräben über das zerfahrene Gelände huscht. Die Gestalt ist in einen Umhang gehüllt, trägt sperrige, in Wachstuch gewickelte Dinge mit sich, unförmig, nicht schwer, aber schwierig zu tragen. Diese Gestalt bin ich, und die in ihrem Wachstuch versteckten Dinge sind die Bücher, die ich, so Gott will, noch schreiben werde. Aber war Gott je willig? Und was ist das für ein düsteres Land, was ist das für ein unsicherer Pfad, von dem ich so oft abkomme – wohin versuche ich bei diesem Licht überhaupt zu gelangen? Schritte zur Literatur, denke ich: Einen oder zwei habe ich schwankend hinter mich gebracht. Ich weiche ein Stück zurück, in der Morgen- oder Abenddämmerung; ich denke an andere Häuser vor vermeintlich noch gar nicht so langer Zeit.

In der Nr. 20 Brosscroft werden die auf unsere Vorhänge gedruckten Fenster von innen erleuchtet, und aus ihren Blumentöpfen quellen scharlachrote Blüten. Die Kerzenflammen wogen und flackern mutig gegen den verbleichenden nördlichen Nachmittag an. Der Tisch ist gedeckt, die Toten sehen nach ihren Platzkarten, schlurfen zu ihren Stühlen und schütteln die Servietten aus, erwartungsvoll dem entgegensehend, was als Nächstes geschehen wird. Essen oder Unterhaltung, den Augenlosen, den Geschrumpften und Dünnen ist es gleich: denen, die in das Land gewechselt sind, in dem ihnen nur die Lebenden Licht spenden können. Ich werde mich immer um euch kümmern, will ich sagen, wie lange ihr auch schon gegangen sein mögt. Ich werde euch immer nähren und versuchen, euch zu unterhalten; und ihr müsst das Gleiche für mich tun. Hier spricht eure Tochter Ilary, und dies ist ihr Buch.